外 交 証 言 録

湾岸戦争・普天間問題・イラク戦争

折田正樹 著

服部龍二
白鳥潤一郎 編

外交証言録

湾岸戦争・普天間問題・イラク戦争

岩波書店

はしがき

私は一九六五年に外務省に入省し、二〇〇四年に退官するまで外交官生活を送ってきた。四〇年間の外交官生活は長いようでもあっという間のことであった。海外に六カ国駐在し、七〇以上の国を訪問した。その間、冷戦期のモスクワ勤務、冷戦構造が緩和に向けて動きそうだという時期にワシントン勤務を経験し、東西冷戦の終結過程、天安門事件、湾岸戦争、イラク戦争等波瀾に満ちた国際情勢と直面することとなった。また、冷戦後における日米安保体制の再確認や国連安保理常任理事国入りを目指しての作業等に参画した。外務省退官後は、中央大学で国際法担当の教授として教壇に立つこととなった。大学の法学部、大学院及び専門職法科大学院で勉学に励む若い学生諸君に対して、視点を未来に、そして広く国際社会に向け、高い志を持って成長していくことを奨励し、彼らに少しでも役立ちたいと考え、過去の経験を踏まえて、授業、演習等を行うとともに学生のために海外との交流を促進してきた。昨二〇一二年に古希を迎え本年三月末をもって定年退職をする。

このような年になり、過去の外交官生活を振り返りなんらかの形で自分として総括してみたいと考えてはいたものの、なかなか果たせないままで過ぎていたが、二〇一一年の春になって、同じ中央大学で教壇に立っておられる総合政策学部の服部龍二教授より、外交史の観点から私が関与した日本外交についてオーラル・ヒストリーのインタビューをしたいとのお申し出があった。

私の総括作業に通ずることでもあると考え、お応えすることとした。ちょうど、東日本大震災発生直後のことであって、日本の将来をどのように構築していけば良いのかという視点が重要だとも考えてのことだった。

慶應義塾大学大学院の白鳥潤一郎氏も加わり、インタビューが始まった。最初は、いくつかの特定の事項についてお二人の研究上なんらかのお役に立てばとお引き受けしたつもりだったが、インタビューを重ねているうちに、質疑応答は結局私の外交官生活の全般に及ぶものとなった。その結果、私自身自ら過去を振り返ることができた。インタビューの記録がきっかけとなり、服部先生のご努力と岩波書店の中山永基氏のお計らいにより、「外交証言録」として取りまとめ出版する話へと展開していった。私の個人的な体験を語ったことが出版にまで至るとは当初はまったく考えていなかったので、望外のことであるが、外交史の研究の参考になるのであれば幸いなことで大変嬉しく思うし、また、このような機会を与えて下さった服部先生、白鳥氏、中山氏に心から感謝申し上げたい。読者には、それぞれの時点で私が取った考え方、行動へのご批判を賜りたいと思う。

外交官生活を振り返ってみて強く感じるのは、日本そして日本人は国際社会における自分の立ち位置をきちんと把握して、それに相応しい国際的役割を果たすことを考えなければならないということである。自分のことを過大にも、また、過小にも評価することなく、適切な役割を果たすことが重要だという当たり前のことである。「失われた二〇年」の議論や、国内総生産の総額の数字で日本は中国に抜かれてしまったことにより、日本国内には停滞した雰囲気が蔓延しているように感じる。また、日本は一見すると、世界の中でも、豊かで安定した国であるため、一国で生きていけるような錯覚を持っている人も多い。そして、日本の外には関心が及ばず、内向きになってしまうことがあるように思う。大きく動いている世界の中で日本をさらに良い国にする努力をするとともに、国際的な役割を果たすとの観点は決して失ってはならないと考える。

「外交証言録」では、波瀾万丈だった外交官生活を正確に再現するよう努めた。誤解や記憶違いがあったとしたらお許し頂きたい。外交政策の立案、実施、交渉は一人ではできず、チーム・プレイで行うものである。行き届かなかったことは多々あったと思うが、日本政府、外務省というチームの一員として、自分としては最善を尽くしたつもりではいる。多くの局面でご指導を頂いた総理以下の政治家の方々、先輩、同僚、支えてくれた事務方、友人の皆さんに感謝したい。

この機会に最後にお許しを得て、一言付け加えさせて頂きたい。外交官生活は、勤務地への移動が頻繁でかつ活動は広範囲に及ぶ。勤務時間はまったく不規則で、休日もとれないことが多かった。外国勤務では多くの方々を夫妻で自宅にお招きすることが多くあった。そして、子供の教育を含め家庭生活が犠牲になると思われることがしばしばだった。その中でいつも協力してくれた家族、特に、すべての勤務地に同行し、厳しい状況でも物事を前向きにとらえ、いつも明るく二人三脚で支えてくれた妻昌子に感謝の意を示したい。

二〇一三年一月二八日

折田正樹

目次

外交証言録　湾岸戦争・普天間問題・イラク戦争

はしがき

第11章扉以外の写真は、すべて著者提供

序章——外務省入省まで

入省時，外務省研修所にて同期と．
2列目左から3人目が著者

東京大学赤門前にて21世紀会メンバーと．後列左から5人目が著者

東京大空襲

服部　入省に至るまでをお聞かせ下さい。

折田　私は東京生まれ、東京育ちですが、両親は薩摩出身です。薩摩藩士の一族だったと思います。私の父（折田三郎）は奨学金をもらって東京へ出てきて、海軍経理学校、そして旧海軍に入ります。戦争が終わってから、今度は海上自衛隊ができたときに参加して、舞鶴の地方総監、それから需給統制隊司令になります。海将までなった人です。

父の姿を見ていて、国のために働くのは当然だという感じが私にはありました。ずうっと記憶を辿っていくと、私の人生の最初の思い出は東京大空襲です。一九四五年の春、三歳にもなっていないときです。空襲警報が鳴りＢ29の音が聞こえて焼夷弾による火で遠くの空がぱっと明るくなって、また地上からＢ29を探り当てようとサーチライトが左右に交差して動いて見えました。そのときは父は仕事で東京を離れており、母に手を引かれ、家から飛び出て、庭に掘って造った防空壕に逃げたことをよく覚えています。

白鳥　疎開はされていなかったのですか。

折田　疎開もしましたが、空襲は疎開に出る前のことです。そして母の実家である鹿児島に疎開しました。

白鳥　東京ではどちらにお住まいでしたか。

折田　目黒区ですが、駒沢オリンピック公園があるでしょう。公園に面したところに住んでいました。今はとっても良いところです。戦前はゴルフ場だったらしいのですが、当時は、取り崩されて、もう荒れ放題になっていました。

薩摩のゆかり

折田　父も母も出身は薩摩の日置郡東市来《ひがしいちき》(現・日置市)長里《ながさと》というところです。田舎ではありますが、東市来は国際的な繋がりがあり、フランシスコ・ザビエルまで遡っていきます。ザビエルは最初、鹿児島に着いて、それから両親の実家近くの市来鶴丸城という城に半月ぐらい滞在するのです。布教によりキリスト教徒になった人もいたようです。その後キリスト教が禁止されますが、だからといって村八分みたいなことにはならなかったようです。

それから豊臣秀吉が朝鮮半島に出征したときに朝鮮から陶工たちをたくさん連れてきます。そしてその陶工たちが住み着いたのが、両親の実家に極めて近い美山《みやま》というところです。そこが薩摩焼の発祥の地になりました。陶工の人たちがいろいろ編み出したものが薩摩焼として非常に有名になったのです。だから外国と関係があるというようなことが意識されやすいところだったわけです。

また薩摩は、薩英戦争を戦っています。ちょうど一五〇年前になりますが生麦事件の後の翌一八六三年のことです。私のふるさとまでは戦火は及びませんでしたが、今の鹿児島市のあたりはイギリス艦船のアームストロング砲による砲撃によりかなりの程度、焼野原になってしまいました。しかし、当時の薩摩藩は、イギリス憎しだけでは物事は片付かない、自分たちの技術には遅れたところが随分あり、勉強する必要があると、薩摩の若者を選んで密かにイギリスに留学に出します。

薩摩の若者一五名と若手重臣四名が串木野《くしきの》の羽島という小さな漁港から江戸幕府の禁を犯して船で出かけていきました。選ばれた若い人は二〇歳以下のものも含む、相当若い人たちです。その人たちがイギリスのジャーディン・マセソン社の支援を受けて、イギリスまで行き、ユニバーシティ・コレッジ・オブ・ロンドンなどで勉強をします。その一行の中から明治時代に活躍した寺島宗則《むねのり》外務卿、森有礼《ありのり》初代文部大臣が出ます。彼らが出発したのが一八六五年で、私がイギリスに留学したのはちょうど一〇〇年後です。いろんな歴史的な繋がりを感じます。

ザビエルについて言いますと、在香港総領事のときにマカオも担当していたので、マカオにもよく行きました。マカオの小さな島の一つに教会があります。その教会にザビエルの遺骨の一部があります。また、日本では江戸時代に長崎などで、キリスト教徒が迫害されましたが、そういう人たちの遺骨もその教会まで運ばれてきており、ザビエルと一緒に眠っているのです。そこでもとても因縁を感じましたね。

日比谷高校

折田　東京学芸大学付属世田谷小学校、同世田谷中学校と過ごして、日比谷高校に入りましたが、三年のときに一九六〇年の安保闘争が起きました。大騒ぎになった国会は日比谷高校のすぐ近くで、デモ隊の声が高校にも聞こえました。高校の中の雰囲気は、日米安保条約反対が圧倒的でしたが、私は、単にダメだと言ってるだけでいいのだろうか、反対だけ唱えていれば良いのかという感じを持っていました。日本はどうあらねばならないのか考えるきっかけになったと思います。

日比谷高校は結構自由な高校でした。カリキュラムはあってなきがごとしで、先生方は生徒に自由にやらせるところがあったから、みんな活発に好きにやっていました。高校三年の同じクラスから、五名の外交官が出ました。その中には川島裕《ゆたか》氏がいました。今、宮内庁の侍従長です。彼は外務事務次官になるだけあって、頭が良いもんだから大学三年で外交官試験に合格しました。

それから法眼《ほうげん》健作氏がいました。国連事務次長や駐カナダ大使となります。家族と一緒に外国に行っていたため本来は一期上なんだけど、私たちのクラスに入ってきました。彼の英語のレベルは極めて高く、引け目を感じた英語の先生が苦労していました。しゃべり方もとてもついていけないスピードでした。その上、ドイツ語、フランス語もしゃべるし、国際情勢にも明るくとてもすごいと思いました。生徒会で安保問題の議論をしたとき、檀上でただ一人新安保条約には賛成だと堂々と論じていました。彼とは夏休みに一緒に勉強したりしました。

白鳥　それは高校時代に？

折田　高校時代です。彼も大学三年で外交官試験に合格して外務省に入るもんだから、川島氏とともに私の一期上になりました。それから、後に外務事務次官をやり、私の後、駐英大使となった野上義二《よしじ》氏がいました。彼はラグビーの選手で、日比谷高校が歴史上ただ一回高校の全国大会に参加したときのメンバーでした。彼は私より一期遅れて外務省に入ります。さらに私より六期後に入省した藤田直《ただし》氏がいました。彼はドイツ語が上手でした。クウェート大使をやられますが、早くしてお亡くなりになってしまいました。それから私の二期下で外務省に入りコロンビアの大使になった浅見真《まこと》氏も、クラスは違いますが日比谷高校の同期生です。同じ高校出身とはいっても、性格はそれぞれまったく異なります。一年八クラスもあったのに同じクラスから五名の外交官が出たのは極めてめずらしいと思います。なお、中央大学法学部労働法の近藤昭雄教授も同期生です。

白鳥　皆さん高校時代から外交官になりたいという雰囲気だったのでしょうか。

折田　必ずしもそうではありませんが、日本の中だけで引き籠もっていてはいけないという感じはあったかもしれません。私も、外交官になりたいとは思ったけど、法眼氏の語学力や知識を見てて、とても太刀打ちできないなという感じはありましたよ。

東京大学

折田　東大では一、二年は教養学部、それから法学部に進学しましたが、教養学部の時代は科目の選択の幅が広くて、とても良かったと思います。例えばフランス文学とかフランス語なんか取りましたよ。これまで読んだことのないようなフランスの本を読むことになって、それはおもしろかったし、日本語訳でですがロシア文学もよく読みました。それから社会学でゲオルク・ジンメルがなんとか言ったとかいうのを聞いて、学問っていうのはすごいなあと思ったりしました。

経済学はマル経（マルクス経済学）の時代です。経済原論を取ると、まず価値とは何か、価格とは何かとか、そういうところから始まって議論が進んでいくわけです。そしてアウフヘーベンしてこういうことになるなんて、「へえー」なんて言いながら学んでいました。

当時は大学には左翼系の人たちがたくさんいて、構内には看板がやたら立ってましたよ。もう明日にでも革命は起こる、資本主義は必然的に崩壊して、新しい労働者階級の時代が来るのだということで、活動してました。学生の間ではマルクスの『資本論』のうち、「俺は第何巻まで読んだぞ」というのがかっこいいという時代でした。私も全部読みたいとは思ったけど、とても読み切れなかったですね。

だけど、世の中は左翼系の言うように動いてるようには思えませんでした。ちょうど日本の経済がだんだん豊かになってきて、東京オリンピックに向けて日本が頑張っていた頃です。新幹線も走るようになって、高速道路もできました。マルキストたちが言っている理論のとおりになってるとも思えず、少し広く勉強しなければと思いました。国際法は法学部で、三、四年の時に高野雄一先生の授業を取りました。

大学ではいろいろと仲間を募って勉強会をやったりしました。「二一世紀会」というのがあって今でも一年に一回集まっています。当時、二一世紀はどうなるだろうかということを考える会で、大学を出てからも関係を続けようとつくりました。そのメンバーは皆さんそれぞれの分野で、活躍されています。東大法学部に残り研究を続けて功績をあげた佐々木毅氏もメンバーです。

白鳥　佐々木先生は総長まで務められました。

折田　彼のほか国家公務員、法曹、研究者、マスコミ、金融界や経済界で皆さん活躍されました。大学時代には、国際的事件といえば、ケネディ（John F. Kennedy）の暗殺事件があったり、中国が核実験をやったりしたことがあった。そういうことを考えると、国際政治とか外交というのは極めて重要で、これに関与したいと思いました。

白鳥　当時は『世界』や『中央公論』など論壇が活発な時代でした。片や東京大学の坂本義和先生がいて、もう片方には高坂正堯《こうさかまさたか》先生といった人たちがいて、様々に論争を闘わせていました。論壇への登場は後になりますが永井陽之助先生などもいます。大学時代や留学前にそういった論争に接する機会はありましたか。

折田　論文だとか記事はよく読みました。『世界』は一種ファッションだった。皆読んでいましたね。『中央公論』より『世界』がよく読まれたのではないですか。『文藝春秋』みたいなのは、あれは普通の人が読むのだとか言いつつ（笑）、『世界』は多くの学生が毎月購読してたんじゃないかな。

白鳥　折田先生も坂本先生の授業は取ってらっしゃいましたか。

折田　私も取っていました。

服部　坂本先生の授業には感銘を受けましたか。

折田　迫力がありましたね。非常に理論的であるとともにリアルというかな。リアリスティックな面もありましたね。理論、理屈だけでおしまいの先生が多かった中で、現実と照らし合わせてどうかという部分があったような気がします。

私は将来どうしようかというときに、何か国のために働きたいと考え、やはり外交官になりたいと思ったもので外交官試験を受けました。川島氏だとか法眼氏はもう三年で合格してるわけです。私は四年生になって受けました。語学は法眼氏などと比べて劣るものだから、試験に落ちたらどうしようかと考えて、国家公務員上級試験も受けました。国家公務員試験の結果が先に出て、大蔵省から合格だと言われました。

大蔵省をなぜ受けたかというと、国際金融局というのがあって、国際金融分野で働けるのではないかと思ったからです。第一志望は外務省だったから、大蔵省には「外交官試験も受けてます。外交官試験が受かったら、そちらのほうに行きたいと思います」と述べたら、「ああ、それで良いよ」と言ってくれました。外務省からも内定が来て、それで外務省に入ったわけです。

お断りにまた大蔵省に行ったんです。そのときにお断りをした方がその後大蔵次官になられた西垣昭氏です。後に外務省から主計局に出向しましたが、そのときの主計局次長がその西垣氏で。「なんだ、おまえ、また来たか」などと言われました。

服部　舞鶴の地方総監をされていたお父様は、外務省に入るとき、何かおっしゃっていましたか。

折田　父もそして母も「自分のやりたいようにやりなさい」ということでした。外務省に入ったことについてはとっても喜んでくれましたが、おまえはこうすべきだとは言わなかったです。

オックスフォード大学への留学

服部　一九六五年四月に入省されて、同期に加藤良三大使などがいらっしゃいます。

折田　加藤良三氏、朝海《あさかい》和夫氏、茂田《しげた》宏氏、畠中《はたけなか》篤氏、登《のぼる》誠一郎氏、河村武和氏、小西正樹氏、松本紘一氏、津守滋氏など、粒が揃っていたと思います。

服部　研修はいかがでしたか。

折田　当時は研修といっても四月に入って二カ月半ぐらい語学とか、一般的な教養を勉強しました。国際政治のような研修事項はありませんでしたが、外国に行くにあたって承知しておいたほうがいいだろうことを教えてくれました。

語学の上達のためには、なるべく早く外国に行ったほうが良いという考えがあったらしくて、現在とは異なり、すぐにイギリスに渡ったのです。なお、研修中に同期の皆とともに大磯の吉田茂元総理のところに呼んで頂き、激励を受けたことをよく覚えています。やあ君たちよく来てくれた、これからは君たちの時代だ、頑張ってほしいとニコニコ顔で言われました。

当時は、すぐに留学でしたので、外務省がどういう組織なのかなどはわからずに海外に出たのですが、それは問題だろうということで最近の新入省員は国内研修の後、省内の課に配属されて約二年間、実務経験を経て、それから海外留学ということになっています。私の留学先はオックスフォード大学でした。

白鳥　オックスフォード大学を選ばれたのには何か理由があったのでしょうか。

折田　外務省に入って海外研修に行くにあたって、どこで勉強したいか第一志望、第二志望を聞かれたので、英語がまだ十分じゃないから、最初に行かせてもらうなら英語圏で、しかもイギリスにしてもらいたいと思いました。第一志望も第二志望もイギリスだと言いました。当時はアメリカと言う人も多かったけど、私は英語の元はイギリスだし、オックスフォード大学は辞書（OED：Oxford English Dictionary）まで出しているところですから、オックスフォードに行かせてほしいと言ってそうしてもらったのです。

服部　コレッジはどちらでしょうか。

折田　セント・キャサリンズ・コレッジです。そこでポスト・グラジュエート・コースの経済と政治を専攻しました。私が東京大学で勉強した経済学はマル経でしたが、外交官試験とか国家公務員試験を受けるためには近代経済学が必要だと言われて、これはまったく独学で一橋大学の中山伊知郎先生の本なんかを勉強しました。だけど授業を受けたことはなかったのです。それでオックスフォードで政治とともに経済をやりたいと思ったのです。

多くの授業は好きに取れますが、最も重要なのはチュートリアル、一対一の授業でした。ナップ(Wilfrid Knapp)先生が指導教授で、週に一度授業があるわけです。そうすると来週の今日までにこういう課題で小論文を書いてきなさいと言われます。小論文を書いて、それをもとに次の授業で議論するわけです。ナップ先生の専門は政治でしたが、チュートリアルはもう一つあって、そちらの先生は経済でした。

先生が課題を出しこういう本を読むようにと言われて一〇冊ぐらいのリストをもらいます。図書館に行ったりしましたが、とてもじゃないけど読み切れない。時間はどんどん経っていき、授業の前には徹夜はしょっちゅうでした。

本に書いてあることを一生懸命にまとめようとするわけですが、先生は小論文を見て、「なるほど、これはこの本にこういうふうに書いてあるね。これもこっちのほうに書いてるよね。それを二つ合わせるとこうだというのは確かにそうだけど、ほんとにそれでいいのかね？　君自身が原典に当たったときに、それでいいと思うのか」ということを聞かれるのです。日本とは大分違って、自分で考える能力を求められました。既にあることについてもそのままではなくて、批判的な目で見て、そしてまとめるように言われました。大変だったけれど、とっても勉強になりました。当時は手書きなので、大変でしたが、それはそれで勉強になりました。

コレッジでは個室を与えられますが他の学生と一緒に生活します。専攻している分野はそれぞれバラバラです。夕食は大きなホールでガウンをまとって一緒にします。皆揃ったところでラテン語でお祈りをして食事が始まります。席が決まっておらず、最初の頃は知らない人ばかりです。「あなた、何を専攻しているの？」から会話が始まります。英語で“What do you read?”と言うのですね。そうすると、こちらの方は建築だとか言ってるし、天文学、ミュージックなんていう学生もいました。会話がとてもおもしろくて、「ミュージックがなんで学問になるのか」とか(笑)。「そんなことやって世の中のためになるのか」なんていう人がいてそれに対して向きになって、「ミュージックというのは人類共通の高尚な文化であり、それを理論的に分析するのだ」とかいうことになる。自分のしていることを相対的に見るとか視野を広げるという点でとても良かったと思います。

白鳥　留学されたコレッジの学生はどういった構成だったのでしょうか。

折田　一年に一二〇人ぐらい入っていてそのうちポスト・グラジュエート・コースの学生が一五名。全体の一割ぐらいが留学生だったかもしれない。日本人は私一人だった。ギリシャ人、中南米の人もいました。香港からも一人いました。フランス人やアメリカ人もいました。

そのコレッジは、オックスフォードの他のコレッジと違っていました。他の通常のコレッジは僧院みたいなところで、薄暗い廊下を入っていくと、自分の部屋があるのですが、そこも薄暗くて、幽霊でも出そうでした。私のコレッジだけは例外的に近代的で、全部ガラスなのでカーテンを引き忘れると外から部屋の中が丸見えでした。だから金魚鉢と言われていました。ちょうど二〇一二年がコレッジの建設五〇周年で、九月にそのお祭りがあるということで招待状が来ていました。

建物を造るにあたって、他とは違うものにしたいというので、デンマークの建築家に頼んだのです。アーネ・ヤコブセン(Arne Emil Jacobsen)といって、デンマークでトップレベルの建築家です。後に駐デンマーク大使の時代にデンマークで「セント・キャサリンズにいたよ」と言ったら、デンマークの人は、あそこはヤコブセンが造ったと知ってるわけです。そこでまた因縁を感じました。現在そのコレッジの私はオナラリー・フェロー(名誉評議員)になっていますのでしょっちゅう連絡が来ます。オナラリー・フェローにはブレア(Tony Blair)元首相に近く、閣僚にもなったピーター・マンデルソン(Peter Mandelson)とかシェークスピア劇のたいへん有名な女優のセルマ・ホールト(Thelma Holt)もいます。彼女は卓越した演技能力を持ち、シェークスピア劇の台詞はどんなものでも暗唱できる人です。オックスフォード大学の学生の劇団を率いて、ときどき日本にやってこられます。東京に来られるときは応援をしています。

神戸にセント・キャサリンズ・コレッジ神戸インスティチュートがあります。オックスフォード大学というのは諸外国に出店を持たないことにしているのですが、唯一の例外で、ナップ先生が初代所長として日本に滞在されました。ナップ先生は日本の大学と交流を図ろうとして、そこで単位を取れれば日本の大学でも認定されるようにしたいと尽力しました。結局それは認められませんでしたが。

私はオックスフォードに行ったおかげで外交官生活でも助かりました。大使としてイギリスに再度戻ったとき、いろいろな人が応援してくれました。オックスフォード大学に講演に行ったこともあるし、ジャパン二〇〇一祭という文化行事でもオックスフォード大学が協力してくれました。

白鳥　外交官生活で、留学時代のご友人とお会いすることはありましたか。

折田　一緒に勉強してきた人と直接に外交で仕事したことはないです。それでも、オックスフォード出身のイギリスの政治家はたくさんいますよ。サッチャー(Margaret Thatcher)やエドワード・ヒース(Edward Heath)もそうで、二人とも私がロンドンにいたときは同窓生として特別扱いしてくれました。

第1章　東南アジア・石油危機・日ソ関係

――在英大使館、アジア局、条約局、在ソ大使館

1970年6月25日，総理大臣官邸での夕食会．
佐藤総理とマルコス大統領夫人の間の通訳を務めた

1977年5月22日，ソ連との漁業交渉が実質的に妥結した後，
大使館でのささやかなバーベキュー．鈴木善幸農林大臣らと．
右から2人目が著者

在英大使館のプロトコール

服部　折田先生はまず、イギリスの日本大使館に赴任されます。

折田　一九六五年から二年間オックスフォード大学で勉強して、在英大使館に着任したのは六七年七月でした。三等書記官で仕事はプロトコール、つまり儀典です。大使の秘書官役として、大使がいろいろなところへ出かけていくときや、大使がお客を接待するときはいつもそばにいました。この役目は、法眼氏から引き継ぎました。彼は一年前にケンブリッジに行っていました。在英大使館では私が一番若くて、戦前生まれではない初めての館員だと言われました。私は一九四二年生まれだから戦中派と言ったのですが、館員や館員の奥さんたちから「こんな若い人がもう外交官なんですか」なんて冷やかされましたよ。

白鳥　どの時代でも言われます(笑)。

折田　駐英大使は島重信大使で、それから湯川盛夫大使に替わりました。それから横田弘公使。もうお亡くなりになって、最後はスペイン大使でしたが、公使ご夫妻は私どもがロンドンの教会で挙げた結婚式のときの仲人役をして下さいました。書記官に柳谷謙介氏、柳健一氏、秋山光路氏、國廣道彦氏、有馬龍夫氏、遠藤哲也氏等がおられました。各省から派遣された方々には、例えば大蔵省から来られた、その後政治家になられる伊吹文明氏、その後任に大蔵次官になられた小川是《ただし》氏もおられました。通産省からは川崎弘氏がおられました。

白鳥　錚々たるメンバーですね。

折田　皆さんから公私ともども随分指導頂き、鍛えて頂きました。今でも感謝しています。

白鳥　大使館での担当は、どのように分かれていたのでしょうか。

折田　政務班、財務班、経済班、通商班、広報文化班、防衛班、それに電信、文書、会計を処理する官房がありました。

白鳥　儀典担当の折田先生は、官房になるのでしょうか。

折田　官房とは別扱いでした。私は大使の秘書官役なのですが、イギリスというのは貴族制度があって、儀典は複雑です。手紙を書くにしても、タイトルによって宛名や呼びかけが違ったり、ディナーに招待するときの席次をどうするかも大変です。ご主人は一般人でも奥さんが貴族の場合、それからご主人は貴族だけど奥さんが一般人の場合には、それぞれ扱いが違います。

プロトコールだけで厚い本があるぐらいで、館内のベテランに聞いたり、英国外務省や王室のプロトコール・オフィスに聞いたりして対処しました。それはとても良い勉強になりました。イギリス以上に複雑な国での勤務はありませんでしたので、その後の外交官生活でも儀典の問題で困ったことはありませんでした。例えばデンマークも王室があるところですが、イギリスほど複雑ではありませんでした。

服装も行事ごとに違うので、館員から、今度こういうのに呼ばれたが、どういう服装で行ったらいいのか、と聞きに来ることが多かったです。そういうのは主催者側にも確かめながら答えていました。

儀典の仕事としては、例えば大使が湯川大使に替わって信任状捧呈になると、王室や外務省と連絡を取りながら準備をするようなことがあります。湯川大使のエリザベス(Elizabeth II)女王に対する信任状捧呈式の同行館員の一人としてバッキンガム宮殿に行きました。最後ではあったけど、女王に紹介されて、女王に言葉をかけて頂いたこともありました。その後三〇年以上たって私自身が新任大使として信任状の捧呈をすることになりましたが、エリザベス女王にかつて声をかけて頂いたことを覚えているとお話ししたところ、びっくりされた後、今日あなたが最後に紹介される同行者の顔を覚えておきたい、三〇年後は大使として来られるかもしれませんね、などとおっしゃっておられました。
外交団を招待するバッキンガム宮殿の夜会でダンスを踊ったこともあります。貸衣装屋で燕尾服を借りて、妻は着物で出ました。伝統的な楽隊が演奏するところで、まず王族たちがダンスを踊り出し、各国の大使なども出てくるんだけど、日本はどうも引っ込みがちでした。日本だけ出ないのはちょっと具合が悪いと思ったので、「大使、僭越ですけれども、私が行ってもよろしいでしょうか」と申し上げたら、「ああ、いいよ」と言われたので、私が妻とダンスを踊ったこともありました。

白鳥　島重信大使は初代の外務審議官になり、さらに次官も務められましたが、どういった方だったのでしょうか。

折田　非常に堅実着実な方でしたね。ものすごく記憶力が良く、誰かと会談をしたときの記録などは、すごく正確でした。

白鳥　島大使ご自身が会談記録を作成されたのですか。

折田　自らおやりになった部分もありますし、大使が口述したものを私が筆記したこともあります。内容は大変正確でした。事務的にしっかりした人で、外交活動も幅広くやっておられたと思います。

白鳥　湯川大使はいかがでしたか。

折田　湯川大使のほうがもう少しおおらかな方でしたが、自分がこう考えるということは割と強く言う感じでした。島大使は冷静というか、どんな場でもだいたい同じ表情でおられたという印象です。湯川大使は喜怒哀楽がわかるというか、より人間的だという部分がありました。

第三次中東戦争

折田　一九六七年の中東戦争に関しては、議論を聞いたりはしていましたけど、私自身が情報収集をやっていたわけではありません。中東戦争については、まず当時のイギリスがどのような状況にあったかを考える必要があります。非常に対外的に厳しい状況にありました。当時はハロルド・ウィルソン（Harold Wilson）……。

白鳥　労働党政権ですね。

折田　そうです。内外とも非常に多難でした。経済はあまりうまくいかず、予算は大赤字で、イギリスの高度福祉制度がこのままで立ち行くのかといった議論がありました。一九六七年一一月にはポンドの切り下げがありました。一ポンド一〇〇八円だったものが八六四円になったのです。ちょうど新婚旅行の最中でしたのでよく覚えています。ウィルソン首相については、彼をおちょくった新聞記事がよく出ていました。一月三日に大きな漫画が出て、ウィルソンの奥さんがウィルソン首相に対して、「ああ、新年になって一月三日まで何もなくて良かったわねえ」なんて言うものです（笑）。それから、『ミセス・ウィルソンズ・ダイアリー』という劇が非常にヒットしました。いわゆる「英国病」とまでは言わなかったけど、その前段階のときでした。

厳しい経済状況だから、国防費も削らなければならなかったのです。イギリスが置かれた状況を見てみると、かつてイギリスが植民地支配していた国々でトラブルが生じていました。中東もその一つです。当時、イギリスが非常に心配していたのがローデシアです。私がイギリスに行ったのは、ローデシアがＵＤＩ（Unilateral Declaration of Independence：一九六五年一一月の一方的独立宣言）を発した頃で大きな問題となっていました。それから、ナイジェリアは大変な内紛でビアフラ（ナイジェリア東部）をめぐり悲惨な状況になっていました。また、ザンビア、アデン、それからジブラルタルです。ジブラルタルはイギリス領ですが、スペインとの間で紛争があり、紛糾していました。あとは、インド・パキスタンでも武力衝突がありましたね。

このような状況で多くなされた議論が、イースト・オブ・スエズ（スエズ以東）からの撤退です。イースト・オブ・スエズでは、もうイギリスが頑張ろうと思っても頑張れないのではないか、だから大英帝国は名誉ある撤退をしなければならないという議論です。

こうした中で中東戦争が起きました。イギリスでは、スエズ運河の航行問題、石油の輸送路の確保、それからイスラエルの安全保障をめぐって議論がなされていました。

イギリスは、ヨーロッパとの関係もなかなかうまくいっていませんでした。私が英国に行く前の一九六三年、マクミラン(Harold Macmillan)内閣のときに、イギリスはＥＥＣ(ヨーロッパ経済共同体)加盟申請でドゴール(Charles de Gaulle)に「ノン」と言われて、雰囲気的にはイギリス人はフランスに対してむくれている状態にありました。

オックスフォード大学にいたときに学生といろいろ話をしましたが、みんな「フランスはけしからん」と言っていましたよ。また、「簡単にイギリスのことをヨーロッパと言うな」と、自分たちはあたかもヨーロッパではないというような議論をみんながしていました。「夏休みにどこか行くの？」と聞くと、「ヨーロッパに行くことにしたよ、ようやく」と言うのです。「ここだってヨーロッパじゃないか」と言うと、「いやいや、フランスに行くんだよ」と。このような時代でした。

プラハの春など

折田　イギリスにいるときに起きた大きな事件には、一九六八年のプラハの春とソ連軍の侵攻があります。六五年一二月にチェコスロバキアを訪問したことがあり、チェコには非常に関心を持っていました。プラハは非常に古い都市で、爆撃を受けたことがなく、中世の古い建物、街路の姿がそのまま残っているところです。文化芸術が豊かで、オペラなどに普通の庶民でも行けるようなところです。そのプラハで、ドプチェク(Alexander Dubček)が出てきて、「人間の顔をした社会主義」を唱えたのです。

ロンドンの真ん中にあるハイドパークの中に、どんな人でも演説ができるスピーカーズ・コーナーがあります。一人で大声で演説していて誰も聞いていないということもよくありますが、プラハの春のときはドプチェクを応援しよう、チェコの民主化を応援しようとものすごく多くの人々が集まり盛り上がりました。議会もチェコの民主化を支援すべきだとの議論がされました。

そうしたら、ソ連軍が入って武力で制圧しました。「チェコ政府の要請によって」とかなんとか格好は付けていましたが、その後、ブレジネフ・ドクトリンとなるようなことを言い出します。イギリスは国連でも、積極的に制裁を加えるべきだと主張しましたが、ソ連の拒否権があるから何もできなかった。冷戦期に相手側で起きたことへの対応はなかなか大変だというのをイギリス人も実感したし、私も実感しました。

白鳥　中国の文化大革命やベトナム戦争についてはいかがですか。

折田　一九六八年八月頃、文化大革命という言葉が躍り始めて、日本から来ていた新聞を読むと英明なる指導者毛沢東の下、若者たちが率先して実施している革命である、大変素晴らしいことだ、というトーンでした。ロンドンの『タイムズ』や『エコノミスト』はずっと冷めていて、これは権力闘争の看板ではないのか、中国社会の動きが毛沢東の言っているようになるはずがないというような論調でした。日本とイギリスのマスコミの違いを感じました。イギリス政府の人たちも、そんなに良い話ではないよと言っていました。

ベトナム戦争について言えば、イギリスはそれほどアメリカべったりではなかったんです。イギリスはアメリカから軍隊を出してくれとか言われたみたいですが、結局、出したのは医療部隊のようなもので、戦う部隊は出さなかった。ウィルソン首相はモスクワに行ったり、ワシントンにも行って仲を取り持つみたいなことはやっていました。でも、後のイラク戦争の際のブレア首相のように有志連合を組んでアメリカと軍事行動をともにするというようなことはなかったです。

フィリピン

折田 そして、一九六九年七月に日本へ帰りました。アメリカはニクソン(Richard Nixon)政権になっており、私が日本に帰ってきた直後に、ニクソンがアジアを訪問し、グアム島でグアム・ドクトリンを発表しました。配属はアジア局の南東アジア二課で、ベトナムは扱っていませんでしたが、ニクソンの新しいドクトリンがアジアの国々にどのような影響をもたらすか非常に興味がありました。

南東アジア二課で私が担当したのは、最初はフィリピンで、その後マレーシアとシンガポールが加わりました。東南アジアを二つに分けて、一課がベトナム、ラオス、カンボジア、タイを担当し、二課は、マレーシア、ビルマ、シンガポール、インドネシア、フィリピンを担当しました。

アジアでもいろいろなことがありました。一九七〇年三月には大阪万博が始まり、アジア各国からの賓客の訪問がありました。同じく三月には赤軍派学生によるＪＡＬのよど号のハイジャック事件がありました。あのときは、山村……。

服部 山村新治郎さん、ヤマシンでしょうか。

折田 「男・山村新治郎」と言われた方で、そして……。

白鳥 身代わりになったわけですね。

折田 人質を取り戻そうとしたのです。そこで、外務省の中で、山村新治郎氏のお供として誰か若い人を送る必要があるのではないかとの話があり、私の課の担当の地域ではありませんでしたが、「折田、お前はどうか」と言われたのです。私も覚悟を決めて、そうなったら行かざるを得ないと思っていましたが、最後のところで「もういいです」と言われました。そんなこともありましたよ。

フィリピンの担当としてすぐやったのがフィリピンとの航空協定交渉です。条約局、運輸省航空局の人と協力しながら交渉をし、署名、国会審議、発効までの事務をやりました。条約締結交渉というのはどういうものかを初めて体験しました。

フィリピンではマルコス(Ferdinand Edralin Marcos)大統領が第二期目に入るときでした。マルコスは後に腐敗した独裁者みたいに言われましたけど、当時はアメリカのケネディみたいな感じで讃えられていました。一九六九年一二月三〇日に第二期目の就任式典が行われ、特派大使となった岸信介元総理に同行してマニラに向かいました。そのときにマルコスなどにもお供としてお目にかかりました。一月一日に帰国しています。

お供でついて行くと通訳だけでなく、そもそもマルコスとはどういう人で、どういう政策をとっているのかなどを岸元総理や随行者に説明し、マルコスとの会談の発言要領もつくります。もちろんご本人が自分から言われる部分もあるけど、日本・フィリピン間の基本的な部分というのは、これまでの積み上げがあるので、それは我々が書いた文書を見ながらやってくれました。

外務省で会談の通訳をやると、その内容を記録にしなければならないことが多く、会談の後は大変で、ホテルで一生懸命記録を書くわけです。外務省のお付きが何人かいる場合には、別の人に任せることもできますが、場合によっては一人ですので、記録を作成するのも一人になります。

白鳥　このとき外務省からは折田先生お一人でしたか。

折田　外務省からは私一人でした。そのときには岸元総理と有名なマルコス大統領夫人との会談の通訳もしました。

服部　イメルダ(Imelda Romuáldez Marcos)氏ですね。

折田　イメルダ氏。タクロバンのバラと言われて、派手な衣装を着ておられました。

フィリピンについては経団連(経済団体連合会)の経済使節団が訪問し、そのアレンジをし同行もしたり、それからパリでＩＭＦ（国際通貨基金）・世界銀行のフィリピンに対する緊急支援会議があったときに日本代表の末席だったけど、それに行ったりとか、結構忙しくやりましたよ。

通訳

折田　シンガポールは国ができたばかりでした。一九七〇年一一月には、リー・クアンユー（Lee Kuan Yew）首相が来日して、佐藤栄作総理との首脳会談があり、私が通訳をしました。会談後、佐藤総理がリー首相について、「おー、びっくりしたね。あんな若い方が首相なんだよな」などと言っておられたのが印象的でした。リー・クアンユーは今では大変な大御所ですけれども、当時はまだ四〇代の新進気鋭の政治家だったのです。

要人が日本を訪問される際に、総理大臣官邸などで正式晩餐会があるとその際の総理のスピーチの原案を書くことも地域課の担当官の役目です。また、食事の際の会話の通訳もします。要人と総理はどのような関係があるかも調べてスピーチの案を書き、関係する人にチェックしてもらい最後は総理が目を通します。これでよかろうっていうことになると、いよいよ食事の最後に総理が立って、それを読み上げるわけです。そのときも総理の後ろについて、既に英訳してあるものをみんなの前で読むわけです。

福田赳夫大蔵大臣のとき、シンガポールのゴー・ケンスイ（Goh Keng Swee）大蔵大臣がやってきて、夕食会の通訳をすることがありました。スピーチをやるというので、福田蔵相用にちゃんと案をつくっておきました。いよいよスピーチになって、福田蔵相に「原稿お持ちですか」と聞いたら、「うん、持ってるよ」とのことでした。確かに持ってはいたのですが、ぽーんと横に置いてすっくと立って、全然違うことを言い始めました（笑）。ちょっと焦ったけど、いちおう訳しました。そういう冷や汗が出るような経験は、どの若い事務官も持ってますよ。

白鳥　大蔵大臣のスピーチ原稿も外務省が原案をつくったということでしょうか。

折田　普通だったら大蔵省の人がやってくれるのでしょうが、大阪万博の関係で、まとめて外務省でやりましょうということになったのだと思います。

服部　一部アドリブというのは、しばしばあることだと思うんですけど、福田蔵相は全部をアドリブでしたか。

折田　全部です。

服部　原案をまったく無視して話し始めたわけですか。

折田　そうです(笑)。通訳で困ったことはたくさんあります。佐藤総理と、大阪万博で大統領の代わりに賓客として一九七〇年六月に訪日されたマルコス大統領夫人の間の夕食会での会話では皇居の話が出て、「皇居にはキジが棲んでます」というような話になりました。キジという言葉が咄嗟には思い浮かばず焦りました。pheasantっていうんだけど。マルコス夫人に小さな声で、「孔雀みたいなピーコックみたいな鳥ですが、あんなに大きくなくてもっと地味な鳥です」と伝えたところ、「うんうん」と理解してくれました。その後、私は「キジー」と訳しました(笑)。

福田蔵相のときにもまた環境の話が出て、日本には田んぼがありましてね、タニシやらシジミやらがいましてねとか言われ(笑)、困ったことを覚えています。

服部　佐藤総理は非常に風格があって、風圧を感じさせる政治家と評されることが多いようですけど、そういうものを感じましたか。

折田　私は沖縄返還など直接の仕事でお目にかかったことはないですが、通訳をする前後、また夕食会等の際に、佐藤総理や奥様と少し話すことは何回かありました。非常に落ち着いておられ、威圧感は確かにありましたね。

日本と東南アジア

折田　当時、東南アジアには、まだまだ戦前の日本に対するしこりが残っていたと思います。日本軍は真珠湾を攻撃するとともに、香港から東南アジアのほうに出ていきました。フィリピンでは、日本軍が進出した際に、マッカーサー(Douglas MacArthur)将軍が“I shall return”と言って去り、日本軍が占領下に置きますが、バターンの死の行進と呼ばれるものもありました。シンガポールのリー・クアンユーもいろいろ聞いてみると、まだ若かった頃、毎朝東京のほうを向いてお辞儀をさせられたとのことでした。日本から被害を受けたことから生ずる悪感情は残っていたと思います。フィリピンについては、円借款を受けることについて最初は、抵抗があり、また、通商航海条約は署名したものをフィリピンの議会の反対で批准しないままになっていました。この背景にも戦争の経験に由来する感情があったものと思います。だけどマルコス政権のときに岸元総理が訪問したり、金融危機に対していろんな形で緊急支援を行うことがあって、ようやく日本に対する感情が改善してきたのがこの時期です。

太平洋戦争が終わってからかなりの間はインドネシアでは独立戦争があり、また、インドシナ半島もフランスとの関係で大混乱になり、さらにはベトナム戦争になります。それからマレーシアはイギリスから独立しますが、インドネシアや、シンガポールとは微妙な関係にあったり、それからタイとマレーシアは国境線の辺で問題があったり、フィリピンとインドネシアというのも厳しい関係にあったりして、東南アジアは一つではなかった。そして日本に対しては戦争のしこりがあり、西欧諸国に対してもそれぞれしこりがありました。東南アジア各国では共産主義の影響が大きくなっており、アメリカなどで「ドミノ理論」などが言われていました。東南ＡＳＥＡＮ(東南アジア諸国連合)は一九六七年に発足したばかりでしたが、それぞれの国が異なる事情を抱え、またお互いにも問題があり、まだ団結力は感じられませんでした。

そういう中で日本はようやく経済的に強くなってきて、賠償の次をどうするかという段階に差し掛かったときでした。

日本への警戒感が弱まり、日本に指導力を発揮してもらいたいという感じが少しずつ出てきたと思います。当時、民間企業の進出が始まっていましたが、企業の中には現地の人たちはちょっと劣っているという感じを有していた人が結構いたようで、そのような企業に対する反発もありました。進出企業は現地の事情、特に戦争に由来する感情については、きちんと理解した上で、事業をしなければいけないなと思いました。

白鳥　それぞれの国に対してどういったスタンスで立っていくのかについてお話を頂いたんですけれども、南東アジア二課や、もう少し広くアジア局の中で議論されたりということはありましたか。

折田　しょっちゅう議論しましたよ。課内だけでなく、特にお隣の南東アジア一課とは、それぞれの国ごとに対応が異なるものでしたが、よく比較し合っていました。

白鳥　一九六九年一月には経済局の地域課の業務を地域局に移管するいわゆる政経合体の機構改革があってアジア局に経済一課及び二課がつくられましたが、それが半年後に廃止されて南東アジア一課と二課が新設されます。折田先生が配属されたのは、新設された南東アジア二課ですね。

折田　そう、新設された南東アジア二課だったのです。

白鳥　廃止、それから新設ということで、どういう役割の変化があったのでしょうか。

折田　東南アジアの場合、それぞれ国ごとに事情が違います。経済だけで束ねて一つの課で対応できるかっていうと、なかなかそれはできないし、しかも経済というのは政治と密接に結びついているから、政治と経済は一緒にやろうということだと思います。

沖縄と中国

服部　折田先生は一九七一年一〇月、条約局条約課に配属されます。

折田　その年の六月一七日に署名された沖縄返還協定の国会審議のための沖縄特別国会が開かれたときに配属になったのです。ちなみにその直前にマレーシアのラザク(Abdul Razak)首相が訪日していて、佐藤総理とラザクの首脳会談の通訳をしていたんですが、その次の日に今度は条約課に行ったのです。国会審議を控えて、その準備で、大変緊張した雰囲気でした。中島敏次郎《としじろう》条約課長、有馬龍夫首席事務官、柳井俊二事務官、丹波實《みのる》事務官、その下に同期の河村武和事務官と私がいました。

私と河村事務官以外の事務官は沖縄を担当していて、我々はその他案件係といわれました。その他案件の中でも河村事務官はアメリカとの繊維交渉があって、それはそれで大変でした。私はそれ以外で、実務的なものばかりでしたが案件数が多くて、抱えている案件が五〇件を超えたことがありました。

白鳥　沖縄返還協定の審議についての印象を聞かせて下さい。

折田　沖縄返還協定の国会審議関係の仕事は、同じ課にいて横で見聞きしていただけで、直接には関与していません。ただ、返還協定に関するいわゆる「密約」事件は強く印象に残っています。

白鳥　いわゆる西山事件ですね。

折田　二〇〇九年に民主党政権がつくった「密約」検討の委員会の検討の対象となった「第四の密約」です。

服部　四〇〇〇万ドルの肩代わりという話でしょうか。

折田　そうです。この「密約」問題の中で、条約課として問題になったのは、機密の電報がどうして外部に漏れたのかということでした。国会で、社会党の横路孝弘氏が質問者として腕を振り上げて「密約」の証拠となる文書として「こういう電報があるじゃないか」と示し追及しました。最終的にはコピーされた電報の起案文書の決裁欄を見ることによって誰が決裁のサインをした段階のものであったがわかり、外務審議官室に来ていたもののコピーであったのではないかと言うことになったようです。そこで、審議官付の女性事務官から漏れたのではないかと推定されたのです。電報のコピーは条約課にもファイルされて存在しており、条約課事務官であれば、電報を見ようと思えば見られるわけです。ですので、当初は流出元は条約課の事務官かもしれないというので、課員はチェックされました。人事課長に呼ばれて、機密を出したりしてないだろうなと言われたのです。

白鳥　横路議員が腕を振りかざして質問したシーンは、非常に話題になったといいますが、外務省の中でも国会質問で電報を振り上げたときは騒然としたのでしょうか。

折田　皆驚いていました。外部に出るはずがない電報でしょう。アメリカ局長の吉野文六氏が「その電報を見せて下さい」と言って見て、どこまでサインしてあるかを見たようです、機密の漏洩は問題ですが、西山太吉氏は、電報のコピーそのものを横路氏に渡すことにより情報源が明らかになってしまうという、ジャーナリストとしてはおかしいことをやったなと思っています。

白鳥　西山事件について、条約課にいて何か感じることはありましたか。

折田　みんな非常に不快に感じていました。人事課長に「おまえ、まさかやってないだろう」と言われるわけだから、いい気持ちはしませんよ。タイプや庶務などの事務をやっている女性の事務官まで呼ばれましたが、彼女らは非常に哀しがっていました。

白鳥　沖縄返還の一九七二年五月一五日までに、沖縄返還問題で条約課として特に取り組んだことはありましたか。

折田　国会で承認された後も国会では質問が出され審議は相変わらず残っていました。西山事件だって、条約が承認された後に国会で議論になったのです。しかし、さらに交渉しなければならない部分は、もうあまりなかったと思います。

白鳥　沖縄返還が実現した後になりますけれど、条約課は通常の業務態勢に戻ったのでしょうか。

折田　戻りましたが、すぐに日中国交正常化問題が出てきました。

白鳥　中国とはニクソン・ショックといわれた米中接近から動き始めるわけですけれども、条約課としてこの問題をある種の特別態勢でやらなきゃいけないとなったのは、いつ頃でしょうか。佐藤退陣後なのか、その前なのか。

折田　前なのか後なのかわかりませんが、この問題は取り組まなければならないと皆思っていたと思います。しかし、具体的には、やはり佐藤退陣、田中(角栄)政権成立のときでしょうね。公明党委員長の竹入(義勝)さんの「竹入メモ」があって、動く可能性が高いというのはあったのではないでしょうか。

服部　このときは栗山尚一《たかかず》条約課長になっていたわけですね、一九七二年ですので。

折田　そうです。

服部　当初、外務省内では、田中政権成立後もしばらく極秘扱いだったようなんですが、それでもやはり中国に向けて動いているという雰囲気は感じられたのでしょうか。

折田　同じ課だから、雰囲気はわかりますよ。事務官として一生懸命やっておられたのは、丹波事務官です。

条約の作成過程

服部　条約課の仕事はどういう内容ですか。

折田　まずは、条約締結事務です。ある国とある問題について条約締結交渉をするかどうかを判断し、交渉をすることになったら、こちら側の条約案文を準備します。相手国が先に案文を出していればそれをまず点検しますが、こちら側も条約案文を出す必要があるわけです。その案をつくるというのが条約課事務官の仕事です。交渉を主導する地域課を原課と言いますが、そこの担当官と相談しながら、過去の例を参照し、関係省庁と議論を重ね必要に応じ、首席事務官、課長、局長に相談し、案文を練っていくのです。

白鳥　案文の作成は条約課と原課が一緒に調整するんですか。

折田　もちろん一緒にしますが、法的論議になってくると関係官庁の法律問題を担当している部署との協議になるので、条約課が前面に出ていくことになります。

相手国に提案する案ができると、決裁のため、まず首席事務官、次には課長に上げて、案件によっては局長等まで上げて決裁を得ます。原課はその課の属する局長まで上げ、関係各課、関係局長、次官、大臣にまで諮り、外務省全体としての案としてつくって、場合によっては総理にまで諮って日本案を相手国に提案し、そして交渉が始まるわけです。交渉するたびに第何条何項がこうなったとなり、そのたびごとに案文を変えて、また各省庁に諮ったりしながらつくっていくわけです。多くの場合、交渉は英語、仏語等日本語以外で行います。日本語が正文になる条約でも交渉は外国語で行うことがほとんどですので、例えば英語で合意した案文を日本の法律用語を使って正確に訳すという作業もあります。

最後まででき上がって、署名となりますが、署名をしてしまうともう文章を変えられないから、署名する前に内閣法制局に諮ります。法制局というのは憲法解釈の権限を持っているところで、日本の法体系と条約との間に矛盾がないのか、用語の使い方は日本の国内法に照らしてどうなのかとか、そういうことを点検するわけです。日本の国内法ではカバーされてないことを決めているとすると、新しい国内法をつくらなければならないのかとか国内法を変えなければならないのかとか、そういう議論をします。

法制局審査には各省の人にも来てもらいます。条文を一読、二読、三読と三回やる。一字一句審査していくわけです、朝早くから晩まで。ようやく条約文が固まって、署名条約であれば閣議決定がなされて、署名となり、国会承認条約の場合は、国会の承認を求めるための手続きが必要です。一つの案件を持っていうのは結構大変なことです。

白鳥　その他案件を大量に抱えられてたんですね。

折田　租税条約や通商航海条約など経済関係、経済協力関係、漁業協定関係など軒並み担当しました。条約の国会承認に当たっては想定問答集をつくって国会審議に備えます。国会審議になると大臣、局長、審議官、参事官用の答弁案を作成し、外務委員会の会議場に資料の入った大きなカバンを持って答弁者のお供をします。

実務的な協定ではあるが、条文の起案ということでは印象に残る案件としては、エジプトとの投資保護協定があります。それまで、日本は多くの通商航海条約や通商協定は締結していましたが、投資活動に焦点を当てた投資保護協定は一つも結んでいませんでした。それを一九七五年にエジプトと結ぼうという話になりました。条約課長は小和田恆《ひさし》課長になっていたときです。日本から見て望ましい形の条約を結べる相手として、エジプトは相応しいんじゃないかとなって、今後日本が締結することになる投資保護協定模範例になるような案文を起案してほしいと言われて、原案をつくったことを覚えています。

白鳥　小和田課長に替わってから動き始めた案件ですか。

折田　たまたまそういう時期にその案件の話が出てきたのです。私が条約課を去った後でしたが、エジプトと投資保護協定が締結されて、それがその後の先例となっています。

服部　中国との間では、一九七二年に国交が正常化して、航空、海運、貿易、漁業の実務四協定がありましたね。

折田　その中で、海運協定は私が担当しました。

服部　ここが難しかったというようなことはございますか。

折田　条約課の事務官としての立場から言えば、条文の起案について、困難だったという記憶はありませんが、政治的には航空協定との関係もあって随分揉めました。事務方では、中国課の小倉和夫首席事務官が一生懸命やっておられました。

日韓大陸棚協定

折田　当時の案件で一番大変だったのが韓国との間の大陸棚の協定、日韓大陸棚協定交渉です。北部の境界画定協定と南部の共同開発協定の二本立てになりました。今の日中間の排他的経済水域をめぐる話がありますが、当時は韓国との間に存在する大陸棚の問題があったのです。東シナ海の大陸棚をめぐって、日本と韓国の間でどちらに属するのかというのは大論争でした。結局、政治的な話し合いにより、なんとか解決しようということになりました。大陸棚のうち境界を中間線にするという点では意見が一致した北部の大陸棚については、境界線を引きましょうとなって、九州と朝鮮半島の間の対馬海峡に線引きをしました。それは大陸棚北部境界画定協定となります。竹島については、帰属問題に影響がない形で決着しました。大陸棚の南部では大きく意見が対立しました。韓国側の主張によると大陸棚は自然の延長でずっと延びて、沖縄の辺りまで行き韓中中間線のところまでは自分たちの大陸棚だというわけです。それに対して日本側の主張は、大陸棚は中間線で線引きをするというものでした。結局、双方の主張の重なり合っている部分を、双方の主張は棚上げにして共同開発をすることとして、大陸棚南部の共同開発協定に合意しました。

非常に複雑な協定ですが、その最後の詰めの部分を条約課首席事務官から北米第二課長に転出した斎藤邦彦氏から引き継いで条約課の事務官としてやりました。共同開発地域を小区域に分割し、どのように開発するのか、実際に石油が出たときにはどのような仕組みで石油を採り、それを分配するのか、共同開発で石油を採る場合に、国内法の適用の問題が生じたらばどちらの法律を適用するのか、石油のプラットホームみたいなものを造った場合に仮に刑事事件が生じたどうするのか、課税の問題はどうするのかなどを含めて、かなり綿密な詰めを関係各省と調整しながら交渉し、案文を作成する作業に忙殺されました。

白鳥　この交渉は地域課の事務官と組んでやるのでしょうか。

折田　原課は北東アジア課で同期の朝海事務官と一緒にやりました。それから開発の実務を行い、国内の実施法を作成する通産省、あと関税の関係もあるから大蔵省などの省庁が絡まり、それらの官庁と協議をしながらやりました。

韓国との間の二つの大陸棚協定が署名されたのは、一九七四年一月三〇日です。それから国会承認手続きに入りますが、私の条約課時代には、残念ながら国会の承認を得ることができませんでした。南部の大陸棚に関して日本は譲りすぎたのではないか、複雑な規定は実施できるのか、協定の有効期限五〇年は長すぎるのではないかなどの議論がなされたのです。結局、後任の谷内《やち》正太郎事務官に引き継ぎ、三年後の七七年六月になってようやく国会の承認が得られました。

イラクとの経済技術協力協定

折田　そういう中で、一九七三年一〇月には第四次中東戦争が起きました。私は法制局で日韓大陸棚協定について合意された英文をどのように正確に和訳をするのか、国内法との関係はどう処理をするのかなどの事務的な詰めをしなければならず、朝から夜遅くまで一生懸命やっていました。中東戦争の後、日本にもしかすると石油が来なくなるかもしれないというので、ご承知のように日本国内は大変なパニックになって、トイレット・ペーパーが売り切れるようなことが起きました。そしてOAPEC（アラブ石油輸出国機構）が、イスラエルに同情的な国には石油を輸出しないというような話になりました。それで……。

白鳥　二階堂(進)官房長官の談話が……。

折田　官房長官談話として、それまでよりも少し中東寄りの声明を出し、それが効いて、ＯＡＰＥＣが日本を非友好国から外しましょうとなったのです。当時は田中内閣で、三木武夫副総理が中東を回りましたが、このとき三木氏はイラクには行っていません。当時日本はイラクからは石油を買っていませんでした。詳しいことはわからないけど、イラクの石油は硫黄分が多いかなんかだったらしいです。だけど石油危機が起こって、政府としてあらゆるところから石油を手に入るように手を打てということになった。こういった動きの全体には、私は全然関与していないのですが、イラクからも石油を買うようにすべきだということとなり、日本政府はイラクと交渉に入ったのです。イラクは、日本に石油を供与する用意があるが、協定をつくることが条件だ、と主張しました。二階堂談話は一一月でしょう。

白鳥　そうですね。一一月二二日です。

折田　日韓大陸棚協定関係で忙しい毎日を送っていたのですが、一二月の暮れになって、突然「イラクに出張しろ」と言われました。イラクと協定をつくらなければならず、それは経済協力の部分が含まれる協定ですし、私は、韓国とも石油に関する協定の仕事とともに経済協力の案件も担当していたからでしょう。最初は局長レベルが行く話ではないかとみんなは言っていました。中東問題の司令塔として東京を離れることは無理で、しかし中近東アフリカ局長、それから条約局長、こういった人たちが行くのは無理でした。しかも一月は通常国会が始まるときで、そうなると、この人たちはもう国会審議に張り付けになってしまうわけです。そしていろいろあったようですが、結局一番若い私のところに話が来ました。私と、二期上の経済協力局の石垣泰司事務官の二人が外務省の事務官として行きました。通産省からは後に資源エネルギー庁長官になる豊島《とよしま》(格《とおる》)氏です。私よりはずっと年上ではあるけど、課長で役人としてはまだ若かったです。その豊島氏ともう一人通産省の事務官が加わって四人で行ったんです。

一月一一日にレバノンのベイルート経由でバグダッドに入りました。交渉の場では向こうはお偉いさんがずらっと出てきました。こちらは我々四人。「これはもう本当に少年十字軍だ」なんて言いながら交渉をやりました。イラク側は政府の経済協力、技術協力、資金提供、民間航空の路線の設定等を要求してきたのです。先方の要求は、私たちの権限を越えることが多かったのです。

交渉のこちら側の「弾《たま》」だったのが、総計五億ドルの官民による経済協力の意図表明でした。五億ドル供与ということは言っていいとの訓令だったのです。イラク側は、そんな小さな額では応ずることはできない、と主張したのです。イラク側からいろいろ言われても、五億ドルを超えたらどうしようもないわけです。交渉が膠着状態になっていたところ、中曽根康弘通産大臣が一四日夜遅くやってこられました。

白鳥　イギリスやブルガリアなどと合わせて行かれたときでしょうか。

折田　そうですね。我々は四人だけでしたが、中曽根通産大臣には、上は局長からお供がずらっといました。中曽根氏に事情を説明し、そして中曽根氏が一五日イラク側と交渉をしました。その交渉相手はラマダーン(Taha Yassin Ramadan)工業大臣で、後の湾岸戦争時の副首相です。それから革命委員会副委員長だったサダム・フセイン(Saddam Hussein)です。私は、その会談に出席していませんが、当時からフセインは実力者だと言われていました。そして交渉の結果、五億ドルを一〇億ドルにして金額の問題には決着が付きました。そしてその他もろもろのことを文書化する交渉を事務方でほぼ徹夜で行い、Minutes of Discussion という双方が意図表明をする文書を作成し、一月一六日にその文書に大臣に署名してもらいました。

経済協力の額をいくらにするかは、条約課の事務官が判断できる問題ではありませんが、政府から訓令をもらっていないので「一〇億ドルなんて大丈夫かな」と思いましたが、「俺に任せろ」と中曽根氏が言われたのです。私たちは日本に戻ってからさんざんやられましたよ。「そんな訓令にもないことをやって」とか、「訓令を破った」と言われましたが、中曽根氏がいろいろとやってくれて、結局一〇億ドルになりました。そのときの文書に基づいてさらに両政府間で交渉を行った結果、一九九四年八月に日・イラク経済技術協力協定が署名されました。イラク側の国内手続きがあって発効したのは一一月です。混合借款をイラクに供与するようになりました。そして石油も日本に入ってくるようになった。その結果、日本の企業はずいぶんとイラクに入っていきました。このきっかけの仕事を私はしました。

白鳥　石油危機について大平(正芳)外相と中曽根通産相との間で論争があったと聞きますが、どうでしたか。

折田　石油危機への対応をめぐり、大平外相と中曽根通産相が争っていたというようなことは知りません。だけど中曽根通産相がイラクにやってこられたときに交渉内容を説明したら、「こんなふうになったのはそもそも外務省が悪い」なんて言っておられましたから、きっとどこかで大臣間で論争をやっていたのかもしれません。しかし、徹夜の交渉で文書ができ上がったときはよくやってくれたとねぎらって頂きました。肉体的にも厳しい日程で、直ちに帰国し、一八日金曜日の夜遅く羽田着だったのですが、疲れて注意が散漫になっていたせいか荷物をタクシーに置き忘れたことを覚えています。土、日曜日に外務省関係部局に交渉内容を説明しました。当時日本とイラクの間の通信事情が悪く、こちらが出した電報が東京に届かなかったり、訓令を求めても答えが返ってこない状況で、イラクで行っていた交渉の内容が本省ではわからなかったようです。月曜日からは日韓大陸棚協定の案件へ戻り、法制局審査の二読に入り、三〇日に署名することとなるまで、毎日午前様でした。

石油危機と外務省

白鳥　田中首相や中曽根通産相を筆頭に、いわゆる「資源外交」といわれたものが当時行われていました。

経済局長だった宮崎弘道さんなどは、「資源外交」的な姿勢には非常に批判的だったようで、「お金さえ出せば買えるのは当たり前なんだから、もう少し落ち着くまで待て」ということをかなり強く言っていたようです。この出張に行くにあたって、経済局から何かコメントなどはあったのでしょうか。

折田 私のところには一切ありませんでした。イラクとの交渉で宮崎氏が何か主張をされていたとは承知しません。

白鳥 宮崎さんなどが力を入れていたのは、二月にワシントンで開催された石油消費国会議などだったようです。

折田 なるほどね。宮崎氏からみると、私たちがやっていたことは細かい話の一つだったのかもしれません。

白鳥 他にどなたかの指示を受けたりということはあったのでしょうか。

折田 この交渉では通信事情が悪くて、東京も細部の訓令を出せない状況で、もう独立部隊でしたよ。

白鳥 一二月末に打診を受けて、「行ってこい」ということで。

折田 そうです。要するにまずは、石油の供給を受けるための枠組みをつくる話であって、石油をいくら買うかとか経済協力の額をいくらにするかは条約課の事務官たる私の担当ではなかったのですが、その枠組みをどのような文章で作成するかとか、日本が行う措置は日本の国内法に反するようなことにならずに政府の権限の範囲でできることなのかを判断することは、条約課の観点からそれなりのことはできます。

サウジアラビアについても同じような話がありました。日本は当時から石油をサウジから買っていたけれども、サウジも日本に対して経済技術協力協定を締結してほしいと言ってきており、七四年二月、ナーゼル(Hisham Nazer)長官が訪日した際に協定が署名されました。これも、枠組み協定です。日本がどういう種類の援助ができるということを定め、具体的な内容については、閣僚委員会で決めるという形のもので、その案文の交渉をしたわけです。ちなみにこれは、日本が結んだ、アラビア語が正文となっている最初の二国間の国際約束です。

白鳥　これはイラクに出張された後に進められた話になるのでしょうか。

折田　イラクから日本に帰ってきたのは一月でした。サウジとの交渉は、二月です。協定の正文の話は揉めました。アラビア語が正文になってしまうと、日本には法律文書としてのアラビア語の文章をチェックできる人がいないからと反対したのですが、サウジが「どうしても」と言うので、日本語とアラビア語と英語の三つでつくり、そして争いが生じたらば英語の正文によるということで決着しました。

白鳥　一九七四年一月にサウジアラビアのヤマニ(Ahmed Zaki Yamani)石油大臣が来日していると思うんですけれども、この件にも関係があったのでしょうか。

折田　それもたぶん関係あったんでしょう。私が受け持ったのは文書をつくるところでした。

日ソ漁業操業協定

服部　日ソ漁業操業協定にも携わっていましたか。

折田　日ソ漁業操業協定の交渉は一九七五年の春です。日本の近海までソ連の大きな漁船が来て、房総沖なんかで魚を大量に獲っていました。当時は、日本もソ連も三海里以遠の領海の外はすぐ公海であるという立場を取っていました。公海では誰でも魚は獲れるというのが国際法のルールです。しかし日本は、国内法で公海であっても、日本の漁民が獲る場合には漁業資源保護の観点から漁獲量や漁獲方法などの制約があるのです。ソ連の漁船には日本法が適用されないから、日本の漁民からすれば大変なことだったのです。それで大騒ぎになってソ連と交渉しろという話になり、ソ連も交渉に応ずることになりました。網の種類や漁期のような問題、こういった日本沖の公海で魚を獲るにあたって漁船が守らなければならないルールの交渉をやったのです。複雑な交渉で内容は大変ではありましたが、政治的に北方領土問題が絡むような交渉ではありませんでした。

私はその後モスクワの大使館に行きましたが、モスクワではまさしく北方領土に関わる漁業の交渉に携わりました。

大平三原則

服部　一九七四年二月二〇日、大平外相が政府統一見解として、国会承認条約の範囲画定について衆議院外務委員会で答弁しています。国会承認を要する条約として、法律事項を含む国際約束、財政事項を含む国際約束、政治的に重要な国際約束が挙げられています。

折田　日本政府は毎年数多くの国際約束を締結しますが、承認のために国会に提出するのは一年にせいぜい一〇件から二〇件でした。国会議員の方からは政府は国会にも持ってこないで勝手に条約を締結しているのではないかという議論がありました。密約ではないにしても勝手にやっているのではないか、国会には条約の承認権があるがそれに反しているのではないかといったような議論が行われていて、「どういうルールでやっているのか政府見解を出せ」という話になったんです。

この話が出たので憲法ができてから今まで政府は、どうやってきたのかをすべてチェックしようということで、条約課と国際協定課を挙げて過去に日本が締結した国際約束を調べました。この条約はどうして国会に出したのか、これはなぜ行政府限りでやったのかといったことを片っ端から調べたのです。だから、この大平三原則に関する作業は、条約局全員の作業と言ってよいでしょう。そして、分類をして、たくさんの条約を三つに分けたのです。

第一と第二の原則の法律事項と財政事項に関わる国際約束が国会の承認を必要とするというのは当たり前で

すね。この二つは国会の権限に関わることですから。

考え方の整理が難しかったのが、最後に挙げられている第三の原則の政治的に重要な国際約束の部分です。政治的に重要な国際約束は国会に提出するのだと言うと、どの国際条約も重要だということになり得ます。「そもそも政治的に重要だから国際約束をつくっているんでしょう」ということになる。だけど、それではやはりおかしいので、「政治的に重要な国際約束であって、それゆえに、発効のために批准が要件とされているもの」としたのです。

批准というのは、批准書まで作成して日本の場合だと閣議にかけて憲法第七条に規定されていますが、天皇の認証が必要だというように、批准は国際法上、条約の締結方式で最も重々しいものです。例えば、日中平和友好条約についてみてみると、これは国会承認条約かどうかというのは議論があり得ますよ。だって一般論しか書いてないでしょう。法律事項も財政事項も入っておらず、第一原則にも第二原則にも該当せず行政取極、政府間だけでも締結できるのではないのかという議論です。しかし、この条約は、日本と中国の基本的な法的関係の基礎をつくる政治的に重要な条約案件として、日中間で交渉の上、批准をすることで合意をしたものであり、国会に提出すると説明しています。

大平三原則を出すことで、ある国際約束について、これは政治的に重要なのに国会に出さないのはなぜかということに応える意図がありました。これは太平外相から直接に指示があったものではありませんが、大平外相の了承を得て、また、大平外相が読み上げることにより政府統一見解として発表したものです。この三原則はその後一貫して踏襲されています。

白鳥　大平三原則を出したことの意義をどのようにお考えでしょうか。

折田　この条約を国会に出してこないのはけしからんじゃないかとか、そういう議論は止まりました。国会と行政府の間で一応共通の理解が得られたということじゃないですか。

白鳥　それまではかなりいろいろとあったわけですね。

折田　大平三原則として取りまとめをするきっかけとなったのは、一九七三年の通常国会に日米原子力協定改正議定書を提出したときです。アメリカから濃縮ウランを移転してもらうための条約で、保障措置の下に軍事転用されない形でアメリカから一定限度の濃縮ウランを移転してもらえるという内容でした。移転の量については別途政府間で合意すると書いてあります。国会審議の際は参考文書として何トンと記載された交換公文を提出してあったのですが、国会から見ると現在認められるトン数はわかるが、将来違うトン数を国会が承知しないままにそのような重要な問題が政府間で決められてしまうのではないかという質問があったのです。

白鳥　野党からの質問ですか。

折田　それは衆議院外務委員会における公明党の渡部一郎議員の質問です。それから議論が始まって、そもそも交換公文で国会に出さないのが数多くあるけれど、一体どういうことになっているのか、それを外務委員会に報告しろという議論になったわけです。

白鳥　一九七三年の通常国会でそういうやり取りがあって、それを踏まえて条約課の中で検討が始まったのですか。

折田　二国間条約を担当する条約課のほか、これは国際約束全体だから、多国間条約を担当する国際協定課も担当しました。ほとんど全部の事務官が加わったのではないでしょうか。きっかけとなった原子力協定を担当したのが河村事務官で、河村事務官が中心となり、取りまとめ役になりました。

白鳥　事務官が取りまとめ役ですか。

折田　取りまとめ役になったけれど、みんな過去の事例を調べなきゃいけないから、一つ一つ、各事務官がやったわけです。そして案をつくって、首席事務官、課長、それから局長と、様々に議論してできたわけです。大平三原則は外務省だけじゃなくて、もちろん憲法にも関わることですので、内閣法制局にも相談してつくりました。

それから、国会での議論のきっかけになった日米原子力協定改正議定書に付随する交換公文のような行政取極の扱いについては、国会承認条約の補足的で行政府の権限の範囲で締結できるものであっても、新たに締結されたもので、国会承認条約後の実施、運用を国会が把握する上で重要だと思われるものは、国会に資料として提出することも確認しています。

在ソ大使館から見た日ソ関係

服部　その後、一等書記官として在ソ連邦大使館に赴任されています。
折田　一九七五年八月、モスクワに赴任しました。小和田課長から、モスクワ勤務は勉強になるよと言われて行くことになったものです。一九七三年一〇月には田中総理と大平外相が訪ソしてブレジネフ(Leonid Brezhnev)書記長と会談をしていますが、私がソ連に行った一九七五年は日ソ関係が悪くなってくる時期です。ソ連の外相は、グロムイコ(Andrei Gromyko)でしたが、「ガスパディーン・ニエット」、つまり「ミスター・ノー」として有名でした。日本側が北方領土問題について述べると、「ありもしない問題を持ち出すとは何事か。そんな人と話はできない」という態度でした。
モスクワ時代にあった衝撃的なことの一つとして、ベレンコ(Viktor Belenko)中尉が一九七六年九月六日、ミグ25に乗って函館空港に強行着陸したことがありました。なんの前触れもなく、日本側の防衛網をくぐり抜けてのことだったので、大騒ぎになりました。普通の飛行機ではなく、戦闘機ですから。まかり間違えれば武力行使ではないかと考え得るようなことです。結局亡命だとわかったのですが、ソ連側はアメリカ帝国主義と日本帝国主義が謀った陰謀であって、ベレンコは拉致されたという見解を示しました。ベレンコの奥さんというのがテレビに出てきて、「私の夫を返してほしい」と泣きながら訴えることがありました。

ソ連側は、ベレンコとともに飛行機を直ちに返せと主張しました。国連の場で小坂善太郎外相・グロムイコ会談が行われ、小坂外相がソ連側の部屋へ行ったんですが、ソ連は非常に強硬な態度で水一杯すら出さなかったと言われました。

日本の危機管理が問われたのです。国内で表だって議論になったのは、危機管理よりも、ベレンコはパスポートも持たずに来ているので入管法上はどう扱ったらいいのかとか、戦闘機は関税法上はどう扱ったらいいかとか、そういうようなことについて小田原評定がなされたとの部分でした。

結局、日本政府はアメリカとも相談しミグ25を全部解体して中をチェックして、ベレンコには事情を聞いた上で、本人の意図に従ってアメリカに亡命させました。その解体したミグ25は大きな箱に入れて返還しました。日本はソ連に対してそもそも一方的に入ってきたのはけしからん、それから飛行場に損害を与えた、その賠償をしろと主張しました。向こうは向こうで、この飛行機を解体したのはけしからん、賠償しろと言いました。私の知る限り、両方とも賠償請求したまま、両方ともお金を払わずに今日まで至っていると思います。ソ連に在留していた我々はモスクワで厳しい立場に置かれていました。デモもありました。妻とクルマに乗っていたら取り囲まれて、「けしからん」と怒鳴られました。外交官を保護するのは相手国の国際法上の責任です。だから大使館からそういうようなことがないように、ちゃんと警備をしてくれと申し入れました。そうしたら「人民の自発的な意図は我々はどうしようもない」というのが答えでしたから「おお、よく言うよね」と言ったものです。

白鳥　それはいわゆる官製デモでしょうか。それとも自発的なものでしょうか。

折田　官製じゃないのかな(笑)。

そして、一九七六年一二月一〇日に、ソ連がいきなり二〇〇海里宣言をしたんです。先ほど話した漁業操業協定では二〇〇海里じゃなくて公海をどうするかという話です。今度はソ連は二〇〇海里宣言をし、その内側はソ連の管轄権が及ぶというものです。問題になるのは北洋漁業です。シベリア沖に多くの日本の漁船団が行ってサケ・マスを獲っているのを、勝手に獲るなと言うわけです。ソ連の管轄内の海域だから自分たちの規制の下に獲るべきだということです。しかも、二〇〇海里の線引きについては七七年二月二四日の大臣会議決定により基線として北方四島が含まれていることがわかったのです。だからそういう規制を認めると北方領土にソ連の管轄権が及んでいることを法的に認めることになってしまう。そういう話でした。

一九七七年三月にモスクワで交渉が始まりました。鈴木善幸農林大臣や園田(直《すなお》)官房長官がやってこられ一〇〇日交渉と呼ばれた交渉になり、五月二七日に協定が署名されました。日本側は、北洋に行っている漁船を全部一回引き揚げさせ、背水の陣で交渉しました。

この問題の大使館での担当をしました。農林省から出向されていた柴崎(嘉之《よしゆき》)参事官とも協力しながら、東京からの代表団の受け入れ、ソ連側との事前打ち合わせを行い、協定交渉に参加しました。本省よりは、斎藤条約課長、東郷和彦事務官が長期出張され、種々議論しました。交渉の最初の頃は雪で真っ白なモスクワでしたが、春になり、最後の頃は郊外が緑になっていました。交渉妥結の夜は我が家で斎藤課長などとともにウォッカで酔い潰れたことを思い出します。

結局、事実上、ソ連の規制水域を認めましたが、条文では北方領土を基線としているソ連の規則への言及は行わず、日本が入漁料みたいなのを払うことになりますが、こうしたことは法的な立場を害するものではないという留保条項を協定に入れました。また、日本国内では、日本の管轄が二〇〇海里に及ぶという国内法を急遽つくったのです。日本の国内法では基線として北方領土を入れて二〇〇海里を引いて、「相打ち」とよく言うんだけど、「相打ち」して日本の立場を守ったのです。北方領土に関する日本の法的立場を損なうことなく、日本漁船の漁獲が継続できるようになりました。協定の交渉と並行して、漁獲量とか漁業規制の交渉も行いました。こちらのほうは水産庁の代表団が中心です。交渉が錯綜して、漁獲量の数値を決める交渉になったときに周りにロシア語の通訳が見当たらず、私がロシア語の通訳をするという冷や汗ものの経験もしました。

交渉の結果として、その後の日ソ交渉では、漁業交渉で日本は北方四島を基線として認めているから、北方領土は法的にはソ連領と日本政府も認めているという主張をしていません。だからそれはそれで効果があったと思います。

ソ連共産主義体制

白鳥　ソ連国内の様子は、どう観察されていましたか。

折田　当時のソ連は、共産主義体制です。公開の文書というと、まずは、『プラウダ』と『イズベスチヤ』という新聞です。毎日出てますが、四ページぐらいですよ。どこかの工場で労働者の努力によって今年は何トン生産できた、これは史上最高だというのが出たり、農場の写真が載って今年は大豊作だと農民が喜んでいるような写真が出たりするわけです。宣伝の新聞ですが、一生懸命読んでいました。

新聞の記事とは異なり、街に出ると寂しい限りでした。道路は広くて、六車線ぐらいあるような通りもあるけれど、結構がらんとしてる。店を覗くと物がほとんどなくて、子供がいたからオモチャ屋にもよく行きましたが、大きなショー・ウィンドウに小さなオモチャが二、三個並んでいるという状態でした。

商店で買い物をする際の手続きが厄介で、商品を第一のカウンターに持っていくと、ペーパーをくれ、そのペーパーを会計のところへ持っていき、代金を支払うとスタンプを押してくれて、それを持って、今度は物を渡してくれるところに行くと、ようやくもらえるのです。それぞれのカウンターの行列に並びました。閉店時間になると、最後に物をもらうところまで至らないで店が閉まってしまうこともあるのです。また、閉店の間際に行くと嫌な顔をされました。店員は働けば働くほど損だという感じでした。クレムリンの前にグムという大きなデパートがあって、例えば靴なんか売っていると、ロシア製の靴は山積みされていましたが、誰も見向きもしない。ロシア製の靴は履くとすぐ壊れちゃうとみんなわかってるから見向きもしないのです。その横に東欧製の靴を売っているとそこは長蛇の列です。ロシア人いわく、街を歩いていて行列があったら、ともかく並べ、なんのためかっていうのは並んでから聞けと。ウォッカが売り出されるそうだと噂が立つと、すぐに行列ができる。そういう社会でした。

それからノルマっていうのもおもしろくて、ある工場で余裕を持って製品製作数のノルマを達成することはよくあるらしいのです。ノルマとして一〇〇個つくれと言われたとき、ほんとは一五〇個ぐらいつくれるけれど、一〇一個つくってノルマ以上にし、褒めてもらうとそれ以上はつくらないのです。というのは、次の年のノルマを大きく上げたくないからです。だからわずかな上乗せのところで留めておくのです。売れない誰も履かない靴も、ノルマをちょっと越えてつくって、褒めてもらっていたのかもしれません。このような体制が長く続くのかと実感を持って感じました。

冬になると大雪があって非常に寒くなります。マイナス三〇度ぐらいになることもある。そうするとソ連製のクルマはほとんど動かなくなり、さっき六車線と言ったけど、両側それぞれ一車線は動かないクルマが雪に埋もれてずうっと並んでいました。一つの堤みたいな形になって、それが来春まで続くのです。モスクワとレニングラード（現・サンクトペテルブルク）を結ぶ道路の途中は、真っ直ぐです。だからと言ってスピードを出したら大変。道路に穴が開いてたりする。クルマがその穴に落っこってひっくり返ったりする事件もありました。

我々の生活は規制されていて、クレムリンから半径四〇キロだったかな、それから外へ出てはいけないことになっていました。例えばレニングラードに行く道はいいのですが、他のところに行くような場合は事前に許可を取るとか、なかなか厳しいものがありました。

冬は野菜が不足しました。春になるとミツバ取りをやりました。館員が家族連れで四〇キロのもっと手前の森に入って摘み取り、それを冷凍しておくわけです。あるとき行ったら、ミツバがきれいになくなっていました。北朝鮮の外交官が一列になって摘み取っていたらしいです。

夏休みにフィンランドに行ったときモスクワからクルマで、さっきの真っ直ぐの道を通って国境線を越えてフィンランドに入ったときの小さな村のスーパーマーケットがなんと素晴らしかったことか(笑)。

他方、ソ連という制度というか社会組織の背後には、伝統的なロシアの歴史、文化が垣間見えてそれは味わい深いものがありました。ロシア語はとてもきれいな言葉です。政務班のなかでロシア語専門でないのは私一人でしたが、先生について一生懸命ロシア語を勉強し、若干は言葉もわかるようになりましたが、特に、詩の朗読は素晴らしいと思いました。ロシア文学にはいい詩がたくさんあります。

ロシア民謡は共産主義の時代でも歌われていましたが、日本人の心を打つものがあります。短調のものが多いのです。それから、トルストイの『戦争と平和』のモデルとなった家などが残っています。そういうのを見ると、昔のロシアの文化がなんとなく思い浮かぶ感じがします。トルストイやチャイコフスキーの家なんかも残っています。

ロシア人は、特に子供に対して優しい人が多いと思いました。例えばうちの子供はまだ小学校一年生だったのですが、冬に帽子を被らないで歩いていたりすると、すぐに誰かがやってきて、「すぐ帽子を被らせなさい。放っておくと脳が凍っちゃうよ」などと言ってきたり、広い道路の横断歩道を渡るようなときに、子供と手を繋いで渡ってくれるとか、そういうことが何度もありました。

折田　うちにシューラというお手伝いさんがいました。人柄の良い人で、子供にはとても優しかった。ロシア当局から派遣されていて、毎週一回報告することになっていたようです。正直に、「今日は当局に呼ばれているのでこれから行きます」なんて言っていました。我が家はどのような生活をしているのか、どんな客が来たのか報告していたのでしょうね。

モスクワでは我々の行動は監視されており、また、盗聴の世界でした。大使館も自宅もすべて盗聴されていると考えていました。アパートの一角に入居しましたが、入口のところにミリツイアというお巡りさんが番をしているのです。そのアパートは外国人用のもので、ミリツイアは我々を守るというより、監視していたと思います。たとえば訪問客などをチェックしていたのでしょう。うちの中はいっぱい盗聴器が付いているので覚悟せよと先輩たちに言われていました。住んで一定期間経つと、レモントと称して「お宅を修繕をして差し上げます。より良いお宅にしますから、二週間家を空けて下さい」と言うのです。修繕中に盗聴器も点検したのでしょう。

個人のクルマも購入すると登録のため、当局に預けなければなりません。クルマに何かを付けられて、クルマがどこを走ってるかがわかるようになっているのです。

大使館の中にも、盗聴器はあるだろうということから、部屋の中に箱をつくり、箱と部屋の間の空間に奇天烈《きてれつ》な音が出るような仕組みをつくって、その箱の中で微妙な話や会議をしたのです。後に総理になられる鈴木農林大臣も漁業交渉のときに箱の中に入られました。

白鳥　いわゆる一〇〇日交渉でいらしたときですか。

折田　そうです。鈴木氏が箱に入られて、「いや、君たちも大変だなあ！」と感心しておられました。アメリカの大使館では、箱の中でも盗聴されたケースがあったことが見つかりました。ＣＩＡ(中央情報局)が、どうしてかと大変な調査をしたのです。そしたら、館員が履く靴にお手伝いさんか誰かが盗聴器を忍ばせたことがわかったのです。アメリカも相当神経質になっていて、アメリカ大使館を造り替えることもありました。電話ももちろん盗聴されていました。

その箱に入るまでもないけれども、聞かれては具合が悪い場合は、水道の蛇口から水をじゃーっと流して議論しました。また外に出て話をするとかしました。しかし、外も危ないから気をつけろと言われたことがあります。遠くから望遠鏡で見ると口の動きで言葉がわかるのだそうです。旅行に出ても当局は、「外交官に相応しいからこのホテルにお泊り下さい」って言ってくれます。レストランに行くと、「一番良いテーブルにご案内します」と言って案内されます。盗聴器が備わったところに案内されているのだと思っていました。日々監視され盗聴され、だんだん慣れてきますが、気にしてノイローゼになった外交官もいます。

赴任のときに、「部屋に入ったらまず壁に向かって挨拶しなさい。そのときにちょっとお世辞を言ったらいいよ」なんて言われました。壁の前に立って、「今日到着しました折田正樹一等書記官です。モスクワもなかなか良いところだなあ」なんてやったりしましたよ(笑)。

盗聴する人も大変だと思う。どこでどれだけ秘密の話が出るかなんてわからないし、山のように資料があるのでしょう。だから、「今頃五年ぐらい前の会話を一生懸命、これはなんだろうって分析しているのかな」なんて冗談で言っていました(笑)。漁業交渉のときは、盗聴は明らかでしたね。東京に電話しても、なかなか繋がらない。盗聴されてるとわかりながらやるわけだけど、たぶん日本語ができる人を捜して、その時間がかかるのだろうなと思いました。日本と電話をしているときにロシア語で話をしているのがざわざわと聞こえたこともあります。

ソ連人ではなくてロシア人になると人間味が出てきます。外務省の人を、たまにだけど我が家に食事に呼んだことがあります。そうすると、すぐお酒を飲みます。一緒にお酒を飲んで酔い潰れないと友だちにならないという感じです。そういうおもしろい国民です。他方、前の日そういう経験があっても、翌日ソ連外務省で話を聞こうとすると、元のソ連人に戻って厳しいことを言ったり、公式見解を繰り返したりするのです。

おもしろいのは、モスクワの一般の人たちが思う日本は、とても良い国で、日本に対する感覚は良いと外を歩いていて感じたことです。政府レベルの日ソ関係は非常に悪かったのですが、街に出てみると、ベレンコ事件のときを除くと、日本人というのは自分たちのあこがれのような感じで見てくれていたように思います。

モスクワ外交団とロシア人の戦争観

折田　モスクワでは外交団の付き合いというのが大事で、各国大使館の同じような立場にいる人たちと情報交換して、それも踏まえて各種情報とその分析を本国政府に報告するのです。外交団の仲間の一人がイギリスから来ていた一等書記官のジョン・スカーレット(John Scarlett)で、なんと私が大使になってイギリスへ行ったら、情報を取りまとめてブレア首相に直接報告する委員会議長をやっていました。その後彼はSIS、俗称MI6のトップとなりました。

本当はMI6は誰かということは言ってはいけないことになっているのですが、彼の場合は、イラク戦争の際に大量破壊兵器の存在の有無などで、何度も議会で証言し、また、MI6の顔としてもう有名になってしまったので言いますが、彼とも一緒に情報を分析して、それをもとに政府に報告しました。

モスクワでは中国大使館員ともよく付き合いました。日ソ関係、中ソ関係が非常に悪かったのに対して、日中は国交正常化の後だったので、良い雰囲気だったのです。中国大使館もソ連からは白い目で見られることがあって、日本大使館と中国大使館とは共通することがあったので、中国から見たソ連の分析を聞いたりもしました。それから日本大使館の中で中国大使館員と卓球大会をやったら、電気が消えたんですよ。これはもう明らかにソ連の意地悪で、次の日にソ連外務省へ行ったら、「昨日はお楽しみでしたなあ」なんて言われました

（笑）。

ロシア人と話していて思うのは、戦争に対しての感じ方が日本と違うことです。ロシアは戦争で何度も被害に遭っている。遡っていくとモンゴルにやられて、タタールの軛《くびき》って言いますが、かなり長い間タタールの配下に置かれるわけです。モスクワの近郊にザゴルスク（現・セルギエフパサド）という市があって、そこに城風の修道院があります。モンゴルが攻めてきたときに、ロシアの騎士たちが立て籠もってたところです。そこに絵が飾ってあります。ロシア側は立派な騎士の格好はしてるわけだ。しかし、雲霞の如くたくさんの兵隊に囲まれていて、一人で一〇〇人ぐらいと戦うようなもので負けてしまったのです。

それからナポレオンにやられている。ナポレオン軍がモスクワまで侵攻して、ひと冬、モスクワはナポレオン軍の占領下に置かれます。

第一次世界大戦でもそうだし、第二次世界大戦もモスクワからかなり近いところまでドイツ軍が来るわけです。ここまでドイツ軍が来たというところに記念碑があります。モスクワの人の受け止め方には、軍事力が弱かったからこのようなことになったということがあります。第二次世界大戦の犠牲者というのは、一説によると、軍人で一三六〇万人、日本は一一五万人です。ソ連は民間人で七七〇万人の犠牲者、日本は九五万人。第二次世界大戦でソ連は一般人を含めて、相当に被害を受けています。

モスクワを中心とした地図を見ると、周りの国々との国境線が川とか山脈のように明確には示されておらず、ロシア人からみると少しでも遠くに国境線を置かないとやられてしまうという意識が非常に強いと感じます。日本人は戦争を経験して、軍事力は持ってはいけない、それが日本の戦争から得た教訓だというのですが、ロシアは逆で、しっかりした軍事力を持たなければならない、守りはしっかりしていなければならない、そうでないと皆犠牲になってしまうとの感じを持っています。戦争中苦労をしたと言う我が家のお手伝いさんもそのような感じで話していました。そういうところは理解しておかないといけないと強く感じました。

服部　重光晶《あきら》大使は、どんな方でしたか。

折田　非常に立派な方です。いつも落ち着いてどっしりとしておられたし、日本としてはこうあらねばならないという信念を固く持っておられた。日ソ関係は非常に厳しかったけど、日本の立場はきちんと維持しながら、他方ロシア人との対話は閉ざしてはいけないし、積極的に接するべきだと言っておられました。奥様も同様に、非常に熱心にいろんな方々を公邸に呼んだり、催し物に積極的に出ていったり、活発にやっておられましたね。モスクワの人にとても愛された方です。館員や在留邦人も大事にしておられました。館員ではロシア問題ではトップの兵藤長雄氏が上司だったし、それから野村一成書記官、橋本宏書記官がおられ公私ともに指導して頂きました。

白鳥　ロシアスクールの錚々たる方々がいらしたんですね。

折田　キャリアでない人たちはロシア語のほんとの専門家で、スタッフの充実した大使館だったと思います。そこで皆協力しながら、相当頑張ってましたよ。あそこは一人ではとってもやっていけるところではなく、生活の部分も含めてみんなと連絡を取り合い協力していました。

第2章　一九八〇年代の日米関係
――ＯＥＣＤ、大蔵省主計局、条約課長、在米大使館参事官

1984年4月，条約課員との花見

1985年1月，在米大使館員による集合写真

経済協力開発機構（ＯＥＣＤ）

服部　一九七七年八月には、パリの経済協力開発機構代表部に赴任されます。

折田　私はほんとはモスクワに残りたかったのですが、漁業交渉をやっている最中に「次はパリのＯＥＣＤだ」と言われて、急遽パリに行くことになったのです。まったく違う分野になってしまったのですが、経済の勉強はさせてもらいました。ＯＥＣＤ代表部はいわゆる会議公館です。当時のＯＥＣＤ加盟国は、日本の他は西欧諸国、アメリカにカナダ、オーストラリア、ニュージーランドが加わったもので、主要先進国が集まっていました。理事会、執行委員会のほか、ＤＡＣといわれる開発援助委員会、海運関係、環境関係などの委員会がありました。それから別枠みたいにしてＩＥＡ（国際エネルギー機関）があったのです。館員は外務省員とともに、多くの各省出身の優秀な人たちが集まっていました。経済企画庁、大蔵省、通産省、運輸省、農林省、厚生省、文部省、科学技術庁、環境庁、公正取引委員会、労働省、そういう人たちと協議しながら仕事をしました。

各委員会でそれぞれ会議をやるのですが、専門家同士のものが多く、その上に理事会があって、通常の理事会のほか一年に一回は閣僚レベルの理事会がありました。理事会をどう運営すればいいのかというのは、理事会の下により少人数からなる執行委員会で議論しました。私は総務書記官と称されましたが、理事会と執行委員会の担当でした。理事会の議場では平原毅大使が日本政府を代表して発言するわけで、通常の会議ではその後ろに座っていたのです。ある期間、平原大使が執行委員会の議長に選出され、執行委員会の場になると平原大使が議長席に座るので、私が日本政府の代表になりました。

各委員会でいろんな会議をしますが、それに伴って東京の関係各省の局長、課長等がしょっちゅう来られるので、そういう人たちとの交流もありました。パリに駐在する担当官は会議の事前のお膳立てをしたり、こういう問題がありますよと指摘したり、こういう方向でまとまりそうですと報告したりするのが役目ですが、重要な問題が出てくると、政策決定のできる東京からの出張者が大きな役割を果たすケースが多くありました。現地でそういう方々と一緒に仕事ができたのはとっても良かったと思います。

一年に一回の閣僚理事会に向かってどういう議題をどのようにまとめていくかを考えていくことは重要で、特にOECDが意識していたのは、サミット(主要国首脳会議)でした。サミットが始まったのは私の着任する二年前の一九七五年でしたが、そのサミットに意見を申し述べる役割を果たしたいということでした。

OECDは事務局が非常にしっかりしていて、経済等多くの専門家集団となっています。世界の経済情勢や各国の経済情勢等を分析し、評価をします。その報告等をもとに会議で議論をしますが、統計は客観性があるし、各国について同様の方法で計測しているので、世界の会議で利用できるのです。

当時は一九七三年の石油ショックの後、世界のマクロ経済をどうしたら良いのかについてかなり議論があったときです。いわゆる「機関車論」が打ち出されました。OECDでの議論は、アメリカや日本やドイツのような経済回復面で強い国が、イギリス、フランス、イタリアなどの弱い国を機関車のように引っ張っていくことで、世界経済を回復させたらどうかということでした。OECD事務局の分析では、どの国の経済にも問題があり、あまり良くはないけれど回復の度合から言うと、強い国と弱い国に二分され、日本は強い国のほうにされたのです。

その強い国とされたアメリカも経常収支の赤字を抱えていたし、日本もインフレがあったり、国債をかなり発行しているときで、財政運営も難しかったのです。「機関車論」は、日本からいうと、問題がありました。

様々な議論をした結果、それぞれの国でそれぞれの問題があるとした上で、経常収支の黒字が非常に大きい日本もドイツも黒字を減らしていかなければならず、内需拡大はしなければならない。アメリカだって赤字は減らさなければならない、それからヨーロッパで構造改革をしなければならないということで、強い国、弱い国という考え方ではなくて、「護送船団方式」と言われるのですがそれぞれの国がそれぞれの国でやらなければならないことを一緒に努力しましょうとなったのです。「機関車論」はロコモーティブ・セオリー、「護送船団方式」はコンボイ・セオリーと言われました。

サミットの場では政治的な議論になってしまうので、その前にマクロ経済的な面からＯＥＣＤで大雑把でも議論を洗っておくと、サミットから余計な議論が除去できたり、共通の資料が使えたりします。そういうことで、ＯＥＣＤは役割を果たそうとしたのです。

それから当時議論があったのはＮＩＣＳ(Newly Industrializing Countries)、新興工業国の発展です。これに先進経済国としてどう対応したらいいかという議論が行われていました。それから経済援助を扱うＤＡＣでは、日本がＯＤＡ(Official Development Assistance：政府開発援助)を大きく伸ばそうとしていたときだから、マクロ経済の部分と同様、日本の存在感はかなりあったのではないかと思います。

特徴的なのはピア・レビューです。日本についてＯＥＣＤが報告をまとめると、今度は日本がこの報告に基づいて自分はどう考えるかを発言し、他の国がコメントをする。それぞれの国について同様なことをやるということで、違った視点からそれぞれの国の経済をみることができます。それからＤＡＣでは順番に各国それぞれの経済協力政策を取り上げて議論します。日本がこれこれこういう経済協力をしているという説明をすると、他の国からこうやったらどうなのかという意見が出てくる。強制力はないけど、国際社会での一つの考え方がそこで出てくるので、日本が政策をつくる場合のいい材料となったと思います。

白鳥　イラン革命後の第二次石油危機に関連した話は出ましたか。

折田　私が離任して後のことだと思います。

白鳥　ＯＥＣＤ代表部と本省の例えば国際機関二課や経済局の他の課との関係、それからＯＥＣＤ代表部と在フランス日本大使館との関係についてもご説明頂けますか。

折田　本省との関係では、それぞれの委員会で会議を開催するにあたって、本省からこういう問題を設定してはどうかということが訓令で来ることもあります。それを踏まえて議論をした結果、あるものが設定されると、事務局はその会議に備えて資料をつくり、彼らなりの分析をし、分析した資料が代表部に届くと、それをまた仕分けして、東京でＯＥＣＤを担当する国際機関二課に転送するのです。そして東京のその課で仕分けをし、大蔵省、通産省などの関係省庁に送ります。それをもとに日本国内では議論がなされて訓令が作成され、外務省から届きます。

いざ会議が開かれるとなると、小さな案件であればＯＥＣＤ代表部の書記官だけで処理できるけれど、大きな問題になってくると、東京から出張者が来て発言をします。そのアレンジは国際機関二課が関係省庁と連絡を取り合いながら行います。

大使館との関係は、役割がはっきり分かれており、特に問題があったとは思いません。

白鳥　駐仏日本大使館員と日常的に会ったり話したりということは、あまりないんですか。

折田　建物は一緒でしたからしょっちゅう交流していましたが、仕事はまったく別だから、仕事でかち合ってどうっていうことは特になかったですね。

白鳥　他の国の代表部との関係はいかがでしたか。

折田　他の国の代表部とはそれなりにもちろん付き合っていましたが、私はむしろＯＥＣＤの事務局の専門家集団との交流が主でした。事務総長以下との付き合いのほうが多かったです。フランスは地元ですが、議題は多くの省に跨っているので会議ごとに出てくる人が違うのです。大使はいつも同じでしたが、それ以下の人は絶えず異なっており、フランスなどとの付き合いは難しかったです。ヨーロッパ各国もだいたいそうでした。

白鳥　そうですね。近いですからね。

折田　近くて日帰りで会議に出席できるため、ずうっといる人があまりいないんですよ。

大蔵省主計局科学技術・文化係主査

折田　一九七九年七月に、ＯＥＣＤ代表部での任務を終え、日本に戻り、一九八一年七月まで大蔵省主計局科学技術・文化係で、予算の査定をしました。主計局勤務が終わって七月には外務省の条約課に戻りました。

白鳥　この二年間は完全にもう大蔵省の人間として……。

折田　大蔵省主計局の一員として皆と協力をしながら予算編成業務をしました。私を主計局の人たちは自分たちの一員として迎えてくれました。私にとって今までやったことのない新しい仕事でした。大蔵省の、また同省に出向してきた優秀な人々と会え、議論をし、結論を出していったのはとても良い経験でした。このときの人的繋がりは今でも続いています。査定の相手官庁の方々とも知り合いになりました。主計当局には局長の下に、西垣次長がいて、主計官に新藤恒男氏その後に篠沢恭助氏がおられて、その下に我々主査がいたのです。主計局の主査も錚々たるメンバーでした。私は科学技術・文化係だけど、隣の文部係には、佐賀の銀行の頭取となる山本孝之氏、その後日本銀行の副総裁になる武藤敏郎氏がいました。隣は農水省の主査だった後に公正取引委員会の委員長になる竹島一彦氏がいて、さらには防衛事務次官になる佐藤謙氏、後に総理秘書官として一緒に仕事をすることになる涌井洋治氏、中島義雄氏、在米大使館で一緒に仕事をし、後に財務事務次官になる林正和氏、警視総監になる石川重明氏、ＪＴの社長となる本田勝彦氏などがおられました。

私の担当した仕事で大きく記憶に残ることというと、高速増殖原型炉もんじゅの建設の経費をどうするかというので、特別会計に一つの分野をつくって処理したことがあります。そのために電源開発促進税を上げることとしましたが、主税局とも一緒にやったし、法律も出さなければならないので大変だった。一緒に仕事をし、教えてもらったのは通産係主査の長野厖士《あつし》氏で証券局長を経て今は弁護士をされています。

それから、科学技術振興費という項目をつくったのです。科学技術庁からはたくさんの予算要求があって、膨大な資料で説明に来るのです。いろんな局から「この研究は今日本にとって大事なんです」と言ってきます。優先度を付けなければならないのですが、その優先度を科学技術庁に付けてくれといっても、なかなか意見がまとまらなかったのです。

それで、ある程度経費を束ねてそれに若干のプラス・アルファの額を加えて白紙の形で科学技術振興費という名で予算に計上し、その使い方については、これは良い研究だと思う人が課や局、省を越えて研究の内容を出して、専門家の委員会が審査してその判断に従って予算を配分するという仕組みを考えたのです。支出には何年間と期間を決めて、そこで打ち切りという形にしました。

文化面で、印象に残るのは、現在東京・初台にある新国立劇場です。そもそもあそこに造るのがいいのか、造るとしたらどうしたらいいのか議論しました。音楽をやるところなのに線路に近いので、電車の振動とか音が大丈夫なのかとても心配しました。多くの人が、「今は技術が進んでいて、そんなの大丈夫です」という話だったのです。設計の募集は競争にしましょうというところまで私はやりました。最近もときどき行くけど、電車の音なんか全然感じない。やっぱり技術というのはすごいものだなと思いました。

それから、佐倉の歴史民俗博物館ができかけたのが私の頃で、運営をどうするかの問題がありました。もともと文化庁の所管でしたが、文化庁は小さい所帯なので、とても運営できないと言うことで、議論の結果、国立大学の特別会計の大きな仕組みの一部としてやったらどうかと議論して、そうなったことを覚えています。

外務省と政策決定方式が全然違うというのは、とても参考になった。外務省というのは個人プレイが多くて、縦割りが多く、大臣、次官、局長、課長という一つのラインで物事が決まることが多いと思います。

白鳥　やはり外務省はラインなんですね。

折田　主計局はまったく異なっていて、ピラミッド方式です。局長が頂点にいて、あと次長、主計官、主査がいますが、査定して予算を決めるまで熾烈な議論をするけれども、でき上がると全員でそれを守るという組織力があります。主査は一つの軍団を率いているようなもので、査定したものを主計官、次長、局長に上げて局議を行い、場合によっては大臣まで上げて原案が決まります。原案が決まった後、どれが大臣折衝になるかも予測を立てながらやるわけですが、一旦決めると皆でそれを守ります。

また、よく大蔵省に政治家が乗り込んできて、これに予算を付けろなんていうのがあるのですが、一つの省庁を担当していると、どこの予算を付けろとある議員が言ってきた場合、「この政治家はこう言ってるけど、事務方の皆さん、それで良いのですか。これを付けるとこっちを削らなきゃなりませんよ」という交渉ができる。そういう部分というのは外務省の人間から言うと、とても新鮮に映ったし、おもしろいと思いました。

白鳥　主計局との交換人事はどういった仕組みだったのでしょうか。

折田　当時、大蔵省と外務省の間でなんとなくルールがあって、何年に一度か外務省から一人を主計局に出すことになっていました。出向中はまったく大蔵省の人間として働いたのです。駐米大使になった藤崎一郎氏は私の次です。それから国連大使をやられた佐藤行雄氏も同じように出向されました。

ライシャワー発言

服部　一九八一年五月のライシャワー(Edwin O. Reischauer)発言のときに、折田先生はまだ大蔵省主計局にいたのでね。

折田　まだ主計局にいた一九八一年五月に、いわゆるライシャワー発言が出て、新聞で知りました。ライシャワー元駐日アメリカ大使の発言は、核搭載船の通過寄港は「核の持ち込み」には該当せず安保条約の事前協議の対象外であるというのが米国政府の理解であるとの趣旨でした。

服部　二カ月後の七月に条約課長になられたとき、条約局でライシャワー発言について何か議論したことはありますか。

折田　二〇一〇年の「いわゆる「密約」問題に関する調査報告書」と同時に公開された大量の文書の中に含まれている、一九八一年七月に栗山尚一条約局審議官が起案されたいわゆる「栗山ペーパー」を局長室で議論しました。持ち込みの解釈について日米間で違いがあることに危機感を抱き、米側と交渉の上、米国艦船の通過寄港を一定範囲で事前協議の対象外とするとの合意をつくろうという趣旨の長文の文書です。

服部　栗山大使が条約局長になる少し前に執筆されたものですね。栗山大使がご親筆されているけれども、その内容は条約課の議論を踏まえているということでしょうか。

折田　条約局審議官であった栗山大使が私の着任前に基本的考え方の文書を作成され、その上で自ら書き下ろされた文書で、ちょうど私が着任した頃完成したものです。

服部　「栗山ペーパー」は、一定の期間を越えた核搭載艦船の寄港についてのみ、事前協議の対象にするというものでしたね。

折田　核が搭載されているかどうかアメリカは言えないし、言わないでしょう。しかし船舶については、一定期間であれば事前協議なしに留まっていいというものです。

服部　そうですね。そして一定期間を越えたときのみ、事前協議の対象にするというのが「栗山ペーパー」の趣旨だったと思うんです。その内容というのは、条約課としてもそうすべきだという考え方だったんでしょうか。それとも、どちらかというと栗山大使の個人的なアイデアでしょうか。

折田　ご本人が起案されたものですが、過去の経緯をきちんと検証し踏まえた案です。私は、そのとき初めて読ませてもらいました。条約課自身は関与せず起案されました。局長やその上の相談はどうなったか承知しませんが、次官までは話が行っているのではないかと思いました。

服部　局長より上の高度に政治的な判断を……。

折田　判断をまず得る必要があると思います。

服部　「栗山ペーパー」は、結局、受け入れられなかったのですね。

折田　考え方はとてもよくわかるけれども、現在の国内政治状況を考えるととても難しいとなったんだろうと思います。アメリカには提案しないまま残ったわけです。

安保条約交渉時に日米政府間で核の持ち込みに関するいわゆる密約があるのではないかということについては、「東郷メモ」と呼ばれるものがあります。多くの他の文書とともに公開されました。東郷文彦北米局長が一九六八年に作成したもので、その後歴代の総理、外相に対する外務次官の説明の資料として使用されている極秘指定の文書で、いつどの総理、外相に説明したとの記述も記載されています。米側は核搭載艦の一時立ち寄りは核の持ち込みには該当せず事前協議の対象ではないという立場であることが判明したが、日本側は、すべての持ち込みは事前協議の対象であるとの立場を維持してきた、日米双方にとり政治的、軍事的に動きがつかない問題なので深追いせずに今日まで至っており、これを継続するほかなしという内容です。「栗山ペーパー」を検討する際に、初めてこの「東郷メモ」の存在を知り、読みました。

服部　外務省のホームページに載りました。

折田　もう誰でも読めます。公開された文書の中には、私が読んだことのない文書がたくさんありました。

「密約」問題に関する検討委員会の対象となった四つのいわゆる密約のうち核持ち込み密約疑惑については、公開された大量の資料をもとに私自身の考え方を取りまとめました(「日米安保条約の事前協議と核持込みに関する「密約」問題」秋月弘子他編『人類の道しるべとしての国際法』国際書院、二〇一一年、四九八—五二五頁)。

対米武器技術供与

服部　個別案件として、アメリカとの関係で武器輸出三原則が議論となり、アメリカには例外的に技術供与しても良いことになったかと思います。

折田　対米武器技術供与問題は、当時かなり問題になりました。外国為替及び外国貿易管理法という法律がありましたが、武器輸出については、同法に基づく通産大臣の許可に関する運用の基準として、一九六七年佐藤内閣のときに武器輸出三原則というのを定めました。三原則とは、一、共産圏諸国、二、国連決議により武器輸出が禁止されている国、三、紛争当事国またはその恐れがある国、この三つの地域には武器輸出の許可はしないというものです。

さらに三木内閣のときに、政府統一見解が出て、それ以外の国にも武器輸出を慎むとしました。その統一見解は「武器の輸出については、平和国家としての我が国の立場から、それによって国際紛争等を助長することを回避するため」というと前文が付いていました。国会ではそれがあたかも憲法の一部みたいにして野党は議論していました。「慎む」とはなんなのかと議論しているうちに、「慎む」は禁止と同じということになってきた。だから武器輸出三原則は、要するに全部禁止だというような扱いになってきたのです。

そこまでは条約局とあまり関係がなかったのですが、日米相互防衛援助協定(MSA協定)というものがあって、日米間で自衛力を強化するために協力するという規定があります。日本はこれに基づいてアメリカから武器を供与してもらったり武器技術をもらったりしていました。しかし、日本の技術力が上がってきたから、日本を守るための武器を造るにあたって、日本の技術も使って共同開発ができないかという話が出てきました。

相互交流の中でアメリカ側から、武器技術を日本からもらえるようにできないだろうかという話です。

武器技術については国会答弁の中で武器に準ずるものだと発言しており、先ほど話した武器輸出三原則と政府統一見解があるから、対米武器技術供与は一切禁止だというのが国会の通り相場だったのです。日本を守ってもらうことに関する技術の輸出ができないのはおかしいということで、通産省と議論しましたが、通産省は「もうこういう原則がある以上どうにもなりません」というような話でした。それで鈴木内閣のときにはにっちもさっちも行かなかったのです。

白鳥　いつ頃から議論になり始めたのでしょうか。

折田　一九八一年ぐらいです。

白鳥　条約課長になられた頃ですね。

折田　私が問題として意識したのは条約局に着任した後でしたが、いろいろと聞いてみると議論はもっと前からあったようで、八一年頃になって条約局に協力してもらいたいと言ってきたのだと思います。

このときの議論はまったく妙なもので、武器輸出三原則でいくと、アメリカは一、二、三ではなくその他です。そうすると「慎む」となるわけですが、だけど「慎む」というのは事実上できないという意味だから輸出禁止になるのではないかとなります。また、アメリカは世界的に活動しているから、どこかで紛争に巻き込まれる恐れがあり、三原則の三に当たるのではないか、そして武器技術は武器に準じて扱うので、いずれにしてもこの武器輸出三原則の下では対米武器技術供与については何もできないのではないかという議論だったのです。

白鳥　外務省内では特に異論はなかったのでしょうか。

私はそもそも武器輸出三原則をアメリカにまで及ぼすということ自体がおかしいのではないかと議論しましたが、通産省は猛反対でした。

折田　北米局も条約局も日米安保条約の相互協力ということから、禁止はおかしいという議論でしたね。

白鳥　基本的にまとまっていたというイメージですか。

折田　方法論では様々な議論があったけど、道を開けるべきだというのが外務省の考え方です。そして中曽根内閣になったわけです。中曽根内閣のときに後藤田正晴官房長官が動いてくれました。この案件を後藤田長官と中曽根総理に上げたのです。当時中曽根総理はすぐに訪米することになっていたのです。あれは……。

白鳥　一九八三年一月ですね。

折田　総理になられたのが、一九八二年一一月で、八三年一月に韓国にまず行かれて、その後訪米されることになり、この問題は総理訪米前に片付けようということになりました。そして相互交流の一貫として対米武器技術供与については、武器輸出三原則の対象から外すという官房長官談話を閣議の了承を得て一月中旬に発表しました。そして、中曽根総理は訪米をされたのです。

白鳥　外務大臣は安倍晋太郎さんでした。安倍さんは外務大臣になる直前まで通産大臣を務められていたので、もし通産、外務両省の対立になるとどういった判断をされるのかなと思ったんですが、この話ではあまり安倍外務大臣は関係がないのでしょうか。

折田　安倍外相には局長が報告していたと思いますが、外相の指示を受けた覚えはないです。

白鳥　政治的には後藤田長官と中曽根総理だったわけですね。

折田　そうです。訪米が決まっていたので、年末そして年明け早々から通産省の課長などと議論をやりましたよ。そのときまでには外務、通産で良いチームワークができてきて、協力して対応しました。そのときに協力した相手が、その後通産次官、今は石油資源開発の社長をやっている渡辺修氏。それから村井仁氏。彼は防衛庁に出向した通産省出身の方だけど、武器関係の課長(装備局管理課長)でした。その後衆議院議員になられ、長野県知事を務められました。外務省は同期の加藤良三安保課長です。条約課の事務方としては小松一郎首席事務官、河相周夫《ちかお》事務官が次々と案を作成し、結果を出すことに大きく貢献しました。
政府としては結論が出たのですが、国会での議論が大変でした。中曽根総理は訪米中、「不沈空母」とか「三海峡封鎖」とか言われたとかで非常にタカ派の総理として野党に攻撃されました。その中で武器技術供与問題があったものですから、最初からこの問題で衆議院予算委員会がストップになったりしました。だけどその方針で固まりました。
そのときのルールが維持され、その後ＳＤＩ(Strategic Defense Initiative：戦略防衛構想)についての研究協力というのがあって日本は参加を表明します。ＳＤＩの研究協力は結局自然消滅するのですが、いわゆるロン・ヤス関係を支える一つの材料になりました。

服部　先ほどのお話で、通産省がなかなか動かなかったのは、どういう背景でしょうか。

折田　主管は通産省です。国会で禁止だと言っているものを、政治的に「これはこうだから」とトップが指示するのであればともかく通産省だけでやるのであれば、既存のルールに従わなければならず、なかなか難しいというのです。外務省は口だけだが、責任を負うのは自分たちでしょうというわけです。

服部　そうすると主に国内の世論や野党からの批判にさらされたくないという雰囲気だったわけでしょうか。

折田　外務省も批判にさらされますが、外国為替及び外国貿易管理法上の責任者は通産大臣ですからね。だけど渡辺氏も村井氏も、非常にフレキシブルな方々ですよ。総理と官房長官の決断が得られるよう努力するとともに、通産省内部を押さえてやってくれました。

条約課の役割

白鳥　条約課の役割について改めてご説明頂けますか。

折田　条約課の仕事というのは、まずは、条約課事務官時代の話の中で述べましたとおり、条約締結事務で個々の条約締結案件がありました。国際法の解釈は条約局の中の法規課の担当ですが、安保関係は解釈、事前協議の扱いも含めて条約局の中では代々条約課の担当でした。

国会を中心とする日本国内の安保議論は、よく神学論争と言われましたが、憲法第九条や安保条約、日米地位協定などの解釈についての過去の政府見解、国会答弁が積み重ねられていて、それに基づいて議論することが非常に多かったのです。一条ごとにこれはどう解釈するのかという資料があります。安保条約は、旧安保条約から始まって、六〇年新安保条約と続くのですが、国会では歴代の総理、外務大臣、局長がずっと答えているわけです。誰がいつどういうことを答えているかという資料を作成します。もちろん解釈を変えるとかいうことがあるけれども、条約の解釈を変えるってことは大ごとで、もしそういう解釈だったらそもそもおまえら、嘘をついてたのかとか、すぐ変な議論になってしまうことがあります。昔の答弁が、ほんとに練りに練られた答弁ならばともかく、そうでないものもたまにはあるわけですよ。それは非常に苦労するのですが、それでもおまえの言ってることは岸内閣のときのなんとか局長が言ったのとは違うではないか、政府は公的立場を変えたのかって、こんな議論になってしまうのです。

安保条約第六条に極東と書いてある。極東の範囲はどこですかという議論がありました。地理的に明確に線を引いて、ここから中が極東だよという趣旨で規定されているわけではなく、実際にどのような攻撃があったのか、どのような脅威なのか、その性質によるのですが、国会での議論は範囲を明確に定めていないようないい加減な条約を国会に出したのはけしからんという議論が当初からありました。

結局、極東とは、日米が国際の平和と安定の維持について共通の関心を有する地域で、実際問題として米軍が日本の基地を使用して武力攻撃に対する防衛に寄与し得る地域である。大体において、フィリピン以北並びに日本その周辺の地域であって、韓国、台湾地域を含むというような政府統一見解を出しています。

安保条約に関する問題はいつも国会で大きく取り上げられ、現実に起きている問題についての政府の対応は、過去の政府見解、国会答弁と異なるのではないか、それはけしからんという議論が頻繁になされ、予算委員会等の審議がよくストップしました。そうした資料を法的観点から揃えるのが条約課の役割でした。

白鳥　誰が着任してもそれを読めばわかるように資料が整っているということでしょうか。

折田　うまく整理ができていればだけど、できていない部分もあります。

白鳥　条約課員の時代のお話でも多少お聞きしましたが、日本の外交政策決定過程で国際法とはどういうふうに考慮されてきたのか、例えば国際法は法規範としてどのように実際の外交政策に反映されていったのかご説明頂ければと。

折田　なんらかの政策決定をするにあたって、その政策決定が国際法からみてどういうものかというのは、絶えず判断する必要があります。法的に議論するまでもなく、当然だっていうのもありますが、微妙な部分だってあります。そうすると国際法からみてこれはどう考えたらいいのかと条約局に照会があるわけです。

白鳥　それはそれぞれの原課から出る？

折田　そうです。これこれこういう案件があり、交渉をしようとしているのだが、国際法的にみてどうかという相談です。そうすると日本政府が、これまで取ってきた国際法上の立場について、場合によっては、明治時代まで遡って調べます。ずうっと空白だったっていうのもあるかもしれない。今新しく考え、判定しなければならないというのもあるかもしれない。また、学説も参考にします。そして、こういうラインなら大丈夫というのを言うわけですよね。そうしたことも考慮して政策がまとまっていくわけです。

白鳥　そうしますと日本外交の全体の中でやはり国際法というものが常に？

折田　常に意識されていると言って良いのではないでしょうか。また、どこかの国と交渉してなんらかの公式文書を作成する場合、法的拘束力のある文書にするのかどうか、法的文書でない政治的文書であっても用語の使用等が妥当かどうかの判断もします。

ワシントンへ

折田　一九八四年八月にワシントンへ着任しました。政務班に配属され、翌年の一月に、兵藤公使の後、政務班長となりました。日米間の防衛問題は中心的な課題でしたが、世界の動きをフォローするのも仕事の一つでした。当時、ロン・ヤスと言われて政治面、防衛面での日米関係は良くなってきました。赴任する前のことですが、一九八三年五月にウィリアムズバーグ・サミットがありました。あのとき、防衛問題で、中曽根総理が頑張られます。SS－20というソ連の中距離核がヨーロッパに展開されるにあたって、アメリカがソ連に対抗して……。

白鳥　パーシングⅡですね。

折田　パーシングⅡを配備すべきかどうかでヨーロッパ首脳はサッチャー首相を除き消極的で議論が揉めました。そのとき中曽根総理は、西側は結束すべきで、ソ連がSS－20を撤去しないのであれば、ソ連を交渉に引き出すためのパーシングⅡの配備を計画通り進めるべきだ、安全保障問題は世界的規模で、東西不可分で考えるべきだ、ということを言ったのです。レーガン(Ronald Reagan)は、中曽根総理は世界の視点から良いことを言う首脳だと思ったのだと思います。最初の日米首脳会談から始まり、防衛問題では日米首脳間の信頼関係は強まってきていたと思います。

他方、経済関係は非常に厳しい状況でした。MOSS協議(Market-Oriented Sector Selective talk：市場志向型分野別協議)などが行われている真っ最中です。一九八五年に大河原良雄大使から松永信雄大使に替わりましたが、松永大使が着任してすぐの三月二五日にアメリカの上院でダンフォース(John Danforth)決議案が九〇対〇で採択されて、日本の不公正貿易慣行を非難し、日本の是正措置を促すように大統領が行動すべしとされました。それから四月二日には今度は下院で同趣旨のロステンコウスキー(Dan Rostenkowski)決議が出て、三九四対一九で可決されました。

日米防衛関係は良くなったとはいえ、GNP比一%問題などはあり、経済問題に影響されたこともありました。一%問題は、三木内閣の一九七六年一一月に、防衛費はGNP比一%以内だという閣議決定をしました。赴任後、アメリカで政府関係者、議員、研究機関までいろんな人と議論すると、なんで一%枠なのかと聞かれました。防衛とかそういうものはニーズがあるかないかで決める話であって、ニーズがなければ一%以内でもいいが、そういう状況ではないのではないのか、一%枠があるからこれはできないというのは、自分たちは納得できないと言われたこともあります。

そして、経済分野の議論に影響されて、防衛についても日本は自分勝手なことをやっている、負担すべき防衛費も負担しないで金儲けだけに走っているという批判もありました。また、シーレーン防衛重視とは言ってもそのために何が必要かと考え、その手立てをきちんと考えているのかとも言われました。

一九八四年一二月に東京から政府の予算案の連絡がありました。防衛費は前年度比六・九%増です。これはいかにも主計局らしいですね。GNP比〇・九九七二%なんです。四捨五入すれば一%だけど、一%より低い数字を出してきた。これでアメリカになんとか説明せよという訓令です。中身を見ると、対潜哨戒機P－3Cを新しく一〇機購入するといったことが入っているのです。四捨五入すると一%だから結構というのではなくて、中身でそれだけ考えているのであれば、「なるほど」ということで、そのときはそれほど批判はなかった。

それから一九八五年一月に、ロサンゼルスで日米首脳会談がありました。会談そのものには出られなかったけど、中曽根総理が例のSDIに理解を示したのです。日本が研究に参加するとは言っていませんが、核兵器の廃絶を目的とする動機はわかるので、研究を進めることについては理解すると言っています。

同年九月に中期防衛力整備計画が策定され、シーレーン防衛なども含めた計画ができます。それから一九八六年九月になってSDIの研究に日本も参加することとなりました。

そして、一九八七年一月になってGNP比一%枠は適用しないという閣議決定をしたのです。その年の二月に私は離任し、加藤良三参事官に引き継ぎ日本に帰ってきたのですが、その後FSX(次期支援戦闘機)問題というのがあって、これについては日米間でかなり揉めました。防衛分野では日米関係はだんだんと良くなっていたけど、経済の問題は厳しかったし、防衛分野でも問題はありました。

白鳥　松永信雄さんが駐米大使時代を振り返って、だいたい八〇%から九〇%は経済問題の処理に追われたとおっしゃっています(松永信雄「二国間同盟にとって代わるものはない」『外交フォーラム』一九九五年五月号、六二頁)。

折田　松永大使の大きな心配事はそこにあったということでしょう。防衛問題であれば国防長官とか国防省の人と話をすれば済むことが多かったですが、貿易問題というのはそれでは済まないのです。多くの上院、下院議員を回らなければならないから、これは大変ですよ。私も主な仕事は官庁相手で良いのですが、それでも随分と議員回りをしなければいけなかった。それは防衛問題の説明をするとともに、経済問題についても説明をするためです。松永大使の目から見ると、そういうことでかなり大変だったんじゃないでしょうか。

白鳥　若干防衛庁的な見方かもしれないですけど、当時「八五年危機説」ということを防衛畑の人たちは言っていたようです。それがワシントンの日本大使館まで伝わってくるようなことというのはあったのでしょうか。

折田　八五年危機説?　どういうことですか。

白鳥　戦略的なバランスの問題で、極東ソ連軍の増強がどんどん進んでいて、それで計画等を対照すると、一九八五年に軍事バランス上で非常に危険な状況になるということです。これに加えて日米共同作戦計画が八四年一二月に策定されたりと、軍事情勢が緊張している時期であり、それが「八五年危機説」と呼ばれたようです。

折田　それはそうですね。シーレーン防衛や三海峡封鎖などの問題が出てきていたのだから、それだけの危機感はあったと思いますが、だけど「八五年危機説」というふうには私は捉えなかったです。

ソ連との関係では、私がアメリカに行ったのは、一九八四年二月にソ連でアンドロポフ(Yurii Andropov)書記長が死去した後で、アメリカでは八四年はレーガンが再選された年でもありました。レーガンはレトリックをトーンダウンし、「悪の帝国」という言い方をしなくなった。またアンドロポフ後のチェルネンコ(Konstantin Chernenko)も対米非難を和らげてくるのです。そして軍備管理の交渉を提案していました。

ソ連の言っていることが本当なのか、口だけなのかということについては議論がありました。これは欧米の分断を狙い弱体化を図ることが隠された意図であろうとの根深い考え方もアメリカにはありました。当時はよくはわからなかったけれど、ソ連は軍事費に資金を回せなくなっていた時代で、西欧分断という意図はあったかもしれないが、軍備費は削減しなければどうにもならないということだったようですね。

白鳥　レーガン政権の一期目はまだ自由貿易の看板を下ろしてなかったのに対して、二期目にはその看板を外して、対日姿勢でもかなり強硬なことを具体的に要求するようになったとも言われるんですが、そういうことは何か感じましたか。

折田　経済問題では日本に焦点が当たっていました。自由貿易というそもそもの理念の看板を外したということはないと思います。日本がアメリカからみると彼らの言う自由貿易のルールにのっとってないのではないか、それに対しては厳しくする必要があると議論されたのです。レーガンよりも、議会のほうが厳しかったと思います。パフォーマンスとして議会の前で日本のクルマが破壊されて、アメリカの敵はソ連から日本に変わったとも言われた時代です。

レーガン・ゴルバチョフ会談

服部　中曽根首相は米ソ関係に関心を寄せていたかと思います。レーガン・ゴルバチョフ(Mikhail S. Gorbachev)会談がジュネーブで開催されたとき、折田先生はワシントンからジュネーブに出張されますね。

折田　一九八五年四月にゴルバチョフが新書記長となり、ペレストロイカを打ち出しました。そういう中でいよいよレーガンがゴルバチョフに会うということになりました。これを心配する人がアメリカ国内、特に官僚組織の中にたくさんいました。ソ連は軍縮提案もしていましたが、突然、首脳会談などやって騙されることになったらいけないのではないかということです。でも、ジュネーブで会談が行われることとなり、ジュネーブまで飛んで、最初の首脳会談に関して関係者に取材し、すぐに東京に報告したことを覚えています。

服部　一九八五年一一月でしたね。

折田　イギリスのサッチャー首相が八四年一二月、まだトップになっていなかったゴルバチョフ夫妻をロンドンに呼んでチェカーズという首相の別邸に案内をし、そこで一緒に寝泊りして話をしています。彼女の判断は、この男はビジネスができるということで、それをすぐレーガンに伝えるのです。"I can do business with him"です。まだ八四年の段階で、普段はソ連には厳しいサッチャーがそう見るぐらいだから、議論ができる人という印象をレーガンはかなり強く持ったようです。それ自身危険だと思っていた人はいますけれど。

ジュネーブで首脳会談を二日間やることになって、一対一で五回の会談をやったのです。具体的な結論は、あえて言えば「核戦争に勝利者はなし」という合意かな。ゴルバチョフはやっぱりSDIをやめさせようと思って懸命に議論したようでした。レーガンは、とんでもない、これは続けると言ったのですが、交渉ができる相手だとたぶんレーガンも思ったのでしょう。アメリカ政府全体からいうと不信感がなくなったかというと、まだよく様子をみなければならない。ゴルバチョフは良いこと言っているけど、本当にそれがソ連を代表した意見なのか、そのとおりになるのか、よくみてみないとわからないというのが実感だったのではないでしょうか。

白鳥　この出張はどういった形で打診されたのでしょうか。

折田　東京から訓令が来たのです。

白鳥　情報収集して送れということですね。

折田　そうです。私はこの会談前から国務省、国防省とかホワイトハウスとかこの分野を担当する事務当局の人を皆知っていて、それまでも情報は取って日本に送っていました。そういうことを踏まえての訓令だと思います。普段から知り合いの米側関係者が忙しい中、午前六時に「あと一時間でジュネーブを発たなければならないが、この間にみんなしゃべるから」と言って話してくれましたよ。凄いスピードで説明したのを聞いて、それをまとめて電報で出しました。とてもノートをとる時間はなく、もうしょうがないと思ってじいっと聞いて、それをまとめて東京へ出しました。それが不正確だったら嫌だなと思っていたのですが、その後ウォルフォウィッツ(Paul Wolfowitz)東アジア・太平洋担当国務次官補が日本に行って会談内容を日本政府に説明したのですが、それと比較しても私の報告は全然引けを取らなかったなんて言われました。

在米大使館の活動

白鳥　在米大使館の布陣はどうなっていましたか。

折田　大使は大河原大使から松永大使と引き継がれ、次席公使は村角泰《むらずみやすし》公使から熊谷(直博)公使となり、渡邉允《まこと》総務担当公使で、それから経済担当は國廣公使から佐藤嘉恭《よしやす》公使でした。財務班は内海孚《まこと》公使、林正和参事官、広報文化班は法眼健作参事官、それを引き継いだ原口幸市参事官でした。私は当初、政務班の次長で、兵藤公使が総務担当公使になったとき一九八五年一月に私は班長になりました。

政務班には優秀な人材がたくさんいました。島内《しまのうち》憲氏、斉藤泰雄氏、林量一氏、山本忠通氏、それから防衛大臣になった森本(敏《さとし》)氏、岡本行夫氏もいました。警察からは小林武仁氏から三谷秀史《ひでし》氏、防衛庁からは大石利雄氏から山崎信之《しんし》郎《ろう》氏になります。

政務班の担当の範囲は極めて広いので、それぞれがもう獅子奮迅の働きでした。日米の政治関係、防衛関係、アメリカ国内情勢の分析、アメリカの外交情勢の分析、日本の国内の問題についてアメリカの政府や、議員とか有識者とかに発信していくのが主な仕事です。

私が班長になる前は、日米間の防衛問題と、それから特にソ連、中国、朝鮮半島の問題を担当して、国務省、国防省、ホワイトハウス、議会、シンクタンクからの情報収集が主でした。

白鳥　かなり守備範囲が広いのですね。

折田　日本要人の米側要人との会談のアレンジや日本からの議員団や、調査団の世話もやらなければならなかったです。会談や訪問客がないときは、ほとんど毎昼ワシントンの中心のレストランでいろんな人とビジネス・ランチをしながら情報収集、意見交換をしました。

白鳥　主にアメリカ側の人とですか。

折田　そうです。機微な話は一対一だし、それから何人かまとめてやることもあるし、毎日ですよ、昼は。夜は自宅に国務省の人や国防省の人とか議員を夫妻でお呼びしました。日本からのお客に対しても食事をしましたから、ほんとにもう一日中働いている感じでした。

政務班はとても団結力がありました。防衛問題では、武官たちがいる防衛班とも非常に意思疎通よく、彼らと協力しながらやりました。政務班長になってから、例えば、日本から防衛庁長官が来られるとペンタゴンにご案内しました。その前に情勢を大臣にブリーフィングしたり、アメリカ側からワインバーガー(Caspar W. Weinberger)国防長官が何を言うことになるであろうかの情報収集をしたりしました。

国防省ではアーミテージ(Richard L. Armitage)が国防次官補、ケリー(James Andrew Kelly)が次官補代理、アワー(James E. Auer)が日本部長でした。国務省ではシャーマン(William C. Sherman)が国務次官補代理で、日本部長はアンダーソン(L. Desaix Anderson)からハバード(Thomas C. Hubbard)。それからソ連問題の専門家とも随分付き合いました、パーマー(Mark Palmer)国務次官補代理とかとの付き合いが多かったです。ホワイトハウスにはシグール(Gaston J. Sigur Jr.)補佐官がいました。彼はかなり日本のことに詳しかったです。

よく付き合っていた法律顧問に国務省のロビンソン(Davis Robinson)がいます。外務省で言えば国際法局長、条約局長のような人です。よく接触をしていました。

服部　防衛庁長官の訪米というのは、栗原祐幸《ゆうこう》氏や加藤紘一氏でしょうか。

折田　栗原氏です。

服部　どのような内容でしたか。

折田　非常に円滑に会談が行われた印象がありますね。中曽根内閣全体として、他の面では非常に厳しかったけど、防衛の面の政府関係では日本は一つ一つ着実にやっているという印象が、たぶんあったんじゃないでしょうか。私が去った後、またいろんなことが起きますが、私のときは一%問題があり、一般論として日本は全体として経済力が大きくなっているんだから、防衛面でもっとやってしかるべきでないかという議論はありましたが、対決的な雰囲気ではなかったと思います。

白鳥　大河原大使から松永大使への交代については、何か影響を感じましたか。

折田　大使が替わったから我々の仕事が変わったということは特にはないです。松永大使に替わったときは、ちょうど議会で対日観が厳しくなっていたときでした。

白鳥　最悪のタイミングで着任されたわけですね。

折田　ほんとに最悪のタイミングです。

白鳥　一九八五年一月のロスでの首脳会談、外相会談についてはいかがですか。

折田　これは同席していません。一行は一月一日に到着して二日に会談して、市場開放、貿易問題、ＳＤＩ、日米防衛協力の話があったけど、直後に米ソ軍縮交渉が想定されているときだったので、国際情勢に関する議論もかなりあったんじゃないかなと思います。

白鳥　発表の形式がプレス・リマークスとなっていますが、これは八一年の鈴木訪米後に共同声明の文言が問題になったことと関係しているのでしょうか。

折田　プレス・リマークスという形でした。プレス・リマークスとは、会談の内容について、日本側では中曽根総理がこう言い、アメリカ側ではレーガン大統領がこう言ったということをそれぞれが述べるものです。別に合意された文書ではありません。例の鈴木訪米と関係があるのではないかとの質問ですが、鈴木訪米のときと比較してどうするという議論があった覚えはないです。プレス・リマークスでやろうと決めた場には私はいなかったのですが、どういう形式の文書を出すかはそれぞれの時点でそのときの会談の内容などにより決めるべきであって、首脳会談ならば必ず共同声明を出すのだというものではありません。

後に私が担当した中では、橋本総理・クリントン（William J. Clinton）大統領の間の日米安保共同宣言があります。あのときの共同宣言には当日の首脳会談の議論の内容も入っていますが、随分長い時間をかけて日米政府間で、どのような文書でどういう理念のものにするのが良いのか議論していました。交渉したのは事務方ですが、逐一総理に報告して了承を得ながらやりました。新たな宣言ないし声明の形式で発表するのが良いということもありますが、両国間で既に合意されている枠組みの中でそれぞれの国がどう対応するかを内容にするのであれば、文書はいらないということもあるでしょう。今日はこういう話をしたとそれぞれが言うに留めることにしようというのもあり得ることで、鈴木訪米の際の共同声明があったから云々ということではないと思います。

白鳥　プレス・リマークスであっても、お互いにどう発表するかは事前に詰めるわけですか。

折田　一九八五年のプレス・リマークスの際にどのようにしたかは知りませんが、重要な案件であれば、お互いに事前に示し合うのが普通だと思います。

白鳥　東京サミットを控えての会談で、中曽根総理は四月一二日にワシントンを訪れました。一九八六年四月の首脳会談はどのような会談でしたか。

折田　五月の東京サミットを前にした一九八六年四月の首脳会談はどのような会談でしたか。

折田　五月の東京サミットを前にした会談で、中曽根総理は四月一二日にワシントンを訪れました。一泊してすぐにキャンプ・デービッドにヘリコプターで安倍外務大臣とともに行かれました。キャンプ・デービッドで話をして、ワシントンに戻ってきてホワイトハウスでもう一度会談して、その後すぐに総理は日本に戻られました。私はキャンプ・デービッドには行ってないし、首脳会談の場にも出ていません。私が首脳会談に出るようになったのは、総理秘書官時代以降です。

かなり打ち解けた話だったとは聞いています。中曽根総理としては東京でのサミットを予定していたから、レーガン大統領の支援も得たいので事前に話しておこうということだったと思います。米ソ会談も控えていたし、それからGATT（関税及び貿易に関する一般協定）、ウルグアイ・ラウンド交渉の話もあったと思います。また、日本では直前に「前川レポート」が発表されており、総理としては、内需拡大の説明もしておきたかったのだと思います。それからフィリピンのアキノ（Corazón Aquino）政権の話も出たようです。

中曽根総理が飛び立った一四日の夜にアメリカがリビアを攻撃したのです。我々は直ちにホワイトハウスや国防省に連絡して、事実関係、米政府の考え方を確認しました。

我々が取った情報は、総理が日本に着くまでの間に届くようにはしましたが、総理が首脳会談でこの話を聞いていたかはわからなかった。アメリカがリビアを攻撃したのは、ウィーンとかローマで空港の爆破事件があり、西ベルリンではディスコ爆破事件があって、そこでアメリカの兵隊が何人か殺害されていたのです。アメリカは、リビアがやったことだということは前から随分言ってましたが、あのような形で攻撃するとは予想していませんでした。

総理は、新聞記者の質問に対してディスコ事件については確かな証拠があるとレーガンは話していたが、それは攻撃についての事前通報ではなかった、という表現をしていました。米側が国際法上どう説明するのかなど問題があったので、アメリカの当局から話を聞いて、松永大使と相談しながら日本に報告しました。中曽根総理は、国会で、アメリカには自衛権を行使せざるを得ないような理由があるのではないかという言い方で答えたと思います。アメリカは自衛権の行使という言い方をしたが、日本はそれを確認できるほど確実な情報を持ってはいなかったのであのような言い方をしたのだと思います。

東京サミットのときに国際テロに関する声明が出されます。その中に「テロリズムに対しては、国としてとる措置を国際協力と結びつけつつ、決然とした、粘り強い、緻密な、かつ忍耐強い行動をとることによって効果的に闘わねばならない」と書いてあります。東京サミットでは、リビアという名前を具体的に入れて、「我々はこれらの措置を国際法の枠内において、かつ自国の管轄権の範囲内で、国際テロリズムの主唱若しくは支援に明白に関わっているいかなる国家、特にリビアについても、当該国がそのようなテロリズムへの共謀若しくは支援を放棄するまでの間適用することを決定した」という発表となっています。サミットでの議論は知らないけれども、リビアの話は、両首脳の間で重要な問題だという認識はあったと思います。

それから東京サミットの直前にチェルノブイリ原子力発電所事故が発覚しました。科学技術班が通常であれば担当するのですが、この事故のような大きな話は班を越えて、それぞれ情報収集しようということで、私なりにアメリカはどう受け止めているかを情報収集しました。

フィリピンでは八六年二月にマルコス大統領がハワイに亡命します。私は南東アジア二課のときに就任式典に行っていましたが、日本はフィリピンにはかなり経済協力をするようになっていました。次のアキノ政権はどうなるのかは、重要な問題だったのです。もちろん日本は日本として判断すべきですが、アメリカはどう考えているのかを聞いて、それを報告したこともあります。

中曽根総理が八六年秋頃に自民党の研修会で、「日本はこれだけの高学歴社会になっている。相当インテリジェントなソサエティーになってきている。平均点から見たらアメリカなんかよりはるかにそうです。アメリカは黒人とかプエルトリコとかメキシカンとか、そういうのが相当いて、平均的に見たらまだ非常に低い」と言われました。これは日本の激動する社会というコンテクストで言われたのですが、この部分だけ報道されたのです。日本よりはアメリカで大きく報道されて、騒ぎになりました。中曽根総理も、「アメリカは科学技術ではアポロ計画では大きな成果を上げているが、複合国家なので手の届かないところがあるのに対してその点日本はやさしいという趣旨でお話をしたんで、人種差別を意図したものではありません」と言って釈明をされました。

服部 知的水準発言と呼ばれたものですね。

折田 ワシントンで騒ぎになると、アメリカに対して真意を説明しなければならないので、みんなで役割分担をして、ホワイトハウスから議会まで連携して説明して回ったことも覚えています。印象に残っているのは、ジェシー・ジャクソン(Jesse Louis Jackson, Sr.)という黒人の市民運動家で、大統領選に立候補したのかな。

白鳥 民主党の予備選には何度か立候補しています。

折田 彼と彼の取り巻きが強く反発して、大使館まで乗り込んできたとき応対したことを覚えてます。その後もしかしたら大使に会ったかもしれない。プレスもそこにいっぱいいました。

ほかに印象深いのは、一九八六年一一月に公になったイラン・コントラゲート事件です。アメリカの大統領というのが国民に対して事実を隠蔽しているということで、それまでの大統領支持率は七〇%もありましたが、それが急激に下がったのです。この問題に関わったオリバー・ノース(Oliver North)海軍中佐とはホワイトハウスでの付き合いがあって、しょっちゅう会っていました。彼はネオコングループの人で、その後議員選挙に出たものの、当選はしませんでした。ある一部では尊敬されている人です。

白鳥　テレビの保守派コメンテーターみたいな感じですね。よく知られていると思います。

折田　政務班にいると、中間選挙で次はどこでどういう人が立って見込みはどうかとか、次の大統領選挙はどうなるかとか、そんなことも分析するのです。そして東京に報告する。大使館としての意見も言います。アメリカのオピニオンリーダーの人に聞いて、こういう意見がある、だけどこの人はコンサーバティブグループだと東京に報告するとか、そんなことも結構やりました。

経済が非常に問題で、当時日本はバッシングを受けているとよく言われましたが、アメリカには日本から経済でバッシングを受けているという意識がかなりあって、日本経済は日本人が思うよりずうっと大きいという ことがあったような気がします。うまくいかないと、経済の問題が政治に波及してると大変だという意識はありました。

第3章　天安門事件

――宇野首相秘書官

1989年7月，アルシュ・サミットにて宇野宗佑総理と

在外公館課長

服部　一九八七年三月には本省に戻られて、在外公館課長に就任されます。これはどのような職務でしょうか。

折田　先ほどの主計局とは逆の立場で、在外公館に関わる経費について、予算を要求して獲得することが大きな仕事です。在外公館にどういう経費が必要か聞いて、どこに重点配分したらいいか調べて、それをもとに予算要求します。ちゃんと使われているのかチェックすることもしました。不健康地対策といって、非常に厳しい状況の大使館に、例えば健康管理休暇をどうつくったらいいかとか、いろんなことを考えながらやりました。

白鳥　「不健康地」というのは健康でない地域という意味ですか。

折田　そうです。位づけもしました。在外公館の館員の活動もチェックしながら、勤務地の要人を自宅での夕食会に招くこと、外務省用語ですが、自宅設宴をやっているところが多いところについて、自分はワシントンで経験してるから、そういうところへの補助をどうするかというような検討もしました。

白鳥　職務上直接関係されたことはないのかもしれませんが、一九八八年九月以降の文書を見ていると、機構委員会が新たに立ち上がって、折田先生の名前も出てきます。国連局の取り扱い、安全保障局を設置しようという構想が出ていて、官房の課長はメンバーに入っているので、折田先生も同席されている委員会が複数あります。

折田　あまり覚えてることはないです。新しい局をつくると、当時はどこかの局を潰さないとできないから、削られるほうから見るととんでもないということになるのでどう調整しなきゃいけないかということでした。組織の問題よりも、安全保障面の仕事を強化しなきゃならないという意識でした。組織の議論ばかりしていてもいけないと思いました。

中近東アフリカ局参事官

白鳥　一九八九年二月から五月まで、中近東アフリカ局参事官を務められます。

折田　一九八九年は大変な年だったと思います。一月には天皇陛下が崩御されて、二月に大喪の礼がありました。在外公館課長としてこの手伝いもしました。それが終わった途端に中近東アフリカ局に異動になりました。大喪の礼ではアフリカからも随分多くの元首級の人たちが来られました。

中近東アフリカ局の大きな仕事はやはり中東でして、アフリカにはあまり目が行き届いてないという感じがありました。中東問題の専門家はたくさんいるので、着任した際には、むしろ最初に、日本とアフリカとの関係がどうなっているのかを見てみたいと思って、恩田宗《たかし》局長のお許しを得て、一九八九年三月から四月にかけて約一カ月間アフリカを回りました。セネガル、ギニア、コートジボワール、ナイジェリア、ザイール（現・コンゴ民主共和国）、ケニア、タンザニア、ジンバブエ、南アフリカと回りました。日本に対する期待感は非常に大きいなと感じて、日本はもうちょっとアフリカ外交をしっかりしなければいけないと思いました。

ケニアに行ったときおもしろかったのですが、ケニアの高官に突然「ミスター・オリタ、あなたの先祖はケニア出身ですか」と言われてね。びっくりして、「なぜですか」と聞いたら、「あなたの名前のマサキっていうのはケニアの名前でもあるよ」とのことでした。

白鳥　ファーストネームですか。

折田　あそこはファーストとかファミリーとか、よくわからないのですが、向こうからするとまったく違和感がないっていうわけです。「それは何世代前かわからないけど、大昔にケニアからやってきた人の子孫かもしれませんね」と答えました（笑）。

どの国も押し並べて非常に親日的で、日本に期待していることが多々あった。青年海外協力隊などで日本の若者がアフリカに行っているのですが、そういう人たちは現地のアフリカの人たちの間に入って技術協力をして、とても尊敬されているのが印象的でした。

日本はアフリカに関しては植民地支配、奴隷問題とかはまったく無縁なので、日本に対する感情は西欧諸国に対するものとは大きく異なると感じました。日本は若干の経済協力はしていましたが、規模は大きなものではなかったので、もう少し大きな協力をする必要があると思って帰ってきました。日本の進出企業も非常に少なく、もうちょっと奨励したら良いのではないかなとも考えました。日本人は自分たちを上から目線ではなくて、同じ目線で見てくれていると彼らが感じているだけに、日本にやることがあると思いました。

すぐその後、総理秘書官になってしまったので、具体的に取りまとめるには至らずに終わったのは残念でしたが、後に日本はＴＩＣＡＤ（Tokyo International Conference on African Development：アフリカ開発会議）を主催し、アフリカ首脳を集めて経済協力を行う形になったのはとても良いことじゃないかと思います。

天安門事件

服部　一九八九年六月には宇野宗佑内閣が成立し、折田先生は首相秘書官となります。その直後に天安門事件が起こります。

折田　アフリカから帰ってきたら人事課長から電話があって、「今の竹下（登）内閣がもう少しで終わりになるかもしれない、そうすると総理が替わり新たな秘書官が必要になる、お前は候補の一人だから心得ておいてくれ」と言われたのです。種々経緯があったようですが、宇野総理に決まったのは、六月二日です。総理秘書官になれと言われたのは五月三〇日でした。その直後の六月四日に天安門事件が起きたのです。一九八九年は、国内政治はごたごたしていましたが、ＯＤＡで日本が世界一になった年です。バブル経済と言われるけど、経済は大きな成長を遂げていました。株価が一番高かったのは八九年、九〇年のあたりですよね。

白鳥　一九八九年末に四万円を超えるんじゃないかというぐらいまで行きました。

折田　国内はごたごたしていましたが、海外を見ると、アフリカに行っても感じましたが、大きく動いていました。ソ連はペレストロイカで動いているし、東欧ではハンガリーからポーランド等に動きがあったのです。日本が果たすべき役割は相当に大きいと感じました。このようなときに総理秘書官になったものですから、多忙を極めましたが後から考えると恵まれた良いときに秘書官になれたと思います。天安門事件、ベルリンの壁の崩壊、東西ドイツの統一、ソ連の崩壊が続き、他方湾岸危機が戦争になった時代で、冷戦後の新しい国際秩序づくりの模索がなされた時期だったのです。

宇野総理の首班指名が六月二日、金曜日です。翌三日に総理の記者会見があり、五日の月曜日に国会で所信表明をすることになっていました。そして、四日の日曜日、午前六時に私は電話で叩き起こされたのです。それが天安門事件の第一報でした。

天安門事件が起きる前にいろんな予兆はありました。宇野総理はそれまで外相だったから、そういう事情はよく承知しておられました。中国国内で民主化の動きがありました。胡耀邦が亡くなり、胡耀邦を弔う集会があって、その集会が自由、民主、法治のデモに繋がっていきます。これが広がっていき、だんだん中国政府の立場も変わってきますが、趙紫陽はデモ隊との対話もやっていました。

そういった映像がテレビでも伝えられていて中国も普通の国というか、民主的な国になっていくのかという期待感もありましたが、李鵬《りほう》が非常に強く出たようで、その背後には鄧小平がいて、後から見れば権力闘争の要素もあったのです。戒厳令が敷かれて、遂に六月四日に戦車が出ます。あれは今でも何人死んだかよくわからないような事件です。

直ちに電話で総理に連絡し、相談しました。総理は、大変な事件になった、中国にうまく収拾してもらわないと困るなどと言われながら、本件について明日五日の所信表明ではどうするか議論しました。その結果、これはまずは中国の内政問題なのだから、非常に憂慮すべき事態であるけれども、慎重に見守る必要があるというのが取るべき態度だろう、また、今後どうなるか明らかではないことを所信表明で取り上げるのは良くないだろうとなりました。

白鳥　それは外務省でそういう話になったのでしょうか。

折田　まずは、官邸です。

白鳥　宇野総理の決断ということでしょうか。

折田　決断は宇野総理です。もちろん外務省とも話はしましたが、所信表明だから外務省だけではなくて他のところも話をしますけどね。そうして六月四日は過ぎたのです。

アルシュ・サミット

服部　一九八九年七月にパリでアルシュ・サミットが開催されます。天安門事件後の中国に対する制裁などをめぐって、宇野首相や外務省はどのような方針で臨みましたか。

折田　アルシュ・サミットが開催された一九八九年は東欧、ソ連でも大きな動きがあった時期でした。ヨーロッパの首脳は、何よりも東欧、ハンガリーやポーランドの自由化、民主化の動きに関心がありました。ソ連でも自由化、市場化の動きがありました。それは支持したいのだけれど、アメリカを含めて西側は、ソ連の真意がどこにあるのか、よくわからなかったのです。ソ連は、軍縮に向けた動きをしてはいたけれども、客観的に見て過大ともいえる軍隊を依然として持っており、警戒は必要だと考えていた。

中国では天安門事件があり軍隊が入りましたが、東欧で中国と同じようなことが起きたら大変だということがあり、これは厳しく出る必要があるというのが、西欧首脳の強い認識だったのではないでしょうか。

服部　コミュニケに日本側の意向は、どれぐらい反映されましたか。

折田　中国については政治宣言に、「中国当局が、政治、経済改革と開放へ向けての動きを再開することにより、中国の孤立化を避け、可能な限り早期に協力関係への復帰をもたらす条件を創り出すよう期待する」と書いてあります。日本が非常に強く言った主張が反映されたものです。主語は「中国当局が」となっています。こちらが孤立化させるのではなくて、中国自身が自分と世界との関係を考えて、孤立化しないように努力してほしいという趣旨なのです。

他の国の中には経済制裁を強くやり、こちらから孤立させるような考え方を強く述べる国がありましたが、日本はそういうことでいいのだろうかと、宇野総理、それから経済担当の外務審議官として様々な会合に出ていた國廣氏などが非常に強い主張をしたのです。現地で総理の下で打ち合わせたときにも議論しました。

白鳥　國廣さんは経済担当の外審ということで、いわゆるシェルパ（サミットにおける首相の個人代表）をされていたわけですよね。

折田　シェルパです。

白鳥　政治宣言は政治局長会議ではなく、シェルパ会合で取り上げられ、この中国の問題が議論されたということなのでしょうか。

折田　中国の問題は最後の首脳会合まで議論され、それを扱ったのはシェルパです。

白鳥　事前に詰めるというわけではなく、首脳会合の場でかなり詰められたわけですね。

折田　この話は最後まで揉めました。首脳会合に出ていた事務方は國廣氏です。

ちなみにフランスにとってこのアルシュ・サミットはちょうどフランス革命二〇〇周年に開かれたのです。それだけに人権に反するようなことには非常に強く出たいということがあったと思います。東欧では、ポーランドやハンガリーで大きな動きがありました。ポーランドでは天安門事件と同じときに共産党以外の政党も入った選挙がありました。他にもバルト諸国ではソ連邦からの離脱を目指した大きな動きがありました。

これはサミット後だけど、八月にはリトアニアの議会でソ連の支配は不法であるという決議が通ったのです。その後「人間の手の鎖」と称して、エストニアからラトビア、リトアニアと全員が手で繋ぐ、すごいラインができました。住民に対して武器を向けるようなことはあってはならないとのメッセージを明確に示す必要があったということです。ソ連は一体どこまでやるのかというのがわからない、だから強く出なきゃいけないということだったのでしょう。

他方、日本にとって中国とは、それまでの関係でようやく良くなりかけてきたときです。一九八九年には中国国内でいろいろあったけれども、改革開放や市場自由化もあり、全体としては良い方向に動いているのではないかともみえました。そこであまり過度に厳しい対応を取っても、反発を招きかねない。中国は日本の隣国だし、戦争をした国だから、過度の制裁というのは避けるべきだということだったのです。

白鳥　これは外務省の中も、首相官邸も意見は一致していたのでしょうか。

折田　基本的には一致していました。宇野総理は直前まで外相でしたから。だから宇野総理は中国の問題については十分に理解をしていたわけで、突然そうなったわけではないわけです。

白鳥　天安門事件に際しては保守派の巻き返しが中国国内であったと言われます。

折田　そのときは中国の中が実際どうなのか、必ずしもよくわからなかったです。背後に鄧小平がいるというのはわかっていましたけど。

結局サミットでは、ハイレベルの人的交流は停止する、武器貿易は停止する、世界銀行の融資の審査は延期すると宣言に盛り込まれました。日本は武器貿易は最初からしてないし、世銀融資は日本だけではないわけでしたから、ハイレベルの人的交流が問題になるかどうかでした。この頃はカンボジア和平交渉もやっていて、三塚（博）外相が和平交渉で中国側と会談していましたから、中国に直接行くようなハイレベル交流はなかったけど、意思疎通は続いていたのです。

それから特に北京を中心に日本人は退去させました。四〇〇〇人が中国から帰ってきました。ＯＤＡについては、天安門事件の直前に李鵬が訪日して、李鵬との間で円借款取り決めを結んでいたのですが凍結することにはなりました。

服部　確か李鵬が来日しているときに胡耀邦さんが亡くなったんですね。

折田　そうです。

服部　それでも李鵬は、最後の日程をこなして九州から帰国していたかと思います。

折田　そして、ゴルバチョフが中ソの国交正常化のために北京を訪問したのです。

白鳥　中ソ関係の改善は、日本の対中政策に何か影響を与えましたか。

折田　中ソが対立し過ぎるのは良くないという感じがあったから、ゴルバチョフの新思考外交の下でその対決が解けるということ自体は悪いことではないという意識はありましたよ。ソ連が韓国と国交を開こうとしていたということもありました。それまでソ連は、北朝鮮との間にしか関係がなかったわけです。大きな意味で緊張緩和があるかもしれない、だけどソ連は一体何を考えているかはよくわからないから、やっぱり注意して見てなきゃいけないということでした。

白鳥　中ソ関係が悪いときのほうが、日本は中国に対してバーゲニング・ポジションが強くなるという見方もあり得ると思うのですが。

折田　中ソが悪すぎたために、困ったことになったこともあります。日中平和友好条約交渉において条文の中に「反覇権条項」を入れるかどうかで揉めたけど、日中の平和友好なのに、ソ連のことを意識したような文言をなぜ入れなきゃならないのかということでした。中ソが良くなるといっても、完全に良くなるとも思えないし、口を聞かない仲が話し合いましょうということだから、それほど悪いことではないと思います。当時、中ソ和解に対する警戒心が非常に強かったかというと、そうではないと思う。そうこうしているうちに内閣成立後六九日で宇野総理は退陣することになりました。

宇野首相と外務省

服部　宇野総理の在任期間は六九日と非常に短かったわけですけれども、どういう方でしたか。

折田　実務的には非常にしっかりした人でしたね。それからいろんな文書もよく読むし、勉強家でもありました。大変な文化人で、漢詩なんかに詳しかったですね。

彼がずっと外相だったら、良い外相で終わったと思うのです。非常に残念なことに、総理になった後は、派閥の長ではないから、党の運営などが十分にできなかったと思います。彼が出てきたことだって偶発的なことがあったようです。竹下氏が退陣表明をして、伊東正義氏が有力と言われたんだけど固辞したと報道されています。どういう議論があったのかは知りませんが、自民党の中で、夏にサミットがすぐにある重要なときだから外相だった人が良いというので、宇野氏の名前があがったようです。宇野氏自身が総理になるため運動したとは聞いていません。宇野氏が海外訪問中に宇野はどうかという話になり、それで飛んで帰ってきたわけだから……。

服部　宇野総理が外務省の起案したものを大幅に修正することはあまりなかったのですか。

折田　特に大幅に修正する感じはなかったですね。だけど、先ほど話した中国の孤立化を避けるという話は随分強く言ってましたよ。

服部　宇野氏が強く言ったわけですね。

折田　宇野氏自身です。

服部　外務省にも同じような考え方があったわけですか。

折田　外務省の意見を踏まえての宇野氏の考え方でした。せっかく良くなってきた中国との関係を潰しちゃうわけにいかない、他方で人民に武器を向けるというのは大変なことで、それは許せない。だからといって、日中関係を滅茶苦茶にしちゃうわけにもいかないだろう。ということで、日本は中国に対して、他の国と違うという意識は強くあったと思います。

服部　中国を孤立化させてはいけないということで、外務省内に意見の違いはありましたか。

折田　外務省内では様々な意見があったのかもしれませんが、総理と議論する場では外務省の考え方としてまとまっていたから、省内で対立があったとは全然感じませんでした。

外務省で具体的にどのような議論があったか詳細は承知しませんが、天安門事件に関して総理のところに説明に来られて総理と議論したのは、村田良平次官と長谷川和年アジア局長、そしてサミットのときは國廣外務審議官です。また藤田公郎外政審議室長からも話を聞いています。一時帰国した松永駐米大使も、本件に関する米側の立場を説明しています。ベーカー(James Baker)国務長官も訪日し、総理と会談しています。さらに三塚外相が訪米され、ベーカー国務長官と会談をし、住民に銃口を向けるようなことは認められないとのメッセージを強く出す必要があるが、中国に対して具体的にどう対応するかは、日本と米国では異なることがあるのではないかという話があったとの報告を総理にしています。

その中で、外務省内の意見の対立があったようなことは感じられませんでした。日本は最終的には制裁措置は、制裁と言うのがいいかわからないけど、取っています。ODAを凍結し、人間を引き揚げたり、サミットの場でハイレベルの交流はストップするというようなことで合意してるわけですから。まったく制裁は要らないっていう議論はなかったです。西欧と同じような感じでやりすぎてはいけないということでした。

服部　そして宇野総理も、孤立化させすぎてはいけないと強く言っていたのですね。

折田　そうです。中国に関する政治宣言が発表になった後のミッテラン(François Mitterrand)大統領主催の昼食会では、この宣言が話題になりました。まず宇野総理から、この宣言の表現は特に日米英の見解の一致を表現する良い内容で、中国が日本及び西側として非難せざるを得ない行動を今後も取るのであれば、孤立化するであろうと述べました。これに対し、ブッシュ(George H. W. Bush)大統領は同感である旨述べ、サッチャー首相もそのとおりと述べており、首脳間の議論の結果、首脳間での理解は一致したと言えると思います。

白鳥　総理大臣秘書官というポストを務めるにあたって、特に心掛けたことはありますか。

折田　秘書官は、あくまでも黒衣です。総理に進言して、それをもとに総理が発言するようなことはよくありました。だけどそれは「折田が言ったから」ではなく、総理のご発言なのです。総理の発言要領とか演説とか、そういうのは随分起案もしました。総理ならこう言うべきだと総理の考えを入れながらやるわけですし、外務省から出てくる案をもとに、総理の意見を入れて大幅に直したりしました。

それから、情報がきちんと総理のところに入るようにする、総理の指示が的確に適切な人に届くということを心掛けるというのも重要だと思いました。

白鳥　外務省側と調整をするときは、どなたと調整したのでしょうか。

折田　大臣や大臣秘書官とやることもあるし、次官とやることもあるし、局長や課長とやることもあります。

そのときどきに応じてですね。

白鳥　基本的にはかなりレベルが高いところとのやり取りでしょうか。

折田　そうです、基本的には、総理の立場だから、どこかの課長さんがこう言っている程度ではいけないわけですね。外務省の意見か、局の意見かというところまでチェックしなきゃいけないのです。

秘書官留任

服部　宇野内閣が短命に終わり、一九八九年八月一〇日には海部俊樹内閣が成立します。折田先生は、海部総理秘書官として留任されますね。

折田　このときはもうお役御免で良かったな、夏休みでも取ろうかなと思っていました。まず参議院選挙があり自民党が大敗したんですね。宇野総理の秘書官だったから、総理が選挙運動に行くときには一緒についていくのですが、宇野総理はほとんどお呼びがかからず、自民党本部前で選挙カーの上で「頑張ろう!」とやられているときに、私は後ろにいたりしたけど、覚えているのはそこだけです。

七月二三日に選挙で大敗したことがわかり、翌日の朝六時半ぐらいに、私は塩川正十郎官房長官の公邸に行きました。他の秘書官たちもやってきて「これは退陣だろうなあ」なんていう話をして、退陣した場合にどういうことが必要かと議論していました。果たせるかな、総理自身が決断して、その日の一一時ぐらいに退陣表明となりました。

海部氏が自民党内で選ばれたのが八月八日で、すぐに首班指名なんですよ。だから海部総理も大変で、秘書官を誰にするかとかは考える時間もなかったんじゃないでしょうか。「ともかく折田、そのままやってくれ」と海部総理から言われました。あと大蔵省からの涌井洋治秘書官、通産省からの桑原茂樹秘書官も留任となり、三人の事務秘書官が留任しました。警察からの秘書官は交代しました。

当時の官邸の事情とか外務省と官邸の関係を考えると、新しい秘書官が突然来てもなかなか大変だったでしょう。

秘書官の一日

白鳥　総理大臣秘書官時代の典型的な一日というのは、どういう感じで進むのでしょうか。

折田　日によって違いますが、朝早くから外務省などから電話がかかってきたりしますよ。外務省の場合「昨晩こういう情報が入っています。電話では言えないけれど、資料をすぐにお届けしますから」とか言われて、そうすると官邸に着くとすぐその資料が届きます……。

白鳥　ご自宅に電話がかかってきて、官邸に出勤されて資料を受け取ると。

折田　そうです。それから国会があり、本会議とか予算委員会のような委員会に総理が出席するときは、議員の質問が出ると外務省に限らず、各省が答弁案を作成して送ってきます。答弁案には全部目を通さなければなりません。それは自宅にＦＡＸで入ってくることも多く、朝の四時ぐらいからＦＡＸが、ガタガタと鳴りっ放しです。

白鳥　それを整理されるのは秘書官の仕事なんですね。

折田　整理して、不十分な答えだとすぐ担当課に電話して書き直させたり、時間がない場合、自分で書き直して担当の課に送ったりとか、そういうところから始まります。

それから、交代で総理の同行役を務めます。海部総理はやがて公邸に住まれることになったのでその部分はなくなりましたが、ご自宅から総理官邸までクルマで来られるときに、総理の隣に座って同乗するのです。そこにも電話が付いているので、ときどきかかってきたりします。電話を取ると、派閥の長だったりもしますよ。総理に伝えてくれとか伝言もあります。そんなことから始まって、クルマの中で「今日の日程はこうです」と説明します。もうぎっしり入っていますから、「おい、こんなの入ってるのか」などと言われたこともあります。総理が外出されるときも秘書官が同行します。総理が知るべき情報を伝えるのも秘書官の役割です。公電で入った重要な情報、重要人物からの伝言などをお知らせします。

外国からの訪問客があると、その人のことや用件も事前に説明します。総理の外国訪問にはすべて同行しました。外国訪問になると訪問計画を立てます。次官や担当局長が総理のところへ来て説明をして、総理の意見を聞いて計画を固めていきます。世界情勢がどうなっているかという話から、今晩のディナーには誰が来るけど、「これはこういう人だから、ちょっとお気をつけになったほうがいいですよ」みたいなことを囁《ささや》くこともあります。

秘書官は自分の日程は決められません。総理次第。総理自身も、世界で起きていることは総理の日程と関係なく起きるから、大変ですよ。特に一九八九年は東欧で次々と革命が起きましたが、あれが不思議なことに、だいたい週末に起きました。木曜日ぐらいから大変になって、よく日曜日に総理のところに情報を持って入り込んで説明をしたり、総理の考え方を聞いて、それをまた関係者に伝えたりしていましたね。

白鳥　宇野総理と海部総理にお仕えになられて、仕事の流れはあまり変わりませんでしたか。

折田　基本的には変わりません。宇野総理は河野一郎氏の秘書をやっておられたことがあって、クルマに乗っていて、例えば総理に「なんとかに電話をしろ」って言われて、こちらが手帳なんか出してると、「俺のときは電話番号は全部頭に入ってたぞ」なんて言われました。宇野総理にはそういうところがありましたね。

第4章　冷戦の崩壊

――海部首相秘書官(1)

1990年3月，パームスプリングスの日米首脳会談．ブッシュ大統領と

1990年6月2日，カンボジアのシハヌーク殿下との会談

ブッシュとの首脳会談

服部　宇野総理と比較して海部総理はどうでしたか。

折田　宇野氏が総理になられたのが六六歳。海部総理は五八歳、私は四七歳でした。総理と秘書官との関係ではあるけれども、年齢が近づきました。昭和生まれの初めての総理です。私から見ると、政治家らしくない政治家で、一般の人といったら失礼になるかもしれないけど、一般の人が総理になったという印象でした。とても若々しく、溌剌《はつらつ》としていて、今までの政治家のイメージを打ち破る政治家という感じがしました。

私的な部分でも親しくお付き合いをさせて頂いて、海部夫人、それから息子さん、娘さんなどとも親しいお付き合いがありました。地方にお供するときなど、どこかに新幹線で着きますよね。エスカレーターでずうっと下がってくると、みんなすぐ海部さんって気がついて、若者たちから「海部さーん」なんて声が上がるのです。そうするとニコニコして、手を振っておられましたが、俺は政治家だぞといばった感じが全然なかった。また、人の話をよく聞く人だと思いました。

白鳥　海部首相は八月三〇日から九月一〇日までアメリカ、メキシコ、カナダを歴訪しました。海部総理はオーラル・ヒストリー等でブッシュ米大統領と意気投合したと語っています(COEオーラル・政策研究プロジェクト『海部俊樹オーラル・ヒストリー』政策研究大学院大学、二〇〇五年、下巻、一八四—一八七頁)。

折田　総理は日米関係が大事であるとともに、G７のサミットが重要であると考えていて、ブッシュ大統領とはすぐに個人的な付き合いができるようにしたいという思いが強かったです。最初アメリカを訪問することとし、そのときにカナダにも行ってますから、アメリカとカナダの首脳と個人的な関係がつくられました。訪問から帰国後にはイギリスのサッチャー首相と会談をし、翌年一月にはヨーロッパに行かれますが、その過程ですべてのG7首脳と会談されました。だから次の年のヒューストン・サミットまでには総理はG7の首脳とよく知り合っている仲になったのです。

アメリカに行きたいということで、かなり急だったのですが、アメリカ側もすぐ受け入れてくれて、ホワイトハウスで最初の首脳会談となりました。ブッシュ大統領は前年選ばれたばかりですから、新しい大統領の下で日米関係をどうするかということは非常に大きな問題でした。

日米関係は政治的には中曽根内閣のときに良くはなったのです。だけど貿易問題は竹下内閣でもかなり厳しいものがありました。スーパー三〇一条(相手国の不公正な貿易慣行に報復措置を規定した包括貿易・競争力法第三〇一条のこと)の問題から、人工衛星、スーパーコンピュータ、林産物など個別の品目までいろいろと議論があったときです。世界が大きく動いている中でアメリカとの関係をきちんとしておかなければいけないということで、最初の外遊先がアメリカだったということです。中国問題についても話し合っています。

中国については、海部総理からブッシュに「人道だとか人権の観点から非難をせざるを得ないけども、全体的な傾向として改革開放政策を推進することは歓迎すべきことで、これが定着するように見守る必要がある」と述べたのに対して、ブッシュは、「日本は中国に対してはアメリカよりラッキーだ。中国では天安門事件は自分たちが仕組んだように言われているんだ」と言っていました。

服部　ブッシュさんが日本はラッキーだと述べたのですね。

折田　そうです。ブッシュは趙紫陽を注目して見ていたけれども、改革が早すぎて、失脚してしまった、だけど中国情勢は急速に動いているから、米、欧、日本が協力して中国と戦略上の関係を正しく維持していく必要があると言っていました。

それから、ゴルバチョフ政権の動きは良い方向ではあるが、アメリカとして真意はまだ測りかねる状況にある、ソ連との間では戦略兵器削減交渉は前進させるがその際に日本の安全については配慮すると言っています。日本に対する配慮は中曽根総理以来のことだと思います。あとは北方領土問題では日本を支持する、カンボジアの包括的解決は重要だ、とこんな話をしていました。

ブッシュは「トシキ」と言っていましたよ。その場ですぐファーストネームで呼び合おうじゃないか、と。非常に肌が合ったというのかな。ケミストリー、相性が合ったというところがあると思います。そしてなるべくたくさん会いましょう、何かあったらすぐ電話しましょうというやり取りもありました。最初の首脳会談で意気投合したというところがあります。ホワイトハウスの庭で馬蹄を投げ合うゲームなんかをやったりして、ブッシュとはとても良い関係になったというふうに思います。それからカナダに行くわけですけども、マルルーニー首相(Martin Brian Mulroney)ともとても親しげにやり合うようなことになりました。

白鳥　海部総理にはそれまで外交経験があまりないと思うんですが……。

折田　日独友好議員連盟などはやっておられたし、自民党の青年局長か何かでおられたときに青年海外協力隊をつくることで頑張られたこともあります。それにしても、歴代総理と比較して熟知されていたかというと、必ずしもそうではないかもしれませんが、若さもあってか、猛烈に勉強されていました。

白鳥　政権が成立してから出発まで約二〇日ですよね。

折田　多くの人のブリーフィングを受けたり資料を取り寄せたりしました。激動の時代でしたからね。中国の話などは歴代のどの総理にだってわからないような、新しい場面ですよね。それから東欧情勢、ソ連情勢というのも、新たに生じている話です。多くの資料をお持ちしたし、週末も随分勉強しておられましたよ。

白鳥　ブリーフィングをするのは、外務省が一番多くなるわけでしょうか。

折田　最初の訪米だけでなく、一般的に外交の部分では外務省が多かったです。事務次官、外務審議官とか、局長、一時帰国した在外の大使にも来てもらったりしました。また、内閣には外政審議室長がおられたし、内閣情報調査室長からも話を聞かれていました。話を聞いていた人の中に、例えば瀬島(龍三)氏、それから退任後の松永大使、大蔵省出身で財務官を務められた細見卓氏などがおられました。

白鳥　最後の三名のような方々からは最初の外国訪問の前にも聞いておられたのですか。

折田　そのときはまだだと思います、その後、特に湾岸戦争のときなどは随分よく聞かれていたし、日米構造協議のときも聞かれていたと思います。私も加わって、一緒に食事しながら話を伺ったこともあります。

日米構造協議

白鳥　一九八九年九月に始まる日米構造協議についてお聞かせ下さい。

折田　宇野総理のときにアルシュ・サミットの際の日米首脳会談で構造協議を一年でまとめましょうとなったのを海部総理が引き継いだわけです。海部総理の最初の首脳会談でも構造協議問題が取り上げられたほか、個別品目として、スパコン、衛星、電気通信、林産物の話が出ました。

海部総理が一〇月の自民党総裁選で再選され、翌一九九〇年二月の衆議院選挙で大勝した後、すぐ電話がかかってきて、三月にアメリカのパームスプリングスで首脳会談をやることになりますが、その後七月にはヒューストン・サミットが結着の目標になって、国内の関係当局に対して総理からは結論を出せという強い指示が出ました。

個々の案件は国内問題に直結する話で、この部分は私ではなくて、湧井秘書官や桑原秘書官が担当していました。それを総合的にブッシュにどう伝えるかを私が担当しました。大店法、独占禁止法などの問題には関与していません。

多くの議論の中で、アメリカのスーパー三〇一条などは一方的ではないかとか、それから、日本にも問題があるかもしれないけど、アメリカにだって相当問題があるじゃないかということもありました。日本自身として解決しなければならないものは自分の問題として片付けたらいいが、アメリカに対して言うべきことは言うんだと、いつも議論してましたよ。

海部総理とブッシュのやり取りも、電話でやっているのも含めてですが、日本側の立場というのをかなり言っておられます。それで構造協議でも中間報告というのが……。

白鳥　一九九〇年四月に出ます。

折田　パームスプリングスの首脳会談の後ですよね。中間報告が出たときに、今度は海部フォンでブッシュに連絡してます。「中間報告はなんとかできたから、引き続き協力してやっていこう」と言ってます。「期限の夏までにできるかは予測できないけれども、全力は尽くす。解決しないからといって日米関係を損なうようなことにしてもらっては困る」と言ったし、それから「アメリカも財政赤字の問題はアメリカとして解決してもらわなければ困る」という話もしていたし、それから「スーパー三〇一条を一方的に適用するというのは困る。反対だ」ともかなり強く言ってますね。

白鳥　ブッシュ大統領に海部総理が直接にですか。

折田　そうです。ブッシュは、「非常によくわかるけれど、議会がとても強いんだ」と話してましたよ。中間報告が出た後、アメリカの国内ではそれで良いのかという議論が随分あったみたいです。中間報告をもとに解決しようということでなくて、むしろ問題を蒸し返すような動きもあったのですが、海部総理は「そういう意見は、あなたが抑えて下さい」と言ってます。

アメリカはヒューストン・サミットの直前に、議会で財政赤字の削減に大変な政策を打ち出しました。それは海部総理が言ったからというよりも、アメリカ自身がやったのでしょうが、こちらから言ったことが実っているし、それから米側も中間報告をもとにその後やってますから、それを蒸し返すようなアメリカ国内の動向はブッシュが抑えたのだと思います。

構造協議とは直接関係はないけれども、中国との関係も非常に重要な問題でしたね。天安門事件後でアメリカは制裁をかけていましたが、議会が非常に強い意見でした。最恵国待遇を中国に及ぼしていたのですが、国内法上期限があるのでそれを延ばす措置を講じないと切れてしまうという問題がありました。海部総理は「そういうことになったらおかしなことになるから、大統領、措置を講じてほしい」と話をしました。結局ブッシュのほうからは、スーパー三〇一条の認定については「それはしないことに決めた」というのと、中国への最恵国待遇もそのまま延長するということをちゃんと電話で言ってきています。そのやり取りを聞くと、かなり対等だったと思います。

それから構造協議でも、結局公共投資の数値をどうするんだと、いろいろありましたよね。

白鳥　公共投資の……。

折田　公共投資をどうするか。一番問題だったのはGNPの何%だったかな。

白鳥　一〇年間に一〇%でした。

折田　GNP比の数値設定はダメだと拒否してます。電話の会談では、いつも構造協議だけではなくて、中国やソ連の問題も一緒に議論していましたから、ブッシュからみても海部総理からみても、両国間の問題の話だけをしているという感じではなくて、まさしくグローバル・パートナーシップによる議論で、世界の問題を意見交換したという感じであるとすぐ横でみていて思いました。

白鳥　構造協議に関して、首相官邸全体としては、どういう陣容でこの問題に当たられていましたか。

折田　これは閣議もあって、総理は直接担当大臣にも言ったのでしょうし、坂本三十次《みそじ》官房長官、大島理森《ただもり》副長官、石原信雄副長官というラインも重要だったと思いますね。構造協議について海部総理はこれは片付けなければいけないと言って、かなり強い指示を関係各省に出して、各省の幹部にも発破を掛けました。アメリカに一方的にやられるのもけしからんけれども、日本がもたもたしているのもおかしい、なんとか片付けろということで檄を飛ばしたのです。

白鳥　外政審議室はいかがですか。

折田　外政審議室はもちろん入ってます。副長官に直結してるのは、外政審議室長だから。内政審議室長も絡んでいると思います。

白鳥　日米構造協議では、一九九〇年三月にパームスプリングスで日米首脳会談があった後、四月初めに松永前駐米大使と小和田恆外務審議官が特使としてアメリカに派遣されています。この動きは官邸発でしょうか。

折田　アメリカとの関係をきちんとしろというのは海部総理の指示としてあったけど、具体的に誰をどういう形で特使として出すというのはまずは外務省の判断だと思います。

白鳥　村田良平駐米大使の回顧録を読んでいたら、松永前駐米大使が派遣されてきたことに不快感を抱いたとありましたが（『村田良平回想録』ミネルヴァ書房、二〇〇八年、下巻、九九頁）。

折田　村田さんは不愉快だったようですね。これは自分がやるべきことだと。それはそう思うでしょう。

白鳥　前駐米大使を送るという判断は機微なので官邸側の動きがあったのかとも感じたんですが、官邸ではなく外務省なんですね。

折田　特に総理がそうしろと言ったことはないと思います。それは確かに微妙な話ですよ。詳しいところは知りません。

パームスプリングスでの日米首脳会談

折田　一九九〇年二月一八日に総選挙がありました。当初、海部内閣は短期政権との見方もありましたが、選挙は予想以上の勝利で安定多数を確保し、海部総理は国内的な立場を強めたのです。選挙が終わって党三役が決定され、組閣の準備に入ろうとしていた二三日の夜ブッシュから電話がかかってきました。「おめでとう、トシキ。すぐ首脳会談をやろうじゃないか。議題を決めずにやろう」と言ったのです。海部総理はその場で受けました。事務方はびっくりしたわけです。

白鳥　海部首相は、北米局長も秘書官もいない状況で電話がかかってきた、困った、と回想しています（『海部俊樹オーラル・ヒストリー』下巻、二三八―二四九頁）。

折田　私は怒られた覚えはありません。普通は事務レベルを通して何時に電話しますと連絡があるのですが何度か事務レベルの事前の連絡がないものもありました。これもその一つです。総理は当時、ホテルオークラ（東京）に泊まっていました。よくホテルオークラを根拠地としていて、プールもあるので、非常にきつい日程の合間に泳いだりしてリラックスされたのです。このときも選挙が終わって最初の週で、ホテルオークラにいたのです。

白鳥　これはホテルオークラにかかってきたんですか。

折田　ホテルオークラです。ブッシュからすると、おめでとうを言いたいということがあったんでしょうね。議題を特定することなく、早く会談をしようと言われて総理はそれを受けたのです。電話があったという話はすぐ私のところに連絡があり、松浦晃一郎北米局長、岡本行夫北米一課長に連絡して一緒にホテルオークラに行きましたよ。翌朝午前一時半ぐらいでした。

白鳥　折田先生と松浦局長がホテルオークラに着いたときには、もう総理は受けていたわけですか。

折田　もう受けられていた。パームスプリングスを訪れたのは三月二日ですから、一週間足らずで行くことになったので、事務的には大変でした。そして、事務方もさることながら、総理は二六日に指名され、第二次海部内閣を成立させ、三月二日に施政方針演説を行った上で、その日の夜に羽田発ですから大変厳しい日程でした。会談ではもちろん日米構造協議をはじめ二国間の問題もあったけど、大きな世界情勢の流れもあったので、そういうことを腹蔵なく話そうということだったのです。日本の報道では、構造協議にばかり焦点が当たってましたね。

白鳥　いくつかの本や当時の新聞などを見てみると、ほとんどが構造協議になっています。

折田　構造協議のために総理を呼びつけたとかね。アメリカにとってはもちろん日米構造協議、日米間の貿易不均衡を改めることは重要で、アメリカ政府は国内で随分突き上げられていたからブッシュはその話をしました。しかし、それだけでなく、これだけ変わる世界中で日米が協力してやっていこうというところが重要だったと思います。ソ連や中国関係の話が多かったし、カンボジアも議論されました。日米関係では在日駐留軍経費問題も議題になっています。

中国とはコンタクトを取りながら変革を促すことが重要だとブッシュは主張していました。人権状況は改善させる必要があり、日米間で足並みを揃える必要があると言ったのに対して海部総理は、中国の孤立化を避けるためにも米中関係を含む西側との関係改善を希望するし、日本は中国に対して積極的なメッセージをどんどん出していく必要があると考えているとブッシュに伝えています。対中円借款は動かせないような状況になっているとも言っています。

服部　動かせない状況というのは、しばらく円借款は凍結だという意味ですね。

折田　そうですが、円借款はしばらく後に再開することになります。それからブッシュは、日本の東欧に対する信用供与を歓迎しました。当時、ブッシュはゴルバチョフとかなりやり取りをしていて、なかなか話ができる男という感じはあるが、最終的に何を考えているかについては一抹の不安はある、と言っていました。さらに、ブッシュは、多国間フォーラムで日本が役割を果たしてくれるのを期待したい、麻薬、テロ、人権、環境では日米間でグローバルなパートナーシップを促進することが重要である、とも言っています。

マルタ会談前後

折田　そしてソ連の話で行くと、パームスプリングスでの首脳会談の三カ月前の一九八九年一二月が米ソのマルタ会談でしょう。米ソの非常に重要な会談があったわけです。ブッシュからまだ発表してない前に電話があって、「マルタで会談することになった」と言ってきています。そして、「ソ連の新思考外交はヨーロッパで具体的な動きがあるけれども、アジアではほとんど何も起きてない。ゴルバチョフが本気になって新思考外交をやるのであれば、アジアのほうも考えるべきだ。その際、日本との関係が重要であって、北方領土問題は解決する必要があるとマルタ会談で言うつもりだ」と述べています。

ブッシュからマルタ会談後、電話ではなくて手紙だったかもしれないけれど、報告がありました。マルタで会談をしたが天気が悪くなって、予定の会談ができなくなり、「日本についいては自分が思ったことが言えなかったが、その部分はゴルバチョフに書簡を出す」とまで言っていました。

白鳥　一二月にはスコウクロフト(Brent Scowcroft)大統領補佐官が訪日し、総理と面会したのではないですか?

折田　確かに、スコウクロフト大統領補佐官とイーグルバーガー(Lawrence Eagleburger)国務副長官が訪日し、総理は会っています。それは事前にブッシュから連絡があって、マルタ会議の中身を総理に伝えたいということでした。総理が一九九〇年一月からヨーロッパを訪問することはブッシュも知っていて、大変良いことだ、先進諸国が揃って対応するのは結構なことで、特に日本がハンガリーとかポーランドに支援する考えを持っていることは大いに歓迎する、スコウクロフトにマルタ会談について説明させるから会ってほしいと言ってきていたのです。

そのときにスコウクロフトは中国にも行っていますよね。アルシュ・サミットで中国とハイレベルの高官は……。

白鳥　接触しないということになっている。停止でしたね。

折田　停止なのですが、アメリカも中国との関係を全体切ってしまうわけにはいかないという感じがある一方、議会との関係で表立っては言えなかったのでしょう。

白鳥　スコウクロフトが来たとき、中国だけではなくて、冷戦の終結など幅広く議論されましたか。

折田　むしろ冷戦の終結のほうに重点がありました。

白鳥　スコウクロフトが極秘に中国と接触していることは、この会談の打診をされる前から官邸としては承知していたのでしょうか。

折田　そこは記憶がありません。一つ言えるのは、私はアルシュ・サミットにも参加していて、そのときに欧米は非常に強い態度だったと言いました。中国に関する政治宣言をつくるとき、日本の案に最初に同調してきたのがアメリカで、それから次はイギリスでした。海部総理の最初の日米首脳会談もみていて、私は、アメリカの議会や事務方が言っていることと、ブッシュが言ってることには差があったという印象を持ちました。

ブッシュは中国駐在のアメリカ連絡事務所長もやっていたことがあり、中国のことはよくご存じで、将来のアジアは中国抜きには考えられない、できる限り関係は維持しておく必要があるという感じだったと思います。ベーカー国務長官も対中関係ではそれほど厳しい対応ではなかったと私は感じます。その後の湾岸危機のときの日本に対する対応では、ベーカーが一番厳しかったとの印象がありますが、最初の日米会談ではベーカーは中国との関係についてはそれほど厳しくはなかった。ブッシュの意向を踏まえていたという感じがします。ブッシュは中国についてはちょっとソフトな感じを持っていたのでしょう。

日本の高官は中国を訪問してはいませんでしたが、当時カンボジアの和平問題があって、日本はかなり力を入れており、カンボジア関連の国際会議には中国は必ず出てくるので、国際会議の際に外務大臣同士の交流はあった。関係が切れてたわけではなかったのです。

服部　スコウクロフト来日が一九八九年一二月ですか……。

折田　一二月一〇日。

服部　東京に立ち寄って海部総理と会談されたわけですけど、その五カ月ぐらい前でしょうか、七月ぐらいに実は訪中していたという話もありますね。

折田　そうですか。

服部　それは一二月の会談では、まだ明かされなかったということですね。

折田　私には記憶がないです。それは何月のことですか。

服部　七月に極秘に。

折田　アルシュ・サミットの後ですか。

白鳥　サミットの後です。その後ブッシュ大統領とスコウクロフト大統領補佐官が共著の回顧録を書かれているんですが、その中でも紹介されています(George Bush and Brent Scowcroft, *A World Transformed* (New York: Vintage Books, 1998), pp. 105–111)。

折田　日本の参議院選挙のときですね。

白鳥　一二月一〇日に来たときには、中国から来ることは承知していましたか。

折田　それはわかってたと思います。総理のところに来られたのは、午後八時二〇分から九時二〇分、また日曜日です(笑)。

白鳥　このときは特に問題になることもなく、会談までとんとんと進んだというようなご記憶ですか。

折田　かなり急に決まった話だとは思う。その前にブッシュからちゃんと連絡があったからで、普通だったら総理は会わないでしょう。

サッチャー来日

服部　海部内閣が成立した一九八九年は東欧革命の年でもあり、ポーランド、ハンガリー、ルーマニアなどで政変が相次ぎました。ソ連などを含めたヨーロッパ情勢について、海部首相の対応をどのようにご記憶でしょうか。

折田　東欧の話の前に海部総理とイギリスのサッチャー首相の関係についてお話ししておきたいと思います。最初の訪米から帰ってきた後、東京で国際民主同盟（IDU）政党党首会議という会議があって、イギリスのサッチャー首相が日本にやってきました（一九八九年九月一九日から二二日）。サッチャーは中国に対して厳しかったです。海部総理に対し「鄧小平が改革開放と言っているけれども、あたかも天安門事件が起きなかったように中国が振る舞うのは不可能だ。中国の指導者は法の支配ということを考えてもらう必要がある。他方、ゴルバチョフは自分の予想以上に改革を進めているようだ。東欧もいろいろと進んでいるようだ」と言っていました。そして、先ほど話したようにブッシュと個人的な関係を持ったことと合わせて、日英首脳間の人的な関係が、翌年のヒューストン・サミットに繋がったと思います。

服部　ブッシュと同様、サッチャーと最初の会談で打ち解けたわけですか。

折田　かなり打ち解けました。サッチャーは通常は結構強面《こわもて》だけど、海部総理との会談では非常にくつろいでいました。私はサッチャーとそのときに初めて話をしましたが、それがきっかけで後にイギリス大使になったときも、引退していたサッチャーはいろいろと助けてくれました。

私がサッチャーに「あなたの記者会見は素晴らしい。いつも明確な英語で理路整然とやっておられるので感心しています。記者会見は平気でやっておられるのですか」と聞いたら、「とんでもない。私は記者会見は大嫌いです。なるべく記者会見はやらないようにしているんです。記者会見は、自分は緊張してもう嫌なんです」と言ってました。

白鳥　これは総理秘書官時代のことでしょうか。

折田　サッチャーが来日したこのときです。昔の総理大臣官邸はわかりますか。

白鳥　はい。

折田　要人が正門から入ってくると、いっぱい人が集まってきます。それが記者なんです。

白鳥　確か入口の横に記者室が……。

折田　記者室があって要人が来ると一斉に出てくるわけです。場合によっては、すでにたむろしていることもあります。玄関でサッチャーを出迎えたときに私に「この人たちは誰なのですか」と聞かれたので、「新聞記者です」と言ったら、「ええ！」とびっくりしていました。そして総理の部屋にお連れしました。総理の部屋からも、外に新聞記者がたくさんいるのはわかります。海部総理が「自分たちは新聞記者に取り囲まれている。だからこの部屋を出るとすぐに囲まれて、今日は何の話だと聞かれちゃうんですよ」と言いました。サッチャーは本当にびっくりして、「イギリスでは記者はなるべく遠ざけている。記者の相手をするのは報道官に頼んで、自分は最小限でやっているんです」という会話でした。

会談でサッチャーは、ソ連が一体どうなるかわからないけれども、ゴルバチョフはビジネスができる男であると海部総理にも言っていました。サッチャーの訪日中の記者会見は非常に見事でしたよ。さすがだと思いました。

海部内閣時代全体を通じた話になりますが、何か起きたときに日本と連絡を取らなければいけないと世界の首脳がかなり思っていたようです。日本の国際的な地位が相当上がってきていたと実感しました。

ヨーロッパ歴訪

折田　一九九〇年一月に海部総理はヨーロッパを歴訪しますが、その際に「志ある外交」という言葉を使っています。一月九日にベルリンの日独センターで講演をした際に出てきます。ユーロッパを中心に大きく世界が変動している中で日本の立場を発信する重要な演説にしようと外務省の欧亜局の人と私が一緒になって案文をつくりました。総理とも相談しながら文章をつくっていったのです。

服部　海部演説にいう「志ある外交」とは、どのような内容でしょうか。

折田　日本として経済力に見合った役割を果たすということでしょうか。一九八九年というのはODAで日本がトップになった年、日本経済が上昇していたときです。竹下内閣の頃から、日本は役割を果たさなければならないということはあって、竹下内閣の最後の頃に外交の三本柱といって……。

白鳥　国際協力構想でしょうか。

折田　国際協力構想といって、「平和のための協力の推進」と「政府開発援助(ODA)の拡充強化」、それから「国際文化交流の強化」を謳っていました。そのときの外務大臣が宇野前総理で、彼はそれを総理として引き継いでいたし、さらには海部総理も引き継いだという形です。日本がより大きな役割を期待されているというのは、海部総理も首相になってから強く感じたことではないかと思います。最初のブッシュとの首脳会談でも、中国の話などはかなり率直でしたし、グローバル・パートナーシップという言葉も出てきました。

一九八九年はまさしく東欧では大激動のときでした。ポーランド、ハンガリー、それから最後はルーマニアでしょう。ベルリンの壁が崩れたのが一一月一〇日です。マルタで米ソ会談があったのが一二月二日。米ソ間の軍備管理交渉も本格的に始まりました。歴代の総理大臣は、一月後半から国会が始まるから、予算案ができて国会が始まるまでの間に外国訪問をしており、海部総理も一月前半に出かけるとすれば、やはり東欧であろうということで九〇年一月に東欧に行くことになりました。

東欧のポーランドとハンガリー、これに加えてドイツ、イギリス、イタリア、フランス、ベルギー、EC（ヨーロッパ共同体）本部を回りました。バチカンにも行ってローマ法王をも訪問しています。強行日程です。

そして西ベルリンで「志ある外交」の演説をやったわけです。次のような内容です。

西ベルリンでは自由と民主主義が西側の団結によって維持されてきたが、ベルリンの壁が崩れたことに祝意を述べたい、東側関係者に対して勇気ある決定を讃える、一九八九年東欧で起きたことは歴史的なことだ、内容も劇的である。誰もが予測できなかったことが起きた。東欧改革の動きは、欧州のみならず戦後国際秩序の基本的な構造に影響を与える性格のもので、アジア・太平洋の安定化にも大きな意味を有する、日本は先進民主主義国の主要な一員として、経済的役割のみならず政治的役割も期待されており、世界の平和と繁栄のために汗を流す「志ある外交」を展開する、ポーランドやハンガリーが市場経済体制に移行することは支持する、自助努力は必要だけれども、経営管理だとか環境などの分野で専門家を派遣する用意がある、ポーランドの通貨安定基金に対する支援をし、緊急食糧支援もする、ポーランド、ハンガリーに輸銀（日本輸出入銀行）融資、貿易保険を考える、と続けています。それから、欧州復興開発銀行設立の検討に参加するとし、日本とヨーロッパの関係は大事で、ドイツ統一は民族自決権の自由な行使により円満に実現されるような枠組みの確立を望む、ソ連については新思考外交、ペレストロイカが正しい方向に動くことを支持する、ちゃんと北方領土問題を解決して、真に安定した友好関係をつくりたい。これが演説の概要です。

東欧で実際に起きたことのうち演説で挙げたことは、ポーランドで「連帯」が連立内閣を組織し、ハンガリーでは共産党が支配政党ではなくなり、ハンガリー人民共和国からハンガリー共和国に国名が変わったこと、それからチェコではドプチェクが大衆の前で演説をしたこと、ルーマニアのティミショアラという町が自由の発火点となってルーマニア革命へとなったことです。

総理は、ポーランド訪問の際に、ワレサ(Lech Wałęsa)とも会談をしています。ドプチェクは私の最初のロンドン在勤中の時代にプラハの春を指導した人で、その後、職を追われたのですが、それが連邦議会議長として復活したわけで、私には特に大変なことと感じました。

白鳥　欧州復興開発銀行はジャック・アタリ(Jacques Attali)が総裁になるのですね。

折田　彼が初代総裁となります。日本はその欧州復興開発銀行の設立検討に積極的に参加します。

服部　演説は包括的な内容ですね。

折田　包括的な内容です。

この日独センターでの演説の直前の九日午前中に、海部総理はボンでコール(Helmut Kohl)西独首相と会談しています。会談後、飛行機で西ベルリンに飛んだのです。ベルリンの壁が崩れたところまで行き、海部総理に記念として壁の一部だった煉瓦が贈られたと思います。

コール首相との会談は、同席したからよく覚えています。コールは、民族自決権はドイツ人にも認められなければならない、東西ドイツ八〇〇〇万人は統一を求めている、ドイツ統一は「欧州の屋根の下」でのみ可能だとアデナウアーは言っていたが、「欧州の屋根の下」が大事だと説明していました。当時のヨーロッパには、ドイツ統一に対する心配もありました。大きなドイツが突然出てくると脅威になるかもしれないという心配が、フランスとかイギリスにあり、それも意識して、統一をするなら「欧州の屋根の下」でと述べたのです。当時はまだEU(ヨーロッパ連合)にはなっていなかったけど、ヨーロッパ統合の中でドイツ統一をするという考え方です。さらに、コールが言ったのは、東ドイツにはまだソ連軍が二二個師団もいるからソ連との協力も必要だし、ペレストロイカがどう進展するか見極めなければいけない、一朝一夕にドイツ統一の達成は困難だ、すべてうまくいったとしても二〇世紀末に達成することができる目標だ、軍縮についての信頼醸成措置を取る必要がある、米ソ間がどう動くかもみなければいけない、東西ドイツはまた経済格差が大きく小さなステップを少しずつ進めていく必要がある、ということです。

コールが二〇世紀末と言ったドイツの統一は、一〇年ではなく一〇カ月後のその年の秋に達成してしまうわけですから、統一は本当に急速に起きたことであって、当事者自身の予測をはるかに超えたスピードだったのです。

欧州訪問を終えて、海部総理が日本に戻ってきた直後に誰が来たと思いますか。帰国の翌日の一月一九日にはエリツィン(Boris Yeltsin)が総理のところに来たのです。当時エリツィンはソ連人民代議員会議(ソ連最高会議から改組)の代議員です。エリツィンはゴルバチョフと仲が良くなかった。総理に対してエリツィンは、ソ連はペレストロイカを進めているが、いま非常に困難な状況にある、これを解決するためにはもっと革新的な改革をしないといけないと言っていました。ゴルバチョフの改革では足りないことを示していました。また、改革に当たっては日本にぜひ協力してもらいたい、ソ連の改革が失敗すると世界に影響を及ぼす、一九九〇年はソ連にとって正念場である、そんな話でした。

このときはエリツィンがトップになると予測した人はあまりいませんでした。だけど重要人物だということで総理は会ったのです。訪日時に、エリツィンは、記者クラブで北方領土問題についても講演をしています。北方領土問題は五段階で片付けようということでした。

服部　総理とエリツィンの会見は短時間だったのですか。

折田　会見することになった日は総理の欧州訪問同行者の解団式を予定していたのですが、その直前の一五分くらいの時間の会談です。ゴルバチョフとの関係も考える必要があったし、ソ連政府の代表として来ている人ではなかったのでどれぐらいの長さで会談をやるかというのは考えるところがありました。ソ連の重要な人物であり、会ったほうが良いがそう長い時間は取らなかったのです。

ヒューストン・サミットとカンボジア和平

折田　一九九〇年七月にはヒューストン・サミットが開催されました。中国については一層の政治経済改革、人権分野の改革が重要だというようなことを議論しています。アメリカの中国に対する最恵国待遇の問題もありました。日本は凍結した円借款について、既にコミットしているものについては徐々に再開すると各首脳に述べた上で実際にそうしました。各国も徐々に中国と人的接触を回復していくような状況になりました。

ヒューストン・サミットは、非常に楽観的な雰囲気が盛り上がったのです。ベルリンの壁が崩れ、東西の冷戦が終わり、自由民主主義の世の中になる。だから二〇世紀最後の一〇年は民主主義の一〇年であり、人権重視、市場志向型経済へ向かうのだ、東欧やソ連の市場経済への動きは歓迎し、支援をするということです。心配されたのはソ連とバルト諸国の動きでしたが、ソ連がバルト諸国に対しても対話していくのは良い兆候ではないかとして、民主主義の精神で対話の継続を求めるというような議論もしています。ポーランド、ハンガリーの支援はみんなで調整してやろうとも話し合っています。

それからソ連は改革努力について軍事部門から資源を移転すべきであるとかを含めて、サミットの文書に出ています。他に個別の国では、ニカラグア、カンボジア、インド、パキスタンなどに言及しているのですが、イラクについては言及されていません。

白鳥　カンボジア和平については、一九九〇年六月に東京会議が開催されています。

折田　これは中山太郎外相、小和田外務審議官以下、外務省が一生懸命に取り組んでいました。特に河野雅治南東アジア第一課長が活動していました。四派の仲介役として会議をアレンジしたり、合意を達成できるようにしようということでした。

六月四日に東京で和平会議が開かれて、シハヌーク(Norodom Sihanouk)殿下ほか各派代表がやってきました。二日と六日にシハヌーク殿下、六日にフン・セン(Samdech Hun Sen)首相がそれぞれ総理と会談しています。総理はそれぞれに「ともかく最後まで努力して合意に達してほしい」と述べました。シハヌーク殿下は甲高い声で、かなり長広舌でした。会議ではポルポト派の扱いなどで揉めたのですが、和平への道が構築されました。ブッシュは日本の努力を評価していました。和平会議の開会式のあった翌五日にブッシュから電話がかかってきました。構造協議に関わる部分もありましたが、海部総理がカンボジア和平会議のことを述べたところ、ブッシュは「それはたいへん結構なことだ。日本の努力は評価する」と言っていました。ちょうどそのときにキャンプ・デービッドではブッシュ・ゴルバチョフ会談があって、その結果をブッシュが総理に伝えています。ブッシュは、「カンボジアについてはゴルバチョフも非常に心配していて、早く和平ができるといいと言っていた」と語っていました。

その一カ月前の四月から五月にかけて海部総理はアジア諸国を訪問しましたが、インド訪問の途次非公式に立ち寄ったバンコクでは、チャチャイ(Chatichai Choonhavan)首相、インドネシア訪問ではスハルト(Suharto)大統領と会談し、カンボジア問題を議論しています。海部総理より、近く東京でカンボジア各派による和平会議が開かれるよう日本が努力していること、各国と協力しながら和平を実現すべきことを述べたところ、両首脳とも日本の努力を高く評価していました。チャチャイ首相は、「果物が熟して、いよいよ落ちそうになっている。それを受け止める受け皿がとても大事だ」と言っていました。

さらに、海部総理は、翌九一年五月のタイ訪問時にアナン(Anand Panyarachun)タイ新首相と和平実現に向けての協力を話し合うとともに、カンボジア三派の代表とも会談し、和平合意の実現を促しています。

同年一〇月にパリ和平合意ができますが、日本は合意達成のため大きな役割を果たしたと思います。

第5章　湾岸戦争

——海部首相秘書官（2）

1990年10月の中東歴訪．海部俊樹総理と

1990年9月，
国連総会場にて

湾岸危機

折田　ヒューストン・サミットが行われたのが一九九〇年七月九日から一一日で、日本に戻ってきたのは一五日です。そして八月二日にイラクが突然クウェートに侵攻しました。このときブッシュは、半分夏休みという感じで、コロラド州アスペンでサッチャーなどと一緒に会議に出ており、そこでイラクの軍事行動の報告を受けたようです。そのときにサッチャーが「アメリカの大統領たる者、こういうときこそ指導力を揮ってきちんと対応しなきゃいけませんよ」と非常に強いことを言ったと聞いています。

海部総理はこのとき、万座《まんざ》温泉にいました。一年前に総理になってからずっと忙しかったのですが、夏に一服したいということだったのです。留守番役として東京に残っていた私のところに第一報が届きました。直ちに総理に電話で連絡しました。

ヒューストン・サミットでは、イラク情勢については議論はなされていません。当時イラクの軍隊がクウェート国境付近に結集していた事実は知られており、日本にもこの情報は来ていました。だけどまさか軍事力で侵攻することまでは、予測しなかったのです。イラクとクウェートは石油の利権をめぐって争っていました。イラクは、クウェートが安い価格で石油を世界に売るために自分たちが損害を被っている、それを補償すべきだとしていたので、クウェートに圧力をかけるという意味で軍隊を結集したと思われていたのです。

この直前にアメリカの駐イラク大使――グラスピー(April Glaspie)という女性の大使ですが、フセインに会っています。そして「そんな大きな動きはないでしょう」と報告して、休みを取ってしまうのです。この話もあって逆にフセインはアメリカは動かないと思ったようで、侵攻しても大丈夫だと考えたという説があります。それから、エジプトのムバラク(Muhammad Husnī Mubārak)大統領とサウジアラビアのファハド(Fahd bin Abdul-Aziz)国王もフセインに直接連絡し、「変なことしないだろうな」と言って、心配なさそうだと判断したのです。エジプトとサウジアラビアもイラクの侵攻はないと考えたようです。

イラクのクウェート侵攻は現地時間八月二日未明で、確か午前七時頃にはもうクウェートを席巻していたと思います。今度はクウェートで臨時政府のようなものがつくられて、「自分たちの意思によりイラクと合併する」と声明したのですが、国連の安保理は直ちに討議をして、有名な安保理決議六六〇が出され、イラクの軍事進攻は認められない、国際法に違反する暴挙である、イラクは直ちに撤兵すべきである、となりました。

海部総理に電話で「総理、どうなさいますか」と聞いたら「すぐ帰る」ということで、すぐに戻ってこられました。実は夏休みで地元などにおられた関係閣僚や官邸の幹部にも電話したところ、「俺はどうすりゃいいのか」と言うので、「戻って頂いたほうが……」とお伝えすると、「ええ!」なんていう方もいました。「海部総理は戻りますよ」と言ったら「ああ、仕方ないか」なんて戻ってくる人もいました。いずれにしても、これはやはり一大事だと海部総理も思ったわけです。ヒューストン・サミットの話で触れましたが、二〇世紀最後の一〇年は民主主義の一〇年になるといった雰囲気のときに、クウェート侵攻が起きたのです。

ブッシュからの電話

折田　日本はすぐに、イラクとクウェートからの石油輸入禁止、輸出禁止、商取引停止を決定しました。八月四日にブッシュから電話があり、「イラク軍を撤退させてクウェートに正統な政権を復帰させるために、世界の協調行動が必要で、まずは経済制裁が重要だ。アメリカはイギリスとフランスとともに艦船を派遣する予定だ」と言ってきました。日本は既に経済制裁措置を取っていたので、海部総理は「イラクの侵攻は極めて遺憾である。撤兵してもらわないと困る。経済制裁措置は実施している」と説明して、それでブッシュは「大変結構」と言いました。

その後、八月六日に今度は包括的な経済制裁決議として安保理決議六六一ができました。このときにアメリカが心配していたことは、放っておくとイラクはサウジにも侵攻するのではないかということです。当時、クウェートとサウジの間の国境線辺りのサウジ軍は非常に少なくて、確か八〇〇〇人くらいです。国境線といっても砂漠ですから、何かあったら容易に入れるわけです。それは防がなければならないと考えたのです。サウジの油田は大体クウェートに近いところにあることもあり、イラクが出てくるのではないかと心配したのです。すぐに軍隊を出す用意をし、最初は軍艦を近海に移動させ、サウジの要請に応じて米軍をサウジに展開しました。イラクに先手を取られたら、大変なことになっていたでしょうね。

危機的な状況の中、ブッシュはゴルバチョフとも意見交換して、ゴルバチョフが、これは大変なことだ、米ソ間で協力してやろう、と言ったことで、構図としては国際社会全体対イラクという形になりました。

湾岸危機の際の日本国内の議論については、論文「湾岸危機・戦争(一九九〇―九一年)と日本の対応」(『法學新報』第一一六巻第三・四号、二〇〇九年、九九―一二八頁)に書きましたが、非常に内向きだったと思います。日本はアメリカに押されて無理矢理何かをやらされたとか、日本が何かをやろうとすると、また日本は大東亜戦争に踏み込むのかなどといった特有の議論が日本国内では繰り広げられました。

冷戦後の国際秩序を構築していこうというときのイラクの挑戦でしたから、日本としても何かしなければいけないと海部総理もすぐに思ったし、外務省もそうだった。しかし、何ができるかで苦闘したのです。

八月一四日には、またブッシュから電話がかかってきました。「イギリス、フランス、オランダ、オーストラリアは海軍を派遣している。ソ連も参加するかもしれない。日本からのできるだけの支援をお願いしたい。

トルコ、ヨルダン、エジプトのような犠牲を被った国への支援も検討してほしい。さらなる検討は必要であるが、機雷の掃海や装備のサウジへの輸送支援なども考えられないか」ということでした。海部総理からは「地域の平和と安定のための努力を評価する。トルコ等への支援は既に決めている。軍事的な側面については憲法の制約、国会での議論があり、軍事分野で直接参加は考えられない。いかなる形で協力できるか検討する」と答え、ブッシュは「憲法に反しない形で何ができるか検討してほしい。兵站支援、海上輸送等は大いに助けになる」と言っていました。政府内で議論が続きました。

アメリカの緊迫感はワシントンに出張中の丹波實北米局審議官よりの報告でもひしひしと伝わってきていました。審議官からは、日本の方針を発表する八月二九日の朝、私の自宅にもＦＡＸでの連絡があり、総理にも報告しました。特に印象的だったのは、アメリカ側からみると日本は海運の輸送協力について消極的だが、その時点で現にペルシャ湾には二〇隻のタンカーがいることとの関係でどのような説明ができるのか、という先方の指摘です。政府内の議論をもとに、関係閣僚会議、党四役会議、政府与党首脳会議を経て、二九日の夜、中東貢献策を総理が発表します。クウェートを侵攻前の状態に戻す平和回復活動に対する協力として、輸送協力、物資協力、医療協力、資金協力、周辺諸国に対する支援、避難民の救済や経済的に影響を受けている国に対する支援をするという内容です。

翌三〇日には、日本は一〇億ドルを平和回復に対する協力として提供する用意があると発表します。周辺国支援については、まだこのときはいくらにするかは決まっていなかったのですが、後に二〇億ドルと発表します。平和回復に対する協力は九月になって、さらに一〇億ドルの提供を表明します。方針の発表と、具体的な金額の決定と発表が、政府内の調整に手間取ったためにずれてしまい、数字が少しずつ出たという形になってしまって、アメリカの議員などから“too little, too late”と揶揄《やゆ》されることになったのは極めて残念なことでした。

資金協力だけではなくて、人的協力として表明したのが、輸送協力、物資協力、医療協力です。具体的に何ができるのか検討しろと総理から指示がありました。しかし例えば輸送協力では民間企業にも頼んだりしましたが、民間企業はなかなか動かなかったのです。岡本北米第一課長の説得努力もあって、海運企業は動いてくれましたが、確か一社しかなく、結局、台湾やアメリカの民間企業に頼むことになりました。医療協力では、最初は医者を一〇〇人ぐらいを集められないかということだったのですが、ほとんど誰も応じてくれず、外務省の在外公館にいる医務官のような方に行ってもらったりしましたが少人数でした。結局人的協力といってもきちんとした組織がないままに個々にバラバラにやるのではとてもできないことが明らかになったのです。

国連平和協力法案

折田　湾岸危機に対する対応は組織的に行う必要があるとしても、国内法は何も整備されておらず、つくる必要がある。当初、海部総理の頭にあったのは、青年海外協力隊のような平和協力隊をつくるということです。憲法の制約があるから戦闘地域や最前線には出せないけれども、兵站部門については人が出せるのではないかということでした。そして国連平和協力法というのを検討しようとなったのです。

竹下内閣の頃から国連ＰＫＯなどに要員を出すための法律を作成することについて外務省内で事務的な検討はされていました。

そういったこともあったので、作業を急いで早くやろうとなったのです。他には掃海の話がありました。その時点でいちおう検討したのですが、イラクとの敵対関係が明確なため掃海作業が武力行使になりかねず、憲法上とても無理だろうということで、早めにもうこれはできないこととなりました。

服部　今のお話ですと、国連平和協力法案は海部総理が自ら進めるように当初からイニシアティブを取ったということですか。

折田　海部総理は外務省が国際協力に関する法案の準備をしていたことを知っていましたから、八月二九日の記者会見でも「国際平和協力のような形でどのような貢献ができるか検討したい」と言っています。その段階では、「自衛隊を送るのか」という質問に対しては、「自衛隊の派遣は考えていない」と答えています。

その頃にソ連のシェワルナゼ(Eduard A. Shevardnadze)外相が日本を訪問し九月五日に日ソ外相間で、湾岸情勢に関する日ソ共同宣言を出しています。「イラク侵攻は国連の基本原則に反する不法行為である。イラクの即時撤兵、クウェートの主権回復を求める。東西関係が肯定的に変化している歴史的な流れの中で、このような地域紛争があったならば、集団的な努力を行い、国連の諸機能を十分に活用すべきだ。安保理決議の即時完全な履行のために、すべての国が適切な方向で協力すべきである」との趣旨です。日ソ間でも新しい国際秩序のための画期的な共同声明が出たのです。

服部　先ほどの法案の話に戻ると、大変揉めました。

折田　廃案になってしまうわけですね。

服部　国会へ出して廃案になるんですけど、その案文をつくる過程でもかなり揉めました。自民党の中でもそうです。片やそもそも国連軍に日本が参加しても憲法違反にならないと言う人もいました。

白鳥　小沢一郎幹事長ですね。

折田　そうですね。逆に非常に消極的な人は、自衛隊を出すなんてとんでもないと言っていました。自民党の中ですよ、社会党ではなくて。意見が大きく分かれてたのです。小沢氏は「国連決議があれば憲法違反にならないんだ」という議論をしていました。しかし、国連で議論されていたのは、あれは小沢氏が考えてたような国連軍ではなかったのですけれど……。

服部　多国籍軍ですね。

折田　ええ。法案が提出されるのは一〇月ですから、この時点ではまだそういう位置づけはされてなかったのですが、国会等の議論でも「日本が国連軍に派遣するのは憲法違反ではないか。そういうところに出すのは何だ」とか、「太平洋戦争と同じことを繰り返すのか」のような議論が随分出ました。

結局、組織としての自衛隊が加わらないときちんとした仕事ができないことは、自民党の中のコンセンサスになっていきました。海部総理も「自衛隊派遣は考えてない」と当初は言ってたのが、「他に組織がないのならば仕方がない」となり、その代わりに自衛隊隊員の資格を協力隊員に変更して、防衛庁長官ではなくて総理大臣の指揮下で派遣する仕組みにしたらどうかとして検討されたのが国連平和協力法案です。

これについては防衛庁からは抵抗がありました。組織として行くとしても、参加する自衛隊は自衛隊員としての資格を失うのかなどの議論がありました。自衛隊の資格と協力隊の資格の併任論が出されました。結局は自衛隊員は身分を残しながら協力隊に派遣をし、場合によっては自衛隊の人が指揮をして輸送や物資協力などに当たるという案になったのです。

国会審議ではもう揉めに揉めて、そして一一月の会期末に結局廃案になってしまいました。

首相官邸と外務省

白鳥　国連平和協力法案の取りまとめ作業は、どのように進められたのでしょうか。

折田　法案の取りまとめ、作成作業は外務省が行いました。

白鳥　石原官房副長官ではなくですか。

折田　石原副長官は調整役としての役割です。案文をつくるにあたって、石原副長官はいろいろ指揮し、調整をしたということです。それは当時の防衛庁とか他の官庁も関わり合いがあるし、それからいろんな政治家の話もあるので、その取りまとめ役として外務省の上に立つ形で石原さんがやられたと思います。

白鳥　その後のPKO協力法に繋がっている話で、その最後の段階では官邸が引き取ったようですね。

折田　後のPKO協力法については、事務局を官邸につくり法案は官邸が担当し、大島内閣官房副長官、石原同副長官、有馬外政審議室長が取りまとめ役でした。外務省では丹波国連局長が担当しておられました。

白鳥　国連平和協力法案について外務省内で意見は一致していたのですか。

折田　外務省の中にもいろいろと意見があったようです。最初から自衛隊を派遣するべきだという議論もかなりありました。栗山次官は身分を変えてやるべきだという説でしたね。外務省の特に若手の中には、そんなことを言っても実際にやるのが自衛隊だとすれば自衛隊を素直に出したらどうかという意見がありました。

服部　このときは柳井俊二先生が条約局長でしたね。柳井先生は「下剋上答弁」ということで有名になったかと思います。

折田　「下剋上答弁」で有名になりました。ああいう答弁で行こうとはなっていたのですが、それを外務大臣が答えなかったようですね。

服部　中山外相の代わりに答えたというようなことですかね。栗山次官と柳井条約局長の考え方というのは、もともとから違っていたのでしょうか。

折田　後で聞いてみると、やっぱりそこは違ったみたいですね。最初から自衛隊を出してれば良かったというのが、柳井局長ではないでしょうか。

白鳥　総理に対する連絡や、総理の関与の仕方というのはどういう形になるのでしょうか。

折田　この国連平和協力法案作成のための重要な会議は総理のところでやりました。そこには小沢幹事長、西岡（武夫）総務会長、加藤六月政調会長、中山外相、橋本蔵相、官房長官、副長官それに外務次官、防衛次官辺りが加わって総理執務室で行われました。

中東訪問

白鳥　どれぐらいの頻度でその会議は行われましたか。

折田　しょっちゅうやっていましたよ。それから外務省は外務省の中で……。

白鳥　タスクフォースを立ち上げられて。

折田　タスクフォースで、もう毎日のように夜遅くまで会議をやったと聞いています。

服部　折田先生は首相秘書官として、先ほどおっしゃっていた総理主催の会合に出席されましたか。

折田　そのときは秘書官は入るなと言われました。事務方で一番下の人が次官です。

服部　最も高いレベルの集まりだったわけですね。

折田　会議に出入りする方々の顔を見たり、後で総理にどういう議論だったのかは聞いたりしましたけど、その会議には私は入っていません。

白鳥　秘書官が入れない会議というのはよくあるのですか。

折田　それは結構ありますよ。

白鳥　総理主催の会議で事務方が次官しか入ってないということは、次官がしっかりと記録を取ってない限り、記録が残らないということですね。

折田　そうです。これは一般論ですが、日本の政治には「この話はなかったことにしよう、聞いてなかったことにしましょう」とかもあります。過去の文書を読むと、この部分の記録が抜けてるなと思うのはときどきありますよ。総理がどう決断をしたかは謎だなということが。それから、これは墓場まで持っていく話だ、ということもよくあるでしょう。

服部　国連平和協力法案が廃案になるのは……。
折田　衆議院です。
白鳥　自民、民社、公明の三党合意が……。
折田　廃案にした後そのまま放置しておけないということで、すぐに三党合意になるわけです。
服部　当時のメディアでは海部首相のリーダーシップがやや不足していて、小沢氏がむしろ先行していたように報じられていたという印象です。小沢さんはよく駐日アメリカ大使と会っていたのでしょうか。
白鳥　アマコスト（Michael Armacost）駐日アメリカ大使の回顧録などにもそういった記述がよく出てきます。
折田　具体的にいつ会われてどのような話をされたかは承知しません。小沢氏はしょっちゅう海部総理に報告に来ていたから、何かあればすぐに報告したのでしょう。海部総理に指導力がないと言われるのは致し方ないと思うけど、本当にどうすればいいのかと考えた場合、勇ましいだけではダメだし、過去の憲法上の話とかいろいろあるわけだから、そういうのはやっぱりきちんと踏まえないといけない。その中で海部総理は負けずに良くやったと思いますよ。
服部　海部総理と小沢氏の関係はどんな感じでしたか。
折田　当時はかなり緊密にやっていたような気がしますが、小沢氏はその後に突然幹事長を辞めたりしますよね。だからちょっと不信感はあるのかもしれません。
服部　小沢氏が幹事長を辞めた名目は都知事選でしたね。
折田　そう、都知事選後です。その後、海部氏と一緒になって新進党をつくっています。海部氏側から見た印象から言うと、いざというときになるとサアーっと退かれてしまうところがあったんじゃないでしょうか。
国内で法案について議論しているときですが、海部総理は一九九〇年九月末、中東諸国訪問に出発しました。この外遊ではまず国連へ出かけ、湾岸戦争とはまったく違う次元の話だけど、「子供のための世界サミット」

に出席しました。このサミットには世界中の首脳が集まりました。デクエヤル（Javier Pérez de Cuéllar）国連事務総長、ブッシュ、サッチャーなどと会談をしています。

会談の内容はイラク問題がほとんどでした。国連での会議の後、エジプト、ヨルダン、サウジアラビア、トルコを訪問しました。エジプトではムバラク大統領から、サウジではファハド国王から、実際にイラクの侵攻があったすぐ前にフセインと連絡をとった、ムバラクの場合は一週間前にバグダッドを訪問した、ファハドの場合は四日前に連絡をとったと言っていました。そして、フセインはクウェートを侵攻することは考えていないと明白に答えた。イラクのクウェートの侵攻はまったく予想外だったと述べていたのが印象的でした。なお、外国訪問中も国連平和協力法案の検討状況とか国内の情勢などについて、毎日、東京から電話がかかってきました。この写真はその時の国連首脳会議のときの写真ですが……（国連総会の写真（第5章扉写真）を広げる）。

服部　海部氏、中山氏、……。

折田　海部総理、中山外相でしょう。私がここにいて、こちらは海部総理の秘書で長男の海部正樹氏です。余談ですが日本政府の席の近くの外側の席にオードリー・ヘプバーン（Audrey Hepburn）が座っていました。子供のための世界サミット関係でＵＮＩＣＥＦ（国連児童基金）の特使をやっていたのです。五メートルぐらいのところでした。すぐわかったので、総理、外務大臣に「ヘプバーンがいますよ」と言ったら、「おお、ヘプバーンだ」と言われましたが、「じゃ、私が通訳するからお話になりますか」と尋ねたら、最初考えてたけど、「いいや」とおっしゃっていました。「じゃあ、私が行っていいですか」と言うと「うん、いいよ」とのことでしたので、そこへ行き、「あなたはヘプバーンさんですか」と聞いたら「そうですよ」と答えてくれました。「『ローマの休日』などあなたの映画をたくさん観たけど、素晴らしい」と伝えたら、ニコニコして、「そうですか」なんて。そのときにヘプバーンさんにサインしてもらいました。

白鳥　今でもお持ちですか、そのサインは。

折田　それが探してるんだけどまだ見つからないんだ。捨てた覚えはないからあるはずです（笑）。

イラク人質解放

折田　イラクにおける人質問題は大問題でした。これは一九九〇年八月、欧米人と同様に日本人もクウェートからの出国を拒否されたのです。私のメモによるとクウェートには当時在留邦人が二六一人いました。外務省が直ちに対策本部をつくって、それで大使館が積極的に向こう側にも働きかけたんです。

八月二二日にクウェートの在留邦人がイラクの勧告に従いバグダッドに移動しました。向こう側の論理では、もうイラクとクウェートは統一したので、クウェートにある日本大使館は意味を失ったので閉鎖しろと言い出して、イラク軍が大使館を取り囲みました。大使館にはクウェートにいた邦人がたいへん厳しい生活をしていました。そして二四五名がバグダッドに移動したのです。そこからは、出国が認められず、二〇〇名以上の多くの日本人があちらこちらで収容されて、人質になってしまいました。このときに、クウェートでは、臨時代理大使だった城田安紀夫氏が、イラクの真意が摑めない中で、日本人をなんとか守りたいと全力を尽くして対応していました。また、在イラク大使館では片倉邦雄大使以下が、所在不明の日本人を捜し出すため大変な努力をしていました。これらのことは本当に頭が下がる思いでした。

政府の立場は、海部総理が発表し中東貢献策の中にあるように「一刻も早い出国を希望する。イラク政府の措置は人道的に許すべからざる行為である。この問題と平和回復のための協力は切り離していかなければならない」というものでした。日本側の立場としては非常に遺憾なことだ、しかし政策の問題でイラクと取り引きをすることはできない、日本の立場を変えて経済制裁をやめるとか、平和回復活動に対する協力措置をやめるということはできない、ということだったのです。

海部総理は中東の歴訪でヨルダンも訪問しましたが、そこで一〇月四日イラクのラマダーン副首相と会談をしました。ラマダーンは、自分たちは正しいことをやっている、そもそもクウェートはイラクの一部であり、クウェート解放は正当だ、と長々述べました。海部総理は、いやいや、そういうことは武力でやってはいけない、と日本側の立場を述べて、日本人の人質を含めすべての人質は直ちに釈放すべきだ、としました。それに対して先方は、これは平和目的で、人質などではなくゲストだ、と言って、基本的には意見のすれ違いに終わりましたが、双方の政治的対話は重要であることでは一致しました。

アメリカのジェシー・ジャクソンとか、それからイギリスのヒース元首相がイラクを訪問し、人質が解放されたことがあり、日本も誰か送るべきだという議論が強くなり、その後、中曽根元総理がイラクに行かれます。中曽根氏はフセインとも面識があったのです。

白鳥　かつて通産大臣として行かれたときにフセインに会っているのですね。

折田　このときも中曽根氏は最終的にはフセインと会見をします。当時中曽根氏は自民党議員ではなかったのです。

服部　リクルート事件で……。

折田　党籍を離脱していたのかな。しかしこの訪問には自民党の人も一緒で、いちおう自民党のグループとして行ったという形は取ったのかな。その過程で中曽根氏は、小沢氏とか西岡氏と連絡を取っておられたのだと思います。

海部総理と中曽根氏が直接話した場には居合わせたわけではないからわかりませんが、中曽根氏との意思疎通はあったのではないかと思います。ある意味では、政府と党で役割分担をしたのではないかと思います。中曽根氏とフセインの会談後、一一月六日に七四名の人質解放の発表があり、八日に政府手配の特別機で帰国されました。

服部　中曽根氏という話は、どこから出てきたのでしょう。

折田　現地の日本人が中曽根氏と言ってたということは聞いています。

白鳥　現地というのは在留邦人ですか、それとも大使館ですか。

折田　大使館も含めて現地で実際に留まっている人たちです。なんとかしてもらいたいと議論している中で、フセインと交流があった中曽根氏となったのではないのでしょうか。政府と関係がないという形でしたが、政府は飛行機は出したのです。一一月六日の人質解放発表は非常に微妙なタイミングで、一一月一二日から天皇陛下の即位の礼が行われるときでした。一五八カ国と国連、ＥＣから代表が訪日されました。元首級が六六名です。暗雲の中に一つの解決が見通せたのです。その後一二月六日には外国人を全部釈放するとフセインが突然発表しました。どうしてそのタイミングで決断したかはわかりません。

湾岸戦争の勃発

折田　一九九〇年一一月二九日に国連安保理決議六七八が出ました。一九九一年一月一五日までイラクに安保理決議を実施するよう猶予期間を与える、これが最後の機会である、そして各国には、この地域の平和と安全を回復するためにあらゆる措置を取る権限を与えるというものです。

アメリカも平和的に片付けたいとは思っているけれども、相当な覚悟でやってるなということはひしひしと伝わってきていました。決議が出た頃から議論されていたのは、軍事的に見て、米軍をはじめとした多国籍軍の態勢が整うのはいつ頃かということです。クリスマスとか正月まではまだ間に合わない、完全に整うのは多分一月一〇日から一五日ではないかとされていました。だから軍事作戦をもし実施するとすれば一月から三月ぐらいであろう、三月以降になると軍事的には非常に難しい状況になる。その辺は念頭に置いておく必要があると考えられました。フセインが国連決議の条件に応じ、無条件撤退をするかに注目が集まり、期限の一月一五日が迫ってきました。

元日にブッシュから海部総理に電話がかかってきました。イラクが撤退する兆しは何もない、一月一五日という日付は非常に深刻なものであり、国連は失敗してはならないと言っていました。この電話のことはよく覚えています。一二月三一日官邸での仕事が終わって夜遅く、家へ帰りました。紅白歌合戦の最後のところを見て、妻と大学生だった息子と近くの恵比寿神社に初詣に行ったのです。午前一時くらいに家に帰ってきたら、電話が鳴って「ホワイトハウスからの連絡です」ということでした。向こうはまだ一二月三一日でしたが、ブッシュが日本時間の元日朝に電話したい、というので、すぐ海部総理に電話し、元日の早朝に息子の運転するクルマで公邸に行きました。朝九時にかかってきたブッシュからの電話は、湾岸危機に関するアメリカの考え方を伝えると同時に、またよろしくということでした。

期限が近づいている中で海部総理からフセインに平和的な解決を求めるという書簡を出しました。またアメリカは、イラクに対して直接対話を提案して、一月九日にジュネーブでベーカーとアジズ(Tāriq Azīz)の間で会談が行われました。ベーカーとアジズの外相会談が行われたときは海部総理は韓国訪問中で、私も同行しましたが、韓国訪問中も外相会談の様子について情報が夜通し入ってきたことを覚えてます。

韓国訪問から帰国した翌日の一月一一日にまたブッシュから海部総理へ電話がかかってきました。外相会談をしたが、イラクはなんの決断も示していない、デクエヤル国連事務総長がイラクを訪問するということで、自分(ブッシュ)もデクエヤルに話したけれども、どうも希望が持てるようなものではないという感じがする、フセインは話がわかるような男ではない、湾岸に兵力を送っている諸国の連帯は非常に強い、イラクが完全撤退をしない限り武力行使になるだろう、と言っています。

一月一四日にイラクを訪問したデクエヤルの説得工作が注目されていました。ちょうどそのときに日本から土井たか子社会党委員長がイラクを訪問したのです。フセインは土井委員長のほうを優先し、土井委員長と会談をしたのですが、デクエヤルは待たされた形になったので、これはフセインが譲歩をしないことを示してるなと我々は受け止めました。

そのとき日本国内には、フセインというのは最後の最後まで譲歩しない男だが一番最後になんかあるから大事にはならない、というようなことを言う人が結構多かったのですよ。そういう話は総理のところにも来ていました。

服部　外務省からでしょうか。

折田　そうではなく、それ以外の専門家です。アラブというのはそういうところなのだ、最後に大きな譲歩を示し、アメリカ側が応ずるという見方です。

白鳥　外務省内の中東専門家はどのように見ていたのでしょうか。

折田　外務省はそのようなことは言っていませんでした。アメリカから情報が来ていました。総理自身はブッシュから直接聞いていました。このときに中山外務大臣は訪米しており、中山外務大臣を通じて、アメリカの雰囲気は非常に厳しいものがあるのは伝わってきてましたから、最後のところで簡単に行くとは総理は考えていなかったと思います。

日本時間の一月一六日午後二時がいわゆる期限切れですが、結局フセインは譲歩しませんでした。アメリカは武力行使に至るわけですが、翌日の朝が要注意だという情報が入ってきていましたので、一七日朝になって何事があるかわからないから、もう朝早くから公邸に出かけていて総理と二人でいました。村田駐米大使からベーカーに呼ばれたとの電話がかかってきました。いよいよ武力行使だということです。

総理と話をしながら公邸でＣＮＮを点けていましたが、午前八時四〇分頃に攻撃が始まったということを知りました。後からわかったことですが、同じ画面をブッシュもフセインも見ていたようです。

服部　先ほど、翌朝が要注意だという情報が入ってきたというお話でしたけれども、これも村田大使から入ってきた情報ですか。

折田　村田大使だけではなく、駐サウジアラビアの恩田宗大使からも入ってきていました。

白鳥　その前に出た話になりますが、日本からもフセインに対して書簡を出したということでした。書簡に対して返答というのは来たのでしょうか。

折田　書簡の返事が来たというのは、私は覚えていません。なかったのではないでしょうか。

白鳥　開戦のときに総理はどういった様子でしたか。

折田　いよいよ来たなという感じでした。何が起こるかわからないぞと関係者に待機をかけていましたから、覚悟はできていたと思います。すぐに、他の秘書官、官邸幹部、外政審議室長、安保室長、外務省の人が公邸に集まってきました。その後直ちに閣僚レベルの安保会議が開かれ、その午後に日本の政治的立場を談話の形で発表しました。

服部　村田大使がベーカーに呼び出されて告げられたというのは、実際に戦争が始まる直前でしょうか。

折田　直前です。日本は多国籍軍のメンバーではなく、実際に軍事行動を始めるかということは大変重要な軍事機密ですから多国籍軍に加わっている国以外には知らされていなかったのではないでしょうか。

服部　村田大使から本省へは電話ですか。

折田　電話です。

服部　中山外相宛ての電話ということでしょうか。

折田　官邸に来ました。外務大臣宛てと両方やったのではないでしょうか。それから電報も来ますが、電報の前に電話連絡があったのです。翌一八日にイラクがイスラエルに対してミサイル攻撃をするという事態も発生しました。谷口禎一駐イスラエル大使からも次々と報告がありました。

服部　谷口大使からの報告では、イスラエルが挑発に乗らないだろうということでしたか。

折田　挑発に乗るなということはアメリカがイスラエルに言っていたし、谷口大使も乗らないであろうことは言ってきていました。開戦前から軍事行動あり得べしということで、総理から指示が外務省、それから大蔵省にも行っていて、そうなった場合にはどうするかの検討が行われていました。軍事行動が始まればかなり資金が必要になるだろう。そういうところで日本は何ができるのか、それから人的貢献の部分で、国連平和協力法案は通らなかったわけですが、改めて現行の法律内で何ができるかと、経費、避難民の救済等を徹底的に検討しろという指示が出ました。

追加支援

折田　開戦後、橋本蔵相がニューヨークでブレイディ(Nicholas F. Brady)財務長官と協議を行いました。そのときに戦争にかかる経費はどれくらいになるかのアメリカの見積もりを探ったようですが、アメリカ側ははっきりといくらという話はしなかったようです。結局橋本蔵相が帰国され、直ちに官邸で総理と中山外相と相談して、一月二四日に九〇億ドルで行こうと決定をしたのです。

自民党内には九〇という数字は半端だから、一〇〇にしたらという意見もありましたが、九〇に決まったわけです。九〇というのは橋本蔵相が言った数字です。財源は増税でやろうとなり、補正予算を組んだわけです。同日夜に総理がブッシュに電話で伝えています。

服部　橋本蔵相が九〇という数字を算出した根拠はどのようなものでしたか。

折田　明確な根拠があったわけではなく、非常に大雑把な計算であったと思います。戦争がいつまでどのような形で続くかわからないし、他方で少しずつ出していくというわけにもいかない。そんな中で予算措置を講ずるために数字を固めるという必要があるということで、政治決断として九〇にしたのだと思います。

服部 アメリカの意向ははっきりしないけれども、日本が自主的に決めたということですか。

折田 アメリカが九〇出せと言ったということはないです。

服部 海部総理がブッシュに電話したとき、ブッシュはどう反応しましたか。

折田 非常に喜んで、それはありがとう、ということでした。

国内では、人的な支援・貢献の部分で、自衛隊機を出せないかという話がありました。戦闘ではなくて避難民が国外に出てきたときに本国に帰す、そういう役割です。現地の要望がなかったせいか派遣はされなかったのですが、自衛隊機の派遣は可能であろうということにはなりました。民間航空にも頼んでいて、実際に行ったのはＪＡＬ機です。中東には東南アジアなどから大勢出稼ぎが来ていましたから、そういう人たちが退避するための応援です。

服部 人的支援で自衛隊機を出せないかというのは、これも日本政府が自主的に行おうとしたことですか。

折田 これはいろいろ議論していますが、アメリカが出してくれと言ったことはないです。

地上戦

折田 多国籍軍の軍事行動は最初はミサイル攻撃で、次に地上戦を始めるのか、それはいつなのかが注目されている中、イラクのアジズ外相が訪ソします。そして二月二二日の金曜日、日本時間の八時三〇分ぐらいにソ連とイラクの間で合意ができたというニュースがＣＮＮに流れました。合意の内容がわからないうちに九時から閣議になりました。参議院の本会議が一〇時から予定されており、閣議は国会内で行われていました。閣僚が集まる部屋の横の部屋でテレビを見ていたのです。近くには記者がいて、「オオーッ」とざわめきました。

テレビではアジズ外相とゴルバチョフとの会談に関して報道されていました。六項目の合意ができたというのです。しかし続けて聞いていたら、イラクは「無条件撤退」なのだとはいっているけれども、撤退したらこれまでの安保理決議はすべて無効にしなければならない、それから撤退を始めて三分の二が撤退したら経済制裁は解除しなければならないことも併せて述べていました。

これではとても無条件撤退とはいえないから、アメリカは受け入れないと直感的に思いました。しかし、その事実を総理や閣僚はまだ誰も知らない。閣議のために部屋に集まっている最中ですからね。その席には普通は他の人を入れないのです。秘書官でも入れません。そのときは仕方がないから、人生で最初で最後ですが、閣僚の集まっている部屋の中に入っていったのです。閣僚の皆に「何だ」というような顔で見られましたよ。総理にテレビ報道のことを伝えました。そしたら横に橋本蔵相、中山外相がおられて、他の大臣がざわざわしてるときに橋本蔵相が「折田、何だ」と言われました。そこで「実はこういうことがあった」と述べると、「これは大事なことだ。説明してくれ」と言われたので、「実はこういうことで、アメリカがどう出るかまだわからないです」と伝えました。

また、「部屋の外には記者が大勢いるので、閣議の後、外に出ると、すぐ新聞記者に取り囲まれます。その際に楽観的なコメントはしないでほしい」と言いました。そうしようということになり、閣議終了後は、閣僚の皆さんはほとんど「ノーコメント」「あ、そうなの」などと言って、集まっていた新聞記者の中を通り過ぎていきました。

その翌朝未明にブッシュが、こういう条件付きのことは認められないとした上で、ワシントン時間の二三日正午、日本時間で言うと二四日午前一〇時までに撤退を開始するように警告する発表をしたのです。そして日本時間二三日午後九時に海部総理からブッシュに電話をしますが、ブッシュは、アジズはモスクワで平和を語っているが、他方でフセインはクウェートで一九〇の油井《ゆせい》に火を点けている、焦土作戦だ、自分は期限を区切ったが、それまでに撤退を開始するとは楽観視していない、地上戦になるかもしれないが、作戦はそう長くはかからないだろう、と言っていました。

日本時間二四日午前三時前、今度はゴルバチョフから電話がかかってきました。ソ連の首脳が日本の首脳にかけてきた初めての電話です。ゴルバチョフからかかってくるかもしれないという情報が入っていたので、官邸で待機していました。中山外務大臣等もおられたのですが、だけどもう〇時も過ぎてしまったのでかかってこないだろうと、皆さんは既に官邸を出られました。

しかし、それでもかかってくるかもしれないと思って、私と東郷和彦ソ連課長の二人で官邸に待機していました。そしてゴルバチョフから電話がかかってきたのです。フセインは撤退を用意している。クウェート市からは四日以内、クウェートの国からは三週間以内に撤退開始と言っている、ブッシュにもすぐ連絡をしたけれどもアメリカは楽観的な見通しを持っていなかった、解決の国際的な努力に日本の支持を願う、という趣旨でした。

海部総理は、平和のために努力しているということは非常に評価する、あるところで合意が達成されたことは一定の進展ではあるが、国際社会が言っている即時完全な撤退ではない、即時完全撤退に向けてソ連が指導力を発揮してもらいたい、と話しました。すれ違いだったわけですね。

既に、その時点では四月にゴルバチョフが日本に来ることは決まっていたから、海部総理は電話で、四月の訪日を期待している、と言って終わりました。地上戦が始まったのが日本時間二四日午前一〇時。電話から七時間後です。

服部　二四日午前三時にゴルバチョフから電話があったとき、海部総理は寝ずに待っていたのでしょうか。

折田　海部総理にはお休み頂いて、電話があったら我々が起こすこととしました。そのときは官邸から公邸に移っておられ、我々は公邸の別室にいたのです。

服部　そろそろ電話があるというのは、事前にある程度わかっていて、海部総理は起こしてもらって待っていたのでしょうか。

折田　事前に連絡がありましたが、でも三〇分もなかったかもしれない。

白鳥　これからゴルバチョフが電話をします、というような連絡が来たわけですか。

折田　そうです。

服部　短い三〇分ぐらいの間に、折田先生、東郷課長が海部総理にブリーフィングするわけですか。

折田　ブリーフィングはその前に終わっています。相当緊迫したときだから、それは総理だっていろいろと頭をめぐらせておられたと思います。

そして二月二七日、ブッシュがテレビで、クウェートは完全に解放された、戦闘は中止する、と発表しました。それを受けて二八日に海部総理から電話をして、戦闘の停止は評価する、フセインがきちんと条件に従うことを望む、とブッシュに述べてます。

当時、アメリカは一体どこまでやるのか、クウェートの解放なのか、あるいはバグダッドまで攻めてフセイン政権を崩壊させるところまでやるのかという議論がありました。海部総理とブッシュの一連の電話会談を聞いていて、ブッシュはバグダッドまで乗り込んでフセイン政権を崩壊させるということではなくて、クウェートを解放させるというところにずっと重点を置いていたと思います。

後になって、アメリカ国内で特にネオコンのグループが、フセイン政権を潰すべきだった、あのときの判断が間違っていたと言っています。これが後のイラク戦争に繋がっていくのですね。当時もそういうような議論があったようです。でも我々が承知していたのは、イラクのレジーム・チェンジではなく、クウェートの解放です。それは安保理決議に書いてあるとおりで、ブッシュもそれに従ってやっていたのだと思っていました。

掃海艇の派遣

折田　九〇億ドルが支払われたのは、国会承認が遅れて地上戦が終わった後でした。しかし、日本の九〇億ドルはアメリカや多国籍軍にとって相当に意味があるお金でした。

服部　当時、九〇億ドルで想定していたよりも戦争は早く終わって、払いすぎではないかと報じられていたかと思います。円建てなのか、ドル建てなのかという基本的なところが……。

折田　最初の部分は橋本蔵相が交渉されて「九〇億ドル」と決まったのですが、円建てかドル建てかのところの詰めがなされていなかったわけですね。その後紛糾しました。

白鳥　村田駐米大使は、九〇億ドルの話が出た会談に出られなかったということで、かなり不満を持っていたようですね(『村田良平回想録』下巻、一一五—一一六頁)。

折田　極めて重要な会談で総合的にどのようにまとめるかという場面において、アメリカとの関係では責任を持っているにもかかわらず会議に出られなかったのは非常に問題だと言っておられました。橋本蔵相を責めてるというよりも、大蔵省の体質を責めているのではないでしょうか。

服部　外務省を外したのは、橋本蔵相というよりも、大蔵官僚の意向ということですか。

折田　そこはよくわかりませんが、そういう体質があるわけです。特にお金の部分、金融の部分は自分たちの守備範囲だという意識が非常に強いですから。

白鳥　外務省と大蔵省である種の対立が見られたときに、海部総理からは何か指示がありましたか。

折田　そのときに何かやったということは特には知りません。外されたといった話は後で知ったわけです。戦闘が終了した段階で掃海艇を派遣する可能性については、検討するように指示が総理から出ていました。

戦闘中もいろんな国が掃海作業はしていて、易しいところはもうだいたい片付いており、残ってるのは難しい部分だったのです。日本の掃海能力というのは世界的に大変優れたものがあり、日本がやったらどうかということで、日本の独自の判断で派遣することにしたのです。

戦闘は終わっていたのですが、それでも国内で反対がありました。軍隊を外国に出すのか、戦争に巻き込まれるのではないか、自衛隊法にある掃海の規定は日本周辺のことを対象にしているので、ペルシャ湾まで派遣するのは規定を超えるのではないかという議論がありました。しかし、戦闘は終結していたことと昨年来の議論の経緯もあって、反対の議論は数カ月前と比して大分弱かったと思います。

服部　海部総理は日本として掃海艇を中東に派遣すべきだと考えていたわけですね。

折田　そういうことです。呉での出港式には海部総理も行きました。

白鳥　折田先生は掃海部隊派遣が決まったときにどのようにお考えでしたか。

折田　日本として役割を果たせて良かったと思いました。日本は資金しか出さなかったので、例えばクウェートがアメリカの新聞に広告を出したときに日本の名前が外れていたとか、そういうことが随分ありましたよね。私はその後大使としてイギリスにも行き、あの頃の話が出てくると、日本は合計で一三〇億ドル出したが、それは大変なことで、税金まで上げて国民が負担したと言うと、イギリスの議員は、すごいことをやってくれたんですね、と言います。それがなければ資金的にとても困ったということもあって、非常に良かったと知識人は随分言ってくれた。それから掃海艇についてはプロの人たちが、日本の掃海活動はすごかったと言っていました。

白鳥　プロというのは軍人の方々ですか。

折田　はい。それから安全保障を専攻しているプロの人たちです。イギリスで講演をたくさんやったけど、一般の人もそれなりに評価してくれたと思いますよ。

それから湾岸戦争のときに日本が考えたことの一つに、国連での通常兵器移転登録制度があります。皆が知らないうちにイラクが大きな軍備を蓄積していた、過大な軍備の蓄積が安易な使用に繋がるかもしれない、だから通常兵器の移転については国連に報告したらどうかという案を考え出したのは日本なのです。この後ロンドン・サミットがありますが、そのときに海部総理はこの件を強く主張しています。ＥＣがすぐ支持してくれて、その年の夏の中国訪問でも、海部総理はこの話をしています。結局登録制度ができました。法的拘束力があるものではありませんが、通常兵器の移転について国連にも報告するというシステムができ上がりました。

第6章　対ソ外交とアジア外交

――海部首相秘書官(3)、在香港総領事

1991年8月，江沢民総書記らと．後列左から2人目が著者

1991年7月，ケネバンクポートのブッシュの別荘にて，ブッシュ大統領や海部総理のご家族と

拡大均衡路線

折田　ゴルバチョフが訪日したのは、一九九一年四月一六日から一九日までです。ゴルバチョフが書記長になったのは一九八五年で、中曽根内閣のときです。私はワシントンにいました。いわゆるペレストロイカや新思考外交といって、ソ連は日本に対しても特に経済的な協力を得たいという気持ちはかなりあったと思います。ただ、ソ連として他に片付けなければならない問題がたくさんあり、第二次世界大戦の結果である領土問題は変える必要はないという考えもあったので、日ソ間の進展はなかなか容易な話ではなかったのです。日本はそのときに、新思考外交がヨーロッパだけではなくてアジアにも及ぶようにすべきだと主張しました。

一九八六年一月にはシェワルナゼ外相が日本にやってきました。その際、シェワルナゼは安倍外相に、テーブルに着いたらなんでも話しましょう、なんでも言って下さい、と言ったのです。ソ連の対応が変わったなと捉えられたこともありました。しかし、同年五月に安倍外相がソ連を訪問して北方領土問題のことを述べたら、あなたは提起してはいけない問題を提起している、と言われ、また、戦後の現実は変える必要がない、という感じが出ていました。そのときから日本政府はゴルバチョフになんとか日本に来てもらいたい、それで日ソ関係を動かそうと考えていました。

今度は米ソ間でＩＮＦ（中距離核兵器）全廃条約ができたりしていて、一九八八年一二月にシェワルナゼが日本に来たときに、これは竹下内閣、宇野外相のときですが、平和条約、地域問題、二国間実務に関する三つのワーキンググループというのをつくったのです。宇野外相は、総理大臣になる直前、一九八九年四月から五月にかけて訪ソし、今までの政経不可分から拡大均衡路線にしよう、と提案しました。

服部　拡大均衡への転換というのは、外務省側のイニシアティブでしょうか。

折田　発案は外務省の事務当局です。それまでは政経不可分と言っていました。北方領土問題が解決されない限り経済協力はできないということだったのですが、それでは物事が片付かない、ソ連が新思考外交の考えを打ち出しているこの機会をなんとか捉えることができないかという頃から議論が始まり、兵藤長雄欧亜局長などを中心にいろいろと議論されて出てきたものが外務省事務方の案となり、外務大臣の判断を得てでき上がった考え方だと承知しています。領土問題が片付かない限り、経済等の分野での協力はできないことになると、日ソ関係は縮小均衡になってしまうので、領土問題の解決等の政治問題の解決と経済協力や信頼関係の強化を均衡させながら拡大し発展させようという考え方です。

服部　拡大均衡路線が海部内閣でも続いていたのですね。

折田　引き継がれていました。

白鳥　拡大均衡路線に反対はあったのでしょうか。

折田　良いとこ取りされるという懸念はもちろんありましたよ。だけど世界が大きく動いてる中で、以前のままでは良くないだろうというのが大勢だったと思います。

エリツィン、シェワルナゼの来日

折田　海部内閣になってから、一九八九年九月に国連総会があって、中山外務大臣が国連に行かれます。そのときの日ソ外相会談でゴルバチョフが一九九一年に訪日したいという意向がソ連側から伝えられました。一九九〇年一月には、前も言ったようにエリツィンが来日して海部総理と話しました。このときにエリツィンが言ったのは、ペレストロイカは非常に難しいことになっており、もっと革新的な改革をしないといけない、ということです。改革にあたっては日本の協力も得たいとし、ゴルバチョフの政策も変わる必要があり、一九九〇年は正念場だと言ったのです。そして、記者クラブでいわゆる五段階論を講演しました。

エリツィンの五段階論とは、第一段階としてソ連の首脳が日本に来たときに領土問題の存在を認め、第二段階として北方領土を自由工業地帯として日本人が移住することも認める、第三段階として四島を非軍事化する、第四段階で平和条約を締結し、その中に領土問題の解決のプロセスを入れる、そして第五段階で解決する、それは次の世代ですと、こういう案です。

五段階論は日本の主張とはまったく異なったものではありましたが、北方領土問題が対日関係で非常に重要だという認識がエリツィンにはあるということはわかったのです。エリツィンとゴルバチョフの関係は不明で、エリツィンが言ったからといって直ちにどうなるのかわからないという感じではありましたが。

一九九〇年七月のヒューストン・サミットで、日本は北方領土問題についてかなり主張し、ヨーロッパにおける緊張緩和がアジア太平洋地域には見られない、日ソ間の関係正常化が重要で、その不可欠な措置として北方領土問題の早期解決が必要であり、それを支持するという一文を議長声明に入れさせたのです。経済宣言にも、北方領土問題の平和的解決の日本政府にとっての重要性を認識したという一文が入りました。このサミットで、日本はソ連の民主化、自由化は支援するが、ソ連が信頼すべきパートナーになる必要があり、新思考外交はアジアにも適用すべきで、その試金石が北方領土問題である、また、北方領土問題の解決は日本のみならず、各国にとっても重要であるとの議論を展開したのです。

イラクのクウェート侵攻後、一九九〇年九月にシェワルナゼがまた日本に来ました。そのときにゴルバチョフが来年四月の訪日を希望していると言ってきたので、総理から北方領土問題と平和条約の締結問題は避けては通れない、日本国民が希望を持てるような日ソ関係を構築したい、ゴルバチョフ訪日をそのための端緒としたいと述べるとともに、ペレストロイカの成功のために拡大均衡の中で一緒に進めていきたいと話しています。

服部　海部総理がシェワルナゼに対してそう述べたのですね。

折田　そうです。

海部・ゴルバチョフ会談前後

折田　この頃、ソ連はかなり厳しい状況にありました。ソ連国内で例えばコーカサスにおける反乱を武力鎮圧をしたり、一九九一年一月、まさしく湾岸戦争勃発のときにリトアニアに軍事介入しています。その結果バルト諸国等の独立回復運動が急速に高まりました。国内の経済社会状況も厳しかったようです。ゴルバチョフは大統領として来日しましたが、ロシア帝政時代を含めて、ソ連の国家元首が日本に来たのは初めてです。日ソ首脳会談が行われました。

四月一八日の夜遅く共同声明に署名がなされ、発表されます。会談が長引き一九日〇時を越すかどうかという時間でした。その中に「歯舞群島、色丹島、国後島及び択捉島の帰属についての双方の立場を考慮しつつ領土画定の問題を含む日本国とソヴィエト社会主義共和国連邦との間の平和条約の作成と締結に関する諸問題の全体について詳細かつ徹底的な話合いを行った」、「平和条約が、領土問題の解決を含む最終的な戦争処理の文書である」、「平和条約の準備を完了させるための作業を加速することが第一義的に重要である」という文章が入りました。歯舞群島と色丹島は日ソ共同宣言に書いてあるけれども、国後島と択捉島と合わせ四つの島の名前が日ソ間の文書で明記されたのはこれが初めてです。

交渉では「一九五六年の共同宣言を確認し、肯定的な要素を考慮して交渉を加速させる」という文章も入れようと海部総理をはじめ日本側は努力します。首脳会談も当初は三回の予定が六回になる力の入れ方でした。

しかし、最終的には、その文は入りませんでした。他方、ビザなし交流を含む四島との交流を決め、ペレストロイカの支援などの一五の合意文書ができました。兵藤欧亜局長、東郷ソ連課長が率いる事務レベルはワーキンググループでの議論などで交渉をソ連とずっとやってきており、その基礎の上に首脳会談があったと言えるでしょう。

その後、一九九一年七月にロンドン・サミットが開催され、サミットはゴルバチョフを招待しました。議長声明には「国際協力の新しい精神が、アジアにおいても欧州におけると同様に十分に表れることを希望する。北方領土問題の解決を含む日ソ関係の完全な正常化は、このことに大きく寄与するであろう」ということが入り、「ソ連における抜本的な改革のプロセスに対する我々の支持は、引き続き強固なものである。……国際協力にこの新しい精神が、アジアにおいても欧州におけると同様に十分に表れることを希望する」という文章が政治宣言に入ってます。

ソ連に対する大規模な金融支援をしたらどうかということがドイツから出てきます。ただ、ゴルバチョフは首脳会談に出席したものの、支援の対象となるような改革計画の具体的な中身は示されず、一般的な形で緊急支援、ノウハウ技術の提供は重要であると合意されたのに留まりました。

ソ連の崩壊

折田　ゴルバチョフ解任の第一報はタス通信の報道で一九九一年八月一九日昼の一二時二〇分に入ってきました。ヤナーエフ(Gennadii Ivanovich Yanayev)副大統領が大統領代行となり、非常事態国家委員会が設置されたというものです。総理はこのとき、院内の政府与党首脳会議に出席中でした。これはクーデターかもしれないという情報も入りました。結果的には保守派によるクーデターで「三日天下」だったのですが、まだ詳細はわからなかったです。

その夜、ブッシュから電話がありました。ゴルバチョフは一体どこにいるかアメリカにはわからない、日米間で連絡を取り合おう、ソ連の改革は支持するがどうなるかわからない、というのがブッシュの話でした。海部総理は、クーデターだとするとこれは憲法を外れることであって冷戦時代の状況には戻したくないと述べています。そして二〇日早朝にはマルルーニー・カナダ首相、夜にはメージャー(John Major)・イギリス首相とも電話会談を行い、安全保障会議議員懇談会での議論の後、ソ連問題についての記者会見で海部総理は「憲法違反の可能性の高い異常な事態であり、民主的諸原則に基づくプロセスとは相容れない。日本は重大な懸念を表明する。日本として対ソ支援は当面は停止する」と述べました。記者会見は夜八時頃でした。当時は臨時国会会期中で二〇日は衆議院予算委員会の審議の初日にあたり、総理は朝九時から一日中予算委員会の席に張り付いていて、質疑の際に、夜の記者会見で述べたことと同趣旨のことを述べています。

二一日の日本時間早朝、現地でソ連軍による市民への発砲がありました。海部総理は、予算委員会で一日すごし、その間、実力行使を非難し、停止と自制を求める旨述べています。夜には、コール・ドイツ首相、アンドレオッティ(Giulio Andreotti)・イタリア首相とも電話会談をし、G7での協議が必要だと言っています。そして二一日にはエリツィンに電話します。

服部　海部総理がですか。

折田　そうです。二一日の午後一一時四五分から日を跨いで〇時二〇分くらいまででしょうか。日本として、クーデターを阻止したあなたの勇気と行動に敬意を表するとともにあなたの立場を支持する、ペレストロイカの正しい方向性と新思考外交は支持する、と伝えてます。クーデターは既に失敗し、非常事態国家委員会のメンバーはモスクワを離れたとの情報があるが、と問うたところ、エリツィンは、総理の強い支持を評価する、ゴルバチョフは元気だ、非常事態国家委員会が彼に肉体的な被害を与えることを懸念しているが、ロシアの軍隊の管理は自分がやっており、モスクワを離れるよう命令し、大部分は従っている、キルギス、カザフスタン、バルト三国はロシアの立場を支持している、自分は断固戦うが日本の支持は助かる、ペレストロイカ、新思考外交は維持するなど緊迫した状況の説明がありました。

翌二二日午前八時にはブッシュから電話がありました。エリツィンとゴルバチョフと電話で話ができたが、二人が予測した方向に進めば、ゴルバチョフが帰還した際には、右派の動きは心配しなくていいだろう、日本は我々の仲間と感じるなどと述べ、海部総理からは昨晩のエリツィンとの話の内容を説明しています。この電話の最中にゴルバチョフ帰還の第一報が入りました。昼間の予算委員会に出席した後の夜、ミッテラン・フランス大統領に電話をし、午後九時四〇分頃から二〇分間ゴルバチョフが海部総理に電話をしてきました。海部総理より、ソ連国民が命をかけて自由と民主主義のために示した勇気と決意に敬意を表すると述べたところ、ゴルバチョフは、連帯に感謝する、クーデターを起こしたものは独裁政権をつくろうとしたが、失敗した、ペレストロイカ、新思考外交の強化のため日本をはじめG7と協力したい、ロシア連邦をつくる用意があり、九カ国とこれから会合する予定である、と言っていました。そして二三日にロシア共産党の活動停止、ゴルバチョフの党書記長辞任と続きました。二四日に連邦条約が結ばれてロシア連邦ができ、エリツィンはロシア共和国の大統領、ゴルバチョフは連邦の長になったのです。二六日には、海部総理はブッシュに電話します。ケネバンクポートの別荘にかけた電話でしたが、たまたまマルルーニー首相が滞在中でした。共産党解体という重要な局面で、日米の協調が重要であることを確認しています。そしてバルト三国は続々と独立しました。

ソ連のクーデター問題で、ブッシュから八月一九日に最初の電話があってから、まさに各国の首脳と電話サミットが行われてるような感じでした。西側を挙げてクーデターには反対して、ゴルバチョフ、エリツィンを支持する、改革を支持するということで首脳間で考え方が一致したのです。

一連の動きを見てると日本は国際秩序の新しい基礎づくりで重要なパートナーと思われていたということが

非常によくわかります。

白鳥　このときは佐藤優さんが様々な情報を取ったということを著書（佐藤優『自壊する帝国』新潮文庫、二〇〇八年、四三七—四七〇頁）で書かれていますが、外務省からはどの程度情報が来たのでしょうか。

折田　佐藤優氏が取られた情報かどうかまでは確認しませんでしたが、外務省からは多くの貴重な情報が入っていました。そして議会のところに立て籠もっているエリツィンがどうしてるとか、どのようなことになりそうだという情報は頻繁に入ってきていました。枝村（純郎《すみお》）大使の下、在ソ連大使館が現地に食い込んで現場から貴重な情報を送ってきていました。総理がエリツィンやゴルバチョフとそもそも電話会談ができたのは在ソ連大使館が現地の各方面と接触が取れる状態になっていたからだと思いました。また情報は、ソ連からのみならず、世界中の大使館からも入ってきていました。

日本では、ちょうど臨時国会が始まって、政治改革法案、証券・金融問題、ＰＫＯ協力法案の問題を議論するために、二〇日より予算委員会があり、総理は朝九時から夕方六時くらいまで毎日出席しなければならず、秘書官として私もお供をして総理の後ろの席にいましたが、審議の最中にも頻繁に外務省より情報が届き、それを総理に伝えました。昼食時には小和田次官のブリーフィングもありました。委員会質疑の中でもソ連の問題は質問に出ました。

白鳥　西側の首脳たちから入ってくる情報は、下からは入ってこない情報もあったのでしょうか。

折田　エリツィンが一体何を考えているのか、ゴルバチョフはどうしようとしているのか、各国がこれからどういう考えで政策を決めていくかは下からの情報ではわからない部分があります。ブッシュや他の首脳の考え方を知るには首脳レベルの会談が重要だったと思います。

白鳥　クーデターは支持しないという決定は、一度外務省に下ろしてまた検討させるのでしょうか、それとも官邸に担当者が集まってやるのでしょうか。

折田　これはもう咄嗟にやらなきゃいけない話ですから、下ろして検討しろっていうわけにはいきません。今どうなっているのか。これからどうするのかは小和田次官、外務審議官、局長などの事務方から説明を受け、首脳たちとどう電話で話すかは官邸に集まってもらって相談しました。重要な相談には外務大臣、官房長官、副長官、外政審議室長も加わります。

こうした一連のことがあったすぐ後の九月、海部総理にエリツィンから親書が届きます。ハズブラートフ（Ruslan I. Khasbulatov）ロシア最高会議議長が訪日し、第二次世界大戦における戦勝国・敗戦国の区別は放棄する、領土問題は法と正義に基づいて解決する、解決を先送りしない、との趣旨の親書を持ってきました。

服部　エリツィンは本気で北方領土問題を解決しようと考えたのでしょうか。

折田　かなり強い決意を感じました。一九九〇年一月に来日したときに、もっと革新的な改革をしないといけない、と言っているし、そのときも北方領土問題を解決しければならないと演説しています。彼の主張は日本に受け入れられるものではなかったけど、解決すべきだという認識は持ってたと思います。

白鳥　東郷和彦さんの回顧録では、日ソ間では北方領土問題を解決するいくつかの失われた機会があったという書き方をしています（東郷和彦『北方領土交渉秘録』新潮文庫、二〇一一年）。ゴルバチョフが訪日した一九九一年四月というのは、ある種のモメンタムがもう失われたときだった、なんらかの形でもう少し早く実現できていればもっと進展したのではないかと書かれています。

折田　そういう見方もあり得るでしょう。それは否定しません。だけどソ連としての課題は他に数多くあり、ソ連の国内政治経済は相当混乱していて、外交面でも対米、西欧、東欧外交の問題が山積み状態で、国内で指導力を発揮し、ソ連側で対日問題について大きな決断をすることは困難だったように思います。交渉の一環として日本が経済協力をしようとしても、ソ連側が具体的にどのようなことを求めるのかもはっきりしておらず、そう簡単ではなかったと思いますよ。

白鳥　この時期の日ソ交渉については、小沢一郎の議員外交がマイナスだったと指摘されることもありますが、官邸内で話題になりましたか。

折田　小沢氏の話は大きく新聞に出ましたが、あの事実関係はまったく承知しません。具体的な内容もないままにそんな簡単に資金が出るなんて、とても考えられないと思いました。

服部　ゴルバチョフ訪日の段階で、その国内的地位が危ういという雰囲気はありましたか。

折田　エリツィンが、ゴルバチョフについて批判的なことを言っていたこと、国内の混乱の情報もあり、何かおかしいということはわかりましたが、どれほど深刻なものであったかは、わかりませんでした。

日韓関係

折田　一九九〇年五月に盧泰愚《ノテウ》大統領が訪日しました。そのときに天皇陛下は、「昭和天皇が不幸な過去が存在したことは誠に遺憾であって再び繰り返してはならないと述べられたことを思い起し、我が国によってもたらされたこの不幸な時期に、貴国の人々が味わわれた苦しみを思い、私は痛惜の念を禁じえません」と述べられています。海部総理も、大統領に対し首脳会談で「過去の一時期、朝鮮半島の方々が我が国の行為により耐え難い苦しみと悲しみを体験されたことについて謙虚に反省し、率直にお詫びの気持ちを申し述べたい」と言い、過去に起因する問題はひと区切りをつけて、新しい関係の構築に向けてスタートしたい、ということも言っています。盧泰愚は「歴史的な認識の核心は解決された」と表明しています。

湾岸戦争直前の一九九一年一月、今度は海部総理は韓国を訪問します。そのときに天皇陛下の発言も引用したりして、率直にお詫びの言葉を述べたいとして、このような歴史認識は日本の国民が等しくともにするものだ、などと述べました。この発言は晩餐会でのものです。そしてちょうどその当時ソ連が韓国を承認することになっており、国連加盟問題について南北両国が同時に入ることを日本は支持する、ということも伝えてます。過去の問題に始末をつけたいというのが、海部総理の考えでした。

服部　海部総理は訪韓して盧泰愚大統領と会談したとき、「歴史に起因する問題は一切不問に付して、今後は未来志向で行きましょう」と提案したと回想しています（海部俊樹『政治とカネ』新潮新書、二〇一〇年、一二八頁）。

折田　両方で認識が一致したわけです。

服部　中曽根政権のときも全斗煥《チョンドゥファン》が訪日して、昭和天皇は事実上の謝罪をされていますし、中曽根首相が訪韓したときも謝罪をされていると思うんです。自民党内などからは何回謝罪すればいいんだという声もあり得る中で、あえて海部総理は踏み込んだ発言をされているんですね。

折田　そういうことです。

服部　こういうことを海部総理は自分でお決めになるんでしょうか。それともある種のブレーンのようなものを抱えていたんでしょうか。

折田　こういう問題で誰か他の人からに聞いてるという話は特に聞いたことはないですから、事務方の説明を聞かれた上でお決めになったことだと思います。

服部　海部総理は歴史認識の問題に非常に熱心でいらしたわけですね。

折田　熱心でした。

服部　どの辺りに起因するのでしょうか、彼の問題意識は。

折田　海部総理は自民党ではハト派と言われた方ですし、周辺の国との関係を良くしていきたいという感じは、非常に強く持っていたと思います。

服部　そうですね。海部総理は一九九一年四月から五月に東南アジアを歴訪して、やはり歴史問題について発言をされています。シンガポールの演説では、多くのアジア太平洋地域の人々に耐え難い苦しみと悲しみをもたらした我が国の行為を厳しく反省するものである、と踏み込んでますね。

折田　海部総理は各方面で率直に述べています。東南アジア歴訪のときもまさしくそうでした。

白鳥　この海部総理の歴史問題に対する姿勢というのは、秘書官としてずっと行動をともにされる中でも印象的な部分でしょうか。

折田　印象的でしたよ。この問題は政治家の中ではかなりズレがあるじゃないですか、自民党の中でもね。海部総理は過去のことは率直に反省を述べるべきで、その上で新しい関係をつくろうという考えだと思います。重点は新しい関係をつくる部分にあるわけだけど、相手側が引っ掛かってる以上はそこは解決しなければならないと考えられていたと思います。

白鳥　海部総理の演説には定評がありましたけれども、この問題に限らず演説には手を入れたのでしょうか。

折田　相当入れますよ。用語の選び方だってちょっと我々とは違うことがときどきありました。行く先々での演説も、我々を含めて担当部局と相談しながらつくっていきますが、最後は海部総理が手を入れます。演説を推敲して、いざ壇上で読むまでに、また手が入ったりすることがあるわけです。

白鳥　この訪韓に関連して、周囲には瀬島龍三氏を活用するようにという声が強かったと海部総理が振り返られています（『海部俊樹オーラル・ヒストリー』下巻、二六四―二六五頁）。主に政治家から言われたようなんですが。

折田　私は承知しません。

白鳥　そういった声はあったが、実質的な面は小和田外務審議官に任せたんだということをおっしゃってます。

折田　湾岸の問題があって、小和田外審はこの訪韓の際には同行できなかったかもしれませんが、この訪韓には中山外相も同行しており、外務省事務当局が全面的にアレンジしたと思います。瀬島氏の意見を聞くことはあったかもしれません。総理は前に述べたように、瀬島・松永・細見、この三人からよく話を聞いておられましたから。しかし訪韓それ自身のアレンジを瀬島さんに任せたとはまったく思いません。

白鳥　そういう声があったけれども、自分はさせなかったという感じで海部さんは振り返ってらっしゃいます。

訪中

服部　海部総理が一九九一年八月に訪中した際、折田先生も同行されました。天安門事件後、西側首脳として初めての訪中でしたね。

折田　この訪中では、江沢民総書記、李鵬首相、楊尚昆《ようしょうこん》国家主席らと会談しました。天安門事件後だから日中関係は一時後退したけれども、間断のない対話を通じて安定的な関係を発展させることは、アジア太平洋、さらには世界の平和のためにますます重要である、改革開放は重要で、日本はそれに協力する用意があることを示したのです。

訪中の前の七月にロンドン・サミットがありました。ロンドン・サミットでも中国の民主化と人権については非常に関心が高く、中国の改革開放の努力が世界に理解されることを期待したいとしています。日本はロンドン・サミット後、他の国に先駆けて新規円借款の再開を決めました。ロンドン・サミットやその前にブッシュなどに根回しした上でのことです。

実は湾岸危機における中国の対応を西欧諸国は心配していました。中国は安保理常任理事国だから、拒否権を発動されて決議成立を止められたら困るという心配があったのですが、中国は最初の非難決議には賛成、例の六七八は棄権しました。中国が否定的な態度を取らなかったことは、サミットでも評価されました。

海部総理はサミットで宇野総理の立場を継いで、国際社会はこう思ってるということを言いつつも、中国を孤立化させてはいけないと併せて主張してました。

海部総理が訪中したのは一九九一年だったのですが、翌九二年がちょうど国交正常化二〇年にあたる年で、「新たな架け橋」と名づけて文化行事や青年交流を充実させたい、一〇〇〇人の青年を日本に招待したい、改革の努力に協力するので九一年度分の円借款として二二プロジェクト、一二九六億円の供与を決定したと伝えています。それから天皇陛下のご訪問の話もありました。

服部　中国が訪中を要請したという意味ですか。

折田　そうです。海部総理の訪中の直前に銭其琛《せんきしん》外相が訪日して中国に招待をしています。海部総理の訪中時の首脳会談では、総理は、この問題は政府でいま検討していると述べています。

海部総理は香港のことも取り上げています。一九九七年以降も、中英共同宣言の下で香港が香港基本法に基づき現在の経済的な自由を享受しながら、繁栄と安定を維持することがまさしく中国の改革開放政策の実施になるのではないか、アジア太平洋、国際社会にとっても重要であると述べています。国連での通常兵器移転登録制度について賛同してほしい、ＮＰＴ（核不拡散条約）に中国は参加するべきである、ということも言っています。

中国側は、中日友好の努力に感謝する、サミットで一九九〇年も九一年も日本側が世界の対中理解を図り孤立化を避けるように努力したことを承知しており、これは多とする、西側の首脳として初めての訪問は勇気のあるもので、この決断を評価する、改革開放はやらなければいけない、若者の交流は拡大したい、日ソ関係の発展は自分たちも支持する、双方の努力により関係が改善して、話し合いのできる仲になってきたことは結構なことだと思う、日中間の一衣帯水の関係を深めたい、としていました。中国側は歴史にも触れ過去の歴史は正しく理解する必要がある、正確に青年に教えるべきだとしていました。また、一〇〇〇人の青年を招待してくれるという話は評価する、ということでした。

香港については、一国二制度により現在の資本主義、生活様式は維持され、香港の安定のためには経済が発展することが重要であるとし、NPTには参加する、国連での通常兵器移転登録制度は日本政府の動機は多とする、実行可能性については検討したい、というのが中国側が言ったことです。

白鳥　諸外国、とりわけアメリカとの調整はどういった形でしたか。

折田　訪中の前にロンドン・サミットがありました。ロンドン・サミットの前はケネバンクポートのブッシュの別荘で海部総理はブッシュと会談をし、中国との関係についても話しています。

イギリスについても海部総理は、メージャー首相とロンドンで首脳会談のときに話をしてるし、さっきの香港の問題を出したのはイギリスのことが念頭にあったからでもあります。メージャー首相はこの年の秋に中国訪問をします。海部総理がメージャー首相の訪中に道を開けたような形になったと思います。

白鳥　西側諸国の中では日本が最も中国寄りだったと思うんですが……。

折田　そう、中国寄りという表現は適当ではないかもしれないけどね。

白鳥　そういった立場に対しては、他の国からは批判はあったのでしょうか。年を追うごとにそれは弱くなるのかもしれないんですが。

折田　弱くなったのではないかと思います。これで日本はけしからんという話は特にはなかったように思います。西側が決めた例えば武器輸出禁止などは、日本は最初からしてないから特に問題はなかったし、外国の新聞なんかで叩かれたっていうのも記憶にないですね。

白鳥　第三次円借款(一九九〇―九五年度)については、国内で批判的なことを言われたり、調整で苦労したことはありましたか。

折田　このときはむしろ円借款はやるべきだという声のほうが強かったのではないかと思います。その後は中国にやるのはけしからんという話が随分出たけれど、この頃はなかったと思います。

白鳥　一九九五年の核実験までは、基本的に円借款が順調に進んでいたという印象です。

折田　順調に進んでいたのでしょう。

服部　海部総理が訪中されて江沢民などと会談したわけですけれども、中国側は歓迎ムードでしたか。

折田　歓迎ムードでした。彼らから言うと日本をきっかけに六・四(天安門事件)の政治的風波の影響を和らげたいということがあったのでしょう。

服部　江沢民は一九九八年の訪日で天皇陛下の前でも歴史問題を話したりして、後のイメージは対日強硬派ということになると思います。海部訪中の時点ではそういう雰囲気はなかったのでしょうか。

折田　このときはそういう雰囲気を強くは感じませんでした。

服部　先ほどのお話で、過去の歴史を正しく伝えるべきであるというのは、特に中国側の誰が主張していたかご記憶ですか。

折田　それは、江沢民です。

海部内閣を振り返って

折田　海部総理の時代を総括してみたいと思います。世界で大きな動きがあるときに日本の国内はどうだったかというと、かなり混乱の時期でした。海部氏が総理になるとき、首班指名は衆議院は海部俊樹だったけれども、参議院は……。

白鳥　社会党の土井たか子委員長が指名されました。

折田　そのような異例な事態でした。それまでになかったことです。それから海部総理は初めての昭和生まれの総理です。大正生まれの政治家からは、本当は自分が総理になって然るべきだという派閥の長などがまだうごめいてた時代です。かなりの派閥間のやり取り、それから合従連衡があったように思います。外交の話も、政治家の手柄争いのように扱われたことがあり、自分が何か手柄をたてるのだと言って外交舞台に突然飛び出すとか、それから直接総理のところに何かを言ってくることがよくありました。

総理が派閥の長だったらば防げたのかもしれないが、今は仮の政権だという政治家は多く、総理は本来は俺たちの親分であるべきだと考えている人も多かったのではないでしょうか。そういう人たちは何かにつけて、足を引っ張り、海部はふらふらしてるとか、それから頼りないとか新聞記者に軽く言っていました。そのような発言が結構新聞紙上に踊っていました。内政上はとても難しい時期だったと思います。国連平和協力法案にしても、例えば憲法の解釈を変えるとか、それから最初から自衛隊を出すとやっていたならば良かったと言う人は多いですが、そこまですることができたかというと、とっても困難だったと思います。参議院で首班指名を受けた党は、自衛隊は違憲だと当時は言っていましたし、与党内だって自衛隊派遣については、最初から当然出すべきだとかなり強いことを言う人がいましたが、他方では「蟻の一穴」論のようにとんでもないとする人もいました。

白鳥　後藤田さんですね。鯨岡（兵輔）さんなども慎重姿勢でした。

折田　また、国会での議論を聞くと、「自分の息子、夫、恋人を戦場に送るのか」なんていう質問が出たりしました。そのようなときに憲法の解釈を変えることを打ち出したら、大変なことになったのではないかと思います。

当時の自民党政権の支持率についてよく言われたのは二〇％を下ると危機的状態ということです。海部総理になってからは、当初は決して高くはなかったもののその後は支持率はだいたい低いときでも四〇％、あとは五〇％と六〇％の間ぐらいで、湾岸危機の一番厳しいときでもそんなに低くはならずかなり高かった。退陣時も五〇％は超えていたと思います。

総理の判断が日本の国民のちょうど真ん中辺を行ってたからなのかなと、思います。そして、海部に任せとけば無茶なことはしないだろうという、一種の安心感や信頼感があったのではないか、と思います。それだけ国内がごちゃごちゃしてる中で、外国との関係で日本を発信していたということは大変なことだったと思います。現在の政治状況を見ていてもそう思います。批判している人はたくさんいましたが、批判が出やすい雰囲気だった。

白鳥　今お話を伺っていてもそうですし、改めて振り返ってみると、ほんとに激動の時期に……。

折田　激動の時期でした。

白鳥　お聞きしていますと、例えば海部総理が東欧を歴訪する前に、それに向けて日米の話も詰めて、いろいろと複雑な状況をうまく調整をしながら、段階を踏んで進んでいたんだなという印象を受けました。なぜそれができたとお考えでしょうか。

折田　ともかく一生懸命にやられたということだと思います。総理をお支えした秘書官は皆で、総理の懸命さに応えるようにと努力したつもりです。それから日本として言うべきことは言うというラインでやりました。今から見るとこうなりましたねっていう話で済むけど、実際に事に当たっているときには先を見通すのは大変困難なことが多かったです。中国だってどうなるかわからないし、ソ連だってゴルバチョフは出てきたけど、国内は落ち着いてはいなかったですよ。

白鳥　外交に関して、事務方との関係は非常に良かったということなのでしょうか。

折田　事務方の報告、意見は十分に聞いた上で、判断されていたと思います。指導力が十分でなかったと海部総理のやり方を批判する人はいますが、私は概ね妥当な線を行かれたと思います。例えば国連平和協力法案の議論の際に、憲法解釈の変更のようなことをするのであれば、総理しか決断できません。当時憲法解釈を変える決断をする時期だったかというと、そのような時期ではなく、できる範囲でやるという時期だったと私は思います。そういうところの総理の感覚は正しかったのではないでしょうか。

あの法案は相当揉めました。あのときの議論は日本人に勉強をする機会でもあったと思います。海部総理だけではなくて、日本国民、それからその次の政権の勉強になったと思います。だからその後、ごたごたしたけれども、PKO協力法案が成立し、動いていったのでしょう。あのときの経験があったからですよ。それから社会党の国会での議論を聞いてると、日本は明日にでもアジアに再侵略をするみたいな軍隊を出していくかのような議論でしたが、社会党の中でもこれで良いのかという議論が出てきたようですね。このような問題についてただ嫌だ、嫌だで済むのかという議論があったと思います。

ブッシュ大統領との関係で付け加えると、ブッシュ大統領との電話はかなり頻繁で、ブッシュフォンとよく言われたのですが、海部フォンでもありました。また、電話だけではなく、書簡のやり取りもしてます。かなり恒常的に関係があり、強い個人的な信頼関係があったと思います。湾岸危機・湾岸戦争について日米政府間では、厳しいやり取りがあったときも首脳間で率直な話ができていたと思います。湾岸戦争後、一九九一年七月、ロンドン・サミットへ行く途次にブッシュ夫妻が海部総理夫妻をケネバンクポートの別荘に招待し、そこで首脳会談が行われましたが、両首脳の個人的な関係を象徴していると思います。

海部総理は一九九一年一一月に総理を退任すると決められたときに、ブッシュに電話をしています。こういう事情で自分は退任することになった、これまでありがとう、と述べたら、ブッシュは、とても残念だ、あなたは自分の友だちとしてとてもよくやってくれた、日本は自分たちの coalition (連合体) の一部である、トシキは非常に straightforward (率直)、honest (正真) だ、総理大臣を去られても、今後もお付き合いをしたい、と言っていました。
その後にブッシュが日本を公式訪問をすることになっており、そのための準備も始まっていたときでした。ブッシュが着任してすぐに大喪の礼で駆け付けてきてくれたこともあり、最初に海部総理がホワイトハウスで会談したときに、ブッシュ大統領に正式に国賓として来てほしいと招待していたのです。訪日は総理退任後の一九九二年一月に実現します。

服部　海部総理がブッシュやゴルバチョフと電話会談するとき、通訳などはどうされたのですか。

折田　当時は、総理官邸であれば、総理の会話を親子電話のような装置で、担当局長や秘書官の私が電話で聞いていました。通常は相手国側とこちら側の双方に通訳がいました。同時通訳の場合もありましたが、重要な話では逐語訳にして通訳が訳し足りなかったり、誤訳のときは通訳以外の人が正すようにしました。海部総理はブッシュとの電話会談では、冒頭と最後の部分は自ら英語で挨拶をされていました。

返還へ向かう香港

折田　在香港総領事として着任したのは、一九九二年三月です。着任した時期は、日本ではバブルがはじけ景気後退が心配されていた頃です。香港では株価の指標にハンセン・インデックスがありますが、毎日のように右肩上がりで上がっていました。
そのときに中国は改革開放政策で今後大きく発展していくのではないかとみられており、日本の経済界にも香港の役割を考える必要があるのではないかという雰囲気がありました。中国では当時、鄧小平が「南巡講話」を行い、要するに金儲けや商売をやることを勧め始めたときですから、中国についてビジネスチャンスがあり、香港の役割があるのではないかということです。香港の隣の深圳は非常な勢いで発展していました。広州もそうでした。

ウィルソン(David Clive Wilson)総督は昔ながらのイギリス外交官らしい人でした。その後、私が大使としてイギリスへ行ったときに彼はケンブリッジ大学のコレッジであるピーター・ハウスの長になっており、そこで再会しました。私の着任から三カ月後、パッテン(Chris Patten)が一九九二年七月にやってきてウィルソンと交代しました。

パッテンは、メージャー首相に非常に近い保守党の幹部だったのです。幹事長みたいな仕事をしていて、そして選挙があったときに他の人の選挙をずっと応援していたら、自分の選挙区で僅差で落選してしまいました。パッテンをどう処遇しようかというときに、メージャー首相が、九七年の返還を控えている香港は大事なときだというので指名をしたということのようです。政治家が任命されたということで香港の総督の歴史では非常にユニークな人だったのです。

イギリスのサッチャーの時代の一九八四年一二月に中英共同宣言が合意され、それから九〇年に中国の国内法である香港基本法が成立しました。そして九七年七月一日に香港は一国二制度の下で返還されるということになっていましたが、問題になったのは具体的にどういう形で一国二制度として返還するかでした。香港は非常に繁栄し経済は好調でしたが、香港の住民から見ると、九七年以降、自分たちの生活はどうなるのか、ビジネスはどうなるのかなど不安があったのです。

銀行口座を香港だけではなくて、外国にも置こうとしたり、他の国の国籍を取ったり、それから働くのは香港でも住所はカナダに移すとかの試みがなされていました。バンクーバーは「ホンクーバー」と言われたぐらい、香港の人がたくさん行っていました。カナダの金持ち階級に香港人も入りこんだのです。

中国では一九八九年には天安門事件があり、私が香港に赴任した九二年でも中国への復帰後の人権とか民主化について香港の人の間で心配がかなりありました。赴任する前の九一年九月に香港立法評議会の選挙がありました。立法評議会というのは議会ですが、他の国の議会とは違ってそんなに権限がなく、かなり限定的な役割のものではあるけれども、一定部分は直接選挙で選ばれるので、ある意味で民意を反映しているとみられた場でした。六〇議席のうちの直接選挙は一八、あとが職業別と総督指名で構成されていました。その直接選挙で選ばれる部分でいわゆる民主派が大勢選ばれたのです。

当時、パッテンが考えたのは、九七年の返還の前に選挙をして民主化の度合を高めておくということです。九七年の前に選挙をして選ばれた人で構成される議会が、九七年以降もそのまま続くようにする。「直通列車」と言っていましたが、そうすることによって香港の安定を確保するのが良いのではないかということです。そういう提案を公表した上で中国に対して行ったのです。その交渉が北京や、たまには香港で行われ、交渉は非常に注目されていました。

中国は、一九九七年七月一日の香港返還以降のことにイギリスが口を挟むのは認められない、「直通列車」なんてとんでもない、そもそも交渉前に公表するのはけしからんという立場でした。何度も何度も交渉して、結局全部で一七回も交渉したのですが、それで九三年一一月に決裂したのです。中英間は非常にギスギスした関係になって、パッテンは中国にかなり非難されました。パッテンから言うと、民主化を進めて安定した形で香港を戻したいということなのです。他方、中国からすると、今までイギリスは民主的でない植民地支配をしていたのでしょう、それを短兵急に民主化というのもけしからん、という話でした。

その後パッテンはEUのコミッショナーになります。ブリュッセルから中国も訪問されています。そのときにパッテンに会って、今度中国に行ってどういう扱いを受けたかと聞いたら、笑いながら、なんと老朋友《ラオポンヨウ》と呼ばれて、歓待をされました。当時とはだいぶ違いますね、なんて言っていました。

中国は一九九三年七月ぐらいに、香港政庁とは関係なく独自に香港特別行政区予備作業委員会をつくるのです。そこで返還に向けて準備をしていました。だから中英間でちょっと意思疎通ができないような時代ではあったのですが、当時は香港空港を造るとか、大きな橋を造るとかのインフラ・プロジェクトがあって、政治的な部分では揉めていたけど、そういう実務的な面での話ではそれなりの意思疎通はありました。

香港の発展

白鳥　中英交渉に際して日本として何か役割を果たすようことはあったのでしょうか。

折田　これは中英の関係だから、日本として正式に立場を表明することはなかったのですが、パッテン総督を側面支援はしていました。香港が安定的に民主的な形で永続するというイギリスの基本的な考え方は支持しており、そのような形で香港が安定し発展することは日本にとっても大事であると中国と英国の双方に伝えるとともに香港人の前で講演で話したりしました。

白鳥　北京の大使館とはどういった関係だったのでしょうか。

折田　在中国大使館では、國廣氏が大使でした。香港総領事館は中国大使館ともいろいろ関係はありましたが、指示を受けて何かをするのではなくて独立独歩でやっていました。普通、総領事館というのはそこに住んでる日本人のお世話をするのが基本ですが、香港総領事館はちょっとそれを超えていました。情報収集もそうですが、香港政庁と話したり、それから香港にいる中国の出先機関とも交渉事がありました。香港総領事館はアジアの中の他の多くの大使館より大きかったし、優秀な人が随分たくさんいました。香港には中国本土の事情に詳しい人、本土と繋がりがある人、有力な財界人もいるし、多くの外国人もいます。こういう人々からの情報は貴重でした。

私が香港を離任したのは一九九四年だから全部を見届けたわけではないのですが、その後の様子を見てみると、九七年以降も一国二制度という特異な制度の下で発展しているように思います。中国は社会主義国ですが、香港基本法を読むと香港では資本主義の体制を維持するとわざわざ明記されています。法体系は基本的に香港時代のものを引き継ぐこととなっています。あそこの裁判制度というのはイギリス法制度なのです。イギリスの判事のような衣装をまとった判事が今でもいます。五〇年間は変えないとしています。

スイスなどの民間機関が、世界各国の自由度や経済効率の指標を毎年発表していますが、香港はいつも一位か二位になってます。非常に規制の少ない、資本主義そのものの活動が行われて、企業の税率は低いところです。それから香港大学は世界から優秀な学生を入れており、英国などで毎年発表している世界の大学のランキング・リストの中で、アジアでは東京大学を抜いてトップになっていることがよくあります。香港大学に行くと、もちろん香港人は多いけれども、中国本土から来た人、英米人、インド人、ベトナム人、タイ人、ミャンマー人、ありとあらゆる留学生がいます。非常に国際化しています。

海沿いの遊歩道を歩くとすぐわかり、日本ではとても考えられないですが、いろいろな民族の人が歩いており、いろいろな国の言葉が耳に入ります。とても国際的なところです。

私がいたときは日本のビジネスも香港に非常に注目していて、日本の銀行の支店とか駐在員事務所の数で言うとニューヨークに匹敵するぐらいの数が香港にありました。地方銀行も支店を設けたりしていました。今は大分数が減っているようですが、当時はとても多かったですね。

返還後の初代の行政長官は董建華《とうけんか》でした。董建華夫妻は我々夫婦の親しい友人です。香港でずっと付き合っていたのですが、私の離任後、彼が行政長官に選出されたのです。香港が返還されたときには、日本にいましたが、電話があって、「七月一日のお祝いの日にぜひ会いたい、ホテルはいっぱいだけど、うちに泊めてあげるよ」とまで言われました。その一九九七年七月一日は、デンマーク大使になって皇居で信任状を頂く日でしたから、とても無理で行けませんでした。その代わりに、『日本経済新聞』の一番後ろに「交遊抄」というのがあるでしょう、あそこに書いてくれと言われて、七月一日に董建華夫妻との付き合いについて書きました。

彼に送って、こういうのが新聞に出たぞと言ったら、喜んでくれましたよ。

パッテン夫妻とも、その後ずっと付き合っています。今はオックスフォード大学の総長です。

服部　董建華さんとお近づきになったきっかけは何でしょうか。

折田　彼は船会社をやっていて、日本の長崎で船を造ったりしていました。私が総領事になったときに知り合いました。奥さんが赤十字やチャリティの仕事もやっていて、私の妻と一緒にやってたこともあります。『慕情』(原題："Love is a Many Splendored Thing")というハリウッド映画があります。香港島の南部にある董建華氏の別荘近くの海岸は、その映画の舞台になったところです。

第7章　防衛計画の大綱と沖縄米軍

——条約局長、北米局長(1)

1995年3月2日，参議院予算委員会で答弁する著者

条約局

白鳥　折田先生は一九九四年八月から翌九五年七月まで条約局長を務められます。一般的な質問になりますが、まず条約局の役割をお話し下さい。九〇年代の条約局というのは何かそれ以前と比べて役割に変化があったのか教えて頂ければ。

折田　条約局長は一年間です。そのときは総合外交政策局ができた後です。それまでは省内の取りまとめ的なことを条約局が引き受けることもあったのですが、その部分というのは総合外交政策局がやることになりました。条約局はより実務的というか、条約交渉をやり、条約にまとめて、それを精査して、国会に持っていって国会の承認を求めて、そして発効させるという本来の仕事になったのです。それから国際問題が起きたときに日本の国際法上の立場はどういうものか調べ政府の見解をつくる役割を負っています。

それまで、条約局がなぜ総合的な取りまとめ役をやったかというと、第二次世界大戦直後の日本外交のあり方のためだと思います。一刻も早く日本は国際社会の中に復帰しなければならない、そのためには条約を一つ一つつくり、外交の枠組みをつくっていかなければならないということだったのです。最初がサンフランシスコ平和条約で、それからいろんな二国間、対中国もそうだし、韓国もそうでした。戦争により生じた問題の処理、沖縄返還の問題とか、こうした問題はもちろんそれぞれのアジア局とかそういうところがやるけれども、法的な枠組みをつくる問題だから、それは条約局が前面に出てやる必要があったと思います。国連加盟、安保条約の締結、ＧＡＴＴ、ＩＭＦのような国際機関への加盟問題も外交を行うにあたって法的な枠組みをつくることから始まったのです。
それが次第に枠組みをつくるというより、既にできた枠組みの中でどういう外交をしていくか、あるいはどう法的秩序を変えていくかとか、そういう時代になってきたわけで条約局を越えた話になってくるのです。そして総合外交政策局ができたのはたいへんに良かったと思う。

白鳥　そういった体制はなぜ湾岸戦争の時期まで続いたのでしょうか。

折田　湾岸戦争の時期は条約をつくるという話ではなくて、国際社会の動きをどのように把握するか、日本がどのように具体的な役割を果たすべきか、そのためにどのような協力を実施するのか、どのような国内法をつくるのか、そういう次元の話でした。それは局を越えて総合的にやらなければならないのに各局でバラバラにやっていた感がありました。多くの局の間を調整する部分が欠けていたと言わざるを得ませんでした。その反省もあって総政局ができたと思います。

白鳥　条約畑をずっと歩まれた方々の間でも、総政局設置は当然だという感覚だったのでしょうか。

折田　それはそうだと思いますよ。本来自分たちに求められていることができるということです。ある意味じゃ、条約局の仕事って地味になったわけですよ。いま国際法局という名前に変わりましたが、ゴールキーパーのようなものですね。球が抜けてこちらの失点にならないように構えているのです。
また、条約は大変な精力を使って一本一本精査するわけです。国内法と違って、国会で修正が利きません。国内法というのはいろいろ議論して議員がこの案文を変えろっていわれたら変えられますが、条約というのは決まったものを国会が承認するかどうかだから、どこかが間違っているっていうわけにはいかないのです。全部きちんとしてるかチェックする必要がある。それは関係各省や法制局とも一緒にやりますが、新聞ダネになるような話でもないし、地味な仕事です。しかし各担当官は徹夜でやってます。
そしてそれができ上がると、国会に提出して、承認をしてもらわなければなりません。多くの議員のところへ回って、趣旨を説明したり、それから場合によっては、政党の政務調査会のようなところに出かけてなぜこういう条約を結ばければならないのか、それを結ぶのは日本にとってなぜ良いのかということを説明しなければなりません。そういうことに多くの時間が取られ国会の中を歩き回ったりもします。国会の事務当局とも綿密に相談しなければなりません。

国会への対応ではまずは日程の調整が重要です。通常国会は長期間開催されているようにみえますが、その中で条約を審議してもらえる日はそう多くはなく、条約関係の場合、両院の外務委員会はいつなら開いてもらえるのかをちゃんと見極めて、どういうタイミングでどの条約の審議をしてもらうのがいいのかっていうのをまた相談して、そして審議してもらうのです。

白鳥　それは与党の人たちと相談をする?

折田　与党も野党も相談しました。各党に国会対策の人がいるから、そういう人たちと相談します。それから各条約案件の国会審議は審議官の担当です。私が条約局長だったときは、例えばＷＴＯ（世界貿易機関）関連条約の審議が重要でしたが、外務委員会では法的問題は谷内審議官が国会答弁をしました。国会は外務委員会だけではなく、予算委員会とか全閣僚が出てやるところとかがあるのですが、そのような場合は条約局長が出ていくのです。また。そういうところは何の質問が出るかわからないこともあり、総理も外相も答えなければ、条約局長が答えることになります。

白鳥　審議官については「中二階」という言い方をされると思います。これだけ重要な役割を審議官が担うというのは、珍しいような気もするんですが。

折田　代々そうやってきました。

白鳥　条約局はずっとそういう形でやってこられたんですか。

折田　代々そうです。「中二階」が条約を通す責任を有し、その全般を見ながら予算委員会などで答えるのは条約局長でした。

白鳥　条約局長としてどのような答弁をされましたか。

折田　私が答えたことで印象に残ってるのは、例えば参議院の予算委員会で国連安保理の常任理事国入り関係の質問が出ました。当時、外務省は国連安保理常任理事国入りを推進したいとしていたときです。しかし、政治の世界ではそれほど熱心でもなく、野党なんかでは反対が多かったのです。当時は村山（富市）内閣です。

白鳥　とくにさきがけが反対でした。

折田　そして予算委員会で、共産党から安保理常任理事国入りの問題は日本が軍事大国への道に進むかどうかの重要な問題だ、日本が安保理常任理事国入りになると、軍事参謀委員会に入ることとなる、軍事参謀委員会は国連軍の作戦指導を行う責任がある、それは憲法上許されるのかとの趣旨の質問がありました。総理も外相も黙っておられるので手を挙げて答弁に立ったのです。軍事参謀委員会は国連軍が編成されることが前提になっており、国連軍は、安保理と各国の間で特別協定に基づき提供される兵力により構成される、しかし、今に至るまで特別協定は締結されたことはなくその見通しもない、憲章上にある「戦略的指導」とは、学説から判断すると安保理の政治的決定に軍事的知見を活用して大局的な方向付けを行うことで、具体的な兵力に対する指揮とは異なるとされている、戦略的指導の具体的な内容は、仮に国連軍が編成されるようになった場合、安保理によって決定されるものだ、日本が仮に安保理の構成国になった場合にも、戦略的指導が直ちに問題になる事態は想定しがたいが、仮に国連軍が編成され戦略的指導が協議決定されるようなことになる場合には、日本も協議決定に参画する、日本は憲法の範囲内で役割を果たす、というような答弁をしたのです。

これに対して、条約局長は長々と答えたが、仮定のことだからわからないというのではなく、国連軍の軍事作戦の指揮は憲法上許されるのか、許されないなら許されないとはっきりさせろと質問がありました。河野（洋平）外相がそれを受けて国連憲章については、条約局長の言うとおりで、特別協定は国連創設以来半世紀も現実のものになっておらず、これからそうなるとも思えない、いずれにしても、日本は憲法の下でなし得る貢献をすると答えその場は収まりました。

それから記憶にあるのは、先の戦争は侵略戦争なのかという参議院予算委員会での共産党の質問です。(サンフランシスコ)平和条約の第一一条では、極東国際軍事裁判所の裁判を受諾し、判決は執行すると規定されており、それは日本が国際法上法的に先の戦争は侵略戦争であるということを認めたことではないかという趣旨の質問でした。総理も外相もお答えにならないので、手を挙げて答弁席に向かったら「なんだー」って、もうすごく野次が飛び、「総理に聞いてるんだ。引っ込め、おまえは」と言われるところから始まります。罵倒されながら出ていくのですが、だけど委員長が「条約局長」と指名してくれたのでしずしず出てって「条約局長とご指名がありましたのでお答え申し上げます」と、そうやって答えたのです。

あの平和条約の一一条の趣旨というのは、極東裁判で判決が出されているが、あの条項があるために、日本はこの裁判は国際法上不法になされたものだからとして異議を唱える立場にはないというのが趣旨だと答えました。日本で侵略戦争であると国際法上認めたということまでは言えないという考えに基づくものです。

今度は共産党のほうが、日本は侵略戦争であることを認めたとするべきだと総理に迫りました。結局、総理が局長から答弁があったとおりだと答え収まりました。そのときの政府は自民党も入った連立政権で、すべての閣僚が答弁席にずうっと並んでいたのですが、今度はそちらのほうからはそもそも極東裁判はけしからんという声が聞こえましたし(笑)、議場では怒号が飛びました。

また、衆議院安全保障委員会で「不戦」についての質問がありました。当時、村山総理が「不戦の決意」とよく言っておられたのです。これは割と右側の議員から、「不戦の決意」というのを留保なく言うのは問題だという趣旨の質問です。不戦条約では自衛権行使は留保されている、国連憲章も一般的には武力不行使ではあるが、国連自身の武力行使、自衛権の発動のときなどでは武力行使は認められている、しかるにそういうことの留保もしないで、「不戦の決意」と言うのは問題だというものです。このときは外相が答えられた後に、総理が言われたの「不戦」は、厳密な法的用語ではなく、不戦条約の解釈とか国連憲章の解釈は議員の言われているとおりだが、「不戦」という政治的な強い意思が国連憲章に矛盾することはないなんてやり取りをしました。

大平三原則のところでもお話ししたけど、何が国会にかかるのかかからないのかという問題で、私が条約局長のときは例の北朝鮮の核開発問題に関してKEDO（朝鮮半島エネルギー開発機構）の交渉をやっている最中でした。まだ決着がついていなかったのですが、国会議員の大きな関心事で、協定ができれば国会に提出するのかという質問が出ました。例の大平三原則を引用し、文書の内容次第でこういうことであれば国会に提出するし、こういうことであれば行政取極だ、案文ができ上がったらきちんとご説明いたしますというように答えたりしました。

国会会期中は外務大臣のところで毎朝のように打ち合わせ会がありました。大臣が国会答弁をするのですが、だいたい質問が取れていて、その質問に対してはこうお答えになったらどうでしょうかという答弁案が大臣用に用意されます。それをもとに大臣室で朝早く七時から打ち合わせというのもありました。そして、これで行こうと国会に乗り込むわけです。条約局長は具体的な質問がなくても外務大臣が出席する委員会には同席をしました。どのような質問が出るかわからないからです。非常に忙しいし、緊張する場面がたくさんありました。しかし、私の条約局長時代には、沖縄返還交渉とか安保条約交渉のように、条約局が最前線に出ていって交渉したということはありませんでした。

国会答弁数ということでいうと、北米局長時代と合わせて数百回になります。

安保の問題で国会答弁を何度もしましたが、条約課の説明の際に神学論争と言われたと述べたとおり、多くの議論はほんとの意味の安保議論ではありませんでした。世界の情勢はこうなっていて日本はどうすべきかという議論ではなくて、ひょっとすると日本政府は悪いことをするのではないか、アメリカも変なことをするのではないか、法的にどういう歯止めがあるのか、そういう議論でした。そういう時代がずっと続き、安保の議論では条約局長がいつも控えていなければなりませんでした。本来の安保議論は、法的な立場のみならずもっと広く見なければいけないのですね。総政局というのは、そういうことができる局としてできたので、その結果、本来の安保議論ができる体制になったと思います。

白鳥　条約局長時代には国際法学者と接点だったりだとか協力するようなことは?

折田　かなり頻繁に接点がありましたよ。例えば勉強会を開いたりね。

白鳥　勉強会は定期的に開くものをやっていたのですか。

折田　定期的に開いてるのもあるし、それから国際法学会があると、出席した先生方をレセプションにお招きするようなことも結構やりましたよ。

防衛計画の大綱

服部　折田先生は、一九九五年七月に北米局長になります。

白鳥　北米局に勤務されるのは局長が初めてですね。北米局の雰囲気をまず教えて頂ければ。

折田　非常にチームワークが良かったですよ。局長がいて審議官がいて、最初は審議官は高野(紀元《としゆき》)氏です。その後に田中均氏がやってきます。沖縄の問題なんかが忙しくなって、審議官は二人になりました。田中信明氏が来ました。

北米第一課、第二課と安全保障課の三つの課からできていました。ただし、北米二課は日米経済をやっており、経済局の配下にいるような形で、いろいろ報告は受けるけれども、実際の交渉は経済局長の下で仕事をしていました。河野北米第一課長、西宮(伸一)北米第二課長、梅本(和義)安保課長です。

服部　一九九五年一一月には村山富市内閣の閣議決定で、防衛計画の大綱が約二〇年ぶりに改定されます。米軍の存在が重要であることを確認するものだったようです。

折田　中曽根内閣時代の一九八五年に作成された中期防衛力整備計画の中で一〇年後の九五年中に防衛計画の大綱を作成するとされていました。その後、東西冷戦集結後の日本の安全保障のあり方をどう考えたらいいかという議論が出てきて、細川(護熙《もりひろ》)内閣のときに防衛問題懇談会がつくられました。細川内閣、羽田(孜《つとむ》)内閣の時代を経て村山内閣のときに「樋口レポート」が出てきたわけです。防衛計画の大綱については防衛庁でも議論があったし、内閣の安全保障会議での議論があって、外務省もその一員として議論していました。当時は村山社会党首が率いる内閣だからこの議論はどうなるのかとは思いましたが、村山総理も首班指名後に安保条約の意義を認めて、この作業は引き続きやろうということで、淡々とその議論が続けられたのです。そして、私が北米局長に就任した年の一九九五年の一一月にまず安保会議で承認されました。

軍事的な面の日本の防衛だけでなく大規模災害等事態への対処なども書いてあります。東日本大震災直後の自衛隊の対応はこのときの考え方がもとになっていると思います。安定した国際環境への貢献も謳っています。それから、日米安保体制はアジア太平洋地域の平和と安定に不可欠であること、あとは基盤的防衛力構想は維持することが唱えられ、非常にコンパクトで質の高い、それから多様な事態に対応し得る防衛力を整備すべきであることが基本的な考え方でした。大綱ができた後、自民党安保調査会なんかにも呼ばれて説明しました。

服部　防衛計画の大綱ができたときは、村山内閣の最後の頃でしたね。

折田　そう、村山総理が辞められたのが一九九六年一月で、大綱は九五年一一月です。

白鳥　外務省と防衛庁が安保会議などで対立する局面はありましたか。

折田　その場ではあまりなかったと思います。基本的な考え方は防衛庁と外務省はそんなに差がなかったと思います。ただ、ちょっと違うなと思ったのは、クリントン大統領が九六年四月に訪日したときに日米安保共同宣言が合意されました。防衛庁の一部には、日米間でまず安全保障問題について合意をした上で大綱を作成したらいいのではないかという考え方があったように思います。私はそうではなくて、これは日本の防衛問題だからまずは、日本自身の考え方を決めて、その上でアメリカと交渉するのが筋だと考えました。結果的には防衛計画の大綱のほうが先になりました。それで正解だと思います。まずは、日本の防衛なのですから。国会答弁でアメリカがこうだからと言ったほうが説明しやすいと思ったのかもしれないけど、それは筋が違うと思いました。

日米経済摩擦

服部　当時の日米経済摩擦のことについてお話し頂けますか。

折田　アメリカの大統領はブッシュの後、クリントンになりましたが、クリントンは防衛よりも経済の問題をまず打ち出しました。米国の経済が非常に悪かったですから。アメリカから見て、日本はけしからんという議論が随分あって、日本が一方的に有利なルールの中で経済権益を伸ばしているので、それを解決するのがクリントン政権の重要課題だというところがありました。対決的な関係の部分が表に出ていました。一番大変だったのは自動車と自動車部品の問題です。その矢面に立ったのが橋本龍太郎通産大臣。アメリカ側はミッキー・カンター(Michael Kantor)通商代表で、橋本通産相の喉元に竹刀《しない》を突き付けた写真が新聞に出たりもしました。

服部　あれは剣道でしたね。

折田　橋本氏は剣道が得意ですが、竹刀をカンターにプレゼントしたのです。その写真が貿易交渉の話と一緒に報道されて、日米はすごい状態にあると見られました。非常にとげとげしい雰囲気でしたが、北米局長になる直前に自動車については合意ができていました。

多くの日本人は経済問題についてアメリカの日本へのやり方はやり過ぎであると感じていたと思いますが、私も、日米関係は特定の経済摩擦にのみ焦点を当てるのではなく、両政府はもっと全般的な関係を考えて関係改善を図るべきではないかと考えました。日米関係の基礎にある安保関係や、多くの分野で相互交流がうまく進んでいる事実は踏まえる必要があると考えました。

アメリカ側の中にも、大局的な日米関係を見失ってるという意見がありました。ジョセフ・ナイ(Joseph S. Nye, Jr.)もその一人です。一九九五年一一月、クリントンが大阪のAPEC(アジア太平洋経済協力)で来日することになっていました。その機会に、より広い日米関係を確認すべきではないかと議論されましたし、冷戦後の日米安保体制についてどう評価し、日米がグローバルな世界の中で協力関係を進めていくことを確認しようという議論になってきました。とげとげしい日米関係で良いのかという主張が、日本だけでなくアメリカにもあったのです。

またアメリカ国内には東西関係が和らいで、アメリカ側もちょっと安心したところで湾岸戦争が起き、これを処理した後、米軍を世界からもう引き揚げたらどうかという声、例の「平和の配当」的な議論があって、ドイツから引き揚げるのと同じようにアジアからも米軍を引き揚げたらどうかという議論がありました。

そして、そういう中で一九九三年にボトムアップ・レビュー、これはジョセフ・ナイなんかが始めるのですが、アメリカには一体何が必要なのかゼロベースで考えよう、冷戦後、世界的規模での武力紛争の発生の可能性は遠のいたといっても、ヨーロッパとアジアは違うのではないか、アジア情勢を冷静に見ると、アジアでヨーロッパと同じようにやったら大変なことになるという認識が出され、「東アジア太平洋安全保障戦略(EASR)」という形で取りまとめられました。アメリカ側にはそういう議論があり、日米間の議論があったのです。

ジョセフ・ナイとの議論

服部　朝鮮半島情勢も緊迫していた時期かと思います。東アジア情勢について、ナイなどとは、日米安保の意義などをどのように議論しましたか。

折田　「東アジア太平洋安全保障戦略」という文書が発表されたのは一九九五年二月です。同時に発生する二つの地域紛争に対応するためにアジア太平洋地域には一〇万人の兵力の維持が必要で、アメリカがコミットメントを維持することは重要、日米同盟はアジアにおけるアメリカの安全保障の要であることが結論とされていました。日本側では防衛計画の大綱の議論が進められていた頃です。

日米間ではずっとこの話をしていましたが、アジアとヨーロッパは違う、アジアは新しい時代になったといっても、不安定、不確実なことは依然として残っている、朝鮮半島がそうだし、それから台湾の問題もある、日本の周辺には大規模な軍備が存在するし、核兵器も存在している。アジアではＡＳＥＡＮ地域フォーラム（ＡＲＦ）などで安全保障に関する議論は行われてはいるが、安定的な安全保障体制が確立されてはいない。そういうときにあたって日米安保体制というのは日本にとって重要だし、アジア太平洋全体にとっても重要であると議論したわけです。

服部　それはナイなどと直接に議論したことですか。

折田　ナイとも議論しましたし、ナイに限らず日米間で多層的に議論がなされました。特に外務大臣、防衛庁長官レベルでの議論が重要でした。２＋２といわれる安全保障協議委員会での議論です。ナイらと議論したのはガイドラインです。ガイドラインというのが確かにあるけれど、具体的に何かが起きたときにどのように協力できるかまでは詰められていなかったのです。

日本側には危機感がありました。一九九三年から九四年にかけて北朝鮮で核開発疑惑が生じて、北朝鮮側が「ソウルを火の海にしてくれる」と言ったりして、好戦的な態度に出ました。結果的には大事には至りませんでしたが、もし何かあった場合にどうするか、在留邦人の保護なども含め日本は何ができるのか、最悪の事態になり、米軍が出動したとき日本は関わるのか、関わらないのか、関わる場合にどのように関わるのか、本来あらかじめ決めておいて然るべきことについてほとんど何も準備ができてなかったのです。アメリカと協力してやらなければならないことになった場合に、ガイドラインで日米間で普段からどのような準備をしておけばいいかも考える必要があるということでした。

大綱ができた後、一九九六年の二月から三月に台湾海峡が緊張しました。中国がミサイル発射を含む大規模な軍事演習を行ったので、アメリカの空母が二隻、台湾海峡近辺まで来て緊迫した事態だったのです。そのときの橋本総理もこの事態の成り行きを非常に心配しておられたようです。

服部　三月というのは、台湾初の総統直接選挙があったときですね。

折田　そう、李登輝が当選した選挙時です。ミサイル発射もあり、台湾の近くまで飛んできました。

沖縄米兵少女暴行事件

折田　一九九五年九月には、沖縄で少女暴行事件が起きました。ちょうどナイと日米安全保障体制に関する協議をしていたときです。少女暴行事件は、悪質なひどい事件でした。三名の若い米兵が、買い物から帰宅途中だった小学校六年生の女の子を拉致して暴行したのです。それまでも米兵による事件がありましたが、もうこれ以上は我慢できないとの感じが大きくなったのです。沖縄の堪忍袋の緒が切れたという雰囲気でした。先の大戦で、沖縄は最後の地上戦があったとき、二〇万人ぐらいの犠牲者が出ました。アメリカの施政権下に置かれて、強制的に土地が収用されて基地とされたこともありました。沖縄の人から言うと、自分たちばかりが厳しい目に遭っているとの思いが強いのです。四〇ぐらいの基地が沖縄に残っていて、米軍基地の大体七五%は沖縄にあったのです。そして米軍、特に海兵隊がよく事件を起こすのです。

日米地位協定第一七条によると、アメリカ側にいる米兵は起訴されて初めて日本側が拘束できるとなっているのです。この三人の場合はすぐ基地に戻ってしまい、基地の中ではどこか別の部屋に入れられていたらしいのですが、日本では普通は犯罪を犯した疑いのあるものは、起訴前から留置されて、そこで取調べを受け、起訴されるのです。この米兵は被疑者ではあったが、日本の当局への引き渡しがすぐにはできなかったのです。この事件は許せない、地位協定はけしからん、基地はけしからんという運動が大きくなり、沖縄では九五年一〇月二一日には八万五〇〇〇人ぐらいの大集会がありました。我々が考えたのは、本当に弁解のしようがない事件であって、きちんと対処し、このような事件が繰り返されないようにしなければならないが、沖縄から基地を全部撤去させろとか安保条約は廃棄しろといった議論になってしまっては困るということです。アメリカ側もそれを恐れたところがありました。

なんとかしなければならないと考えて、アメリカ側とすぐに交渉して、一カ月足らずの交渉で地位協定第一七条については、非常に重大な事件が起きた場合、日本側が被疑者の引き渡しを要請すればアメリカ側は起訴前であってもその要請について好意的に配慮するという地位協定の運用改善のための合意文書を作成しました。そして米軍には再発防止のため綱紀粛正を徹底するように申し入れをし、アメリカ側もかなり厳しい措置を取ったのです。

SACOの発足

服部　一九九五年一一月、沖縄に関する特別行動委員会（ＳＡＣＯ）が設置されます。沖縄県民の負担を軽減し、日米同盟関係を強化するというものでした。日本側では、村山富市首相、河野外相の時期でした。折田先生は外務省の北米局長として、秋山昌廣防衛庁防衛局長、ロード（Winston Lord）国務次官補、ナイ国防次官補とともに、ＳＡＣＯの共同議長を務められています（折田正樹「日米安保体制が築く日本と米国の信頼関係」『時の動き』第九七九号、一九九六年、秋山昌廣『日米の戦略対話が始まった』亜紀書房、二〇〇二年、八二頁）。ＳＡＣＯ発足に至る経緯をお聞かせ下さい。

折田　沖縄に過重な負担をかけてるのは事実だし、政府として反省する必要があるので、そこはなんとかしたいと思っていました。そういうときに河野外相から、沖縄の過重な負担を軽減するために、日米間で特別な委員会をつくったらどうかと言われました。村山総理も是非そうしてくれということでした。日米間には地位協定の下、既に合同委員会があり、その下にも多くの委員会があって、その枠組みで議論することも可能ではありましたが、その枠組みを超え、結論を早く得るものをつくったらどうかということでした。私はとても良い考えだと思い、実現しなければならないと思いました。既存の枠組みでは事務的に処理されてしまう可能性があるので、大きな問題を集中的に解決するためにも新しい委員会をつくるのが良いということです。

白鳥　それがＳＡＣＯに繋がっていくのでしょうか。

折田　ええ、ＳＡＣＯに繋がっていきます。米軍自身はまた新たな委員会ができるのかと、初めは積極的ではなかったようですが、ペリー（William J. Perry）国防長官は積極的でした。

この委員会は河野外相がモンデール（Walter Frederick Mondale）大使に提案をし、米側が応じて設置されました。ＳＡＣＯというのは、Special Action Committee on Okinawa ですが、この名付け親になったのは、ペリー国防長官です。今までの委員会とは違う、しかもアクションが必要だというので、そう名付けたのです。神戸で開かれたＡＰＥＣにはクリントン大統領に代わって、ゴア（Albert Gore, Jr.）副大統領がやってこられ、

APEC首脳会議の際の神戸での村山・ゴア会談でSACO設立の合意ができました。一一月一九日のことです。

沖縄の基地の整理統合縮小とともに、基地の安全、騒音対策、軍事演習のときの環境への影響の防止などを含めて、期間を限って一年間、集中的に議論、交渉を行い結論を出そうということです。ペリー国防長官が米軍の中の抵抗を押さえて実現したものです。ペリー長官の下の国防省の事務当局も積極的でした。

私たちが考えたのは、この交渉を対決的な交渉にしてはいけないということです。ある基地を返せ、返せない、このような規制をしろ、それは無理だというような交渉ではなく、日米間で一緒になって米軍の基地や活動を点検して両方で知恵を出して、解決策をみつけようと努めました。これは多分初めてのことではないかと思いますが、基地を一つ一つ点検しました。現地視察にはいわゆる武官とか軍人だけではなくて外務省、防衛庁、国務省、国防省の文官も入れました。現地の基地まで出かけ、基地の司令官とも議論をし、共同作業をやったのです。文官と軍人が一緒にやったのは、非常にユニークだったかもしれないです。

白鳥　クリントン大統領はどうして訪日を取りやめたのですか。

折田　SACO設立はクリントンの訪日の際の首脳会談で合意できるよう交渉をしていましたが、アメリカの議会で予算が通らない状況が続き、ついに政府がシャットダウンしてしまうという厳しい国内状況に対応せざるを得なくなり、クリントンは訪日できなくなりました。訪日予定の直前の一一月一六日にクリントンから村山総理に電話があってそのような説明がありました。日本国内では、クリントンは、日本に愛想をつかしてすっぽかしたのではないかとか、クリントンが沖縄の事件直後に訪日すると沖縄の基地を返せという話だけになると心配したのではないかという人もいましたが、客観的に見て、政府シャットダウン危機に大統領がワシントンにいないというのは大変なことであり、先方の説明を額面どおりに受け取ってよいと理解しました。

白鳥　外務省や政治レベルでも、ほぼ同様のご理解だったでしょうか。

折田　新聞などは異なることを結構書いていました。

それから、一一月の代わりにいつ来るかということで、アメリカから一九九六年一月はどうかと言ってきました。一一月に来ないなら一月に来る、それはちょうどいいではないかと私も思ったのですが、村山総理からは了承が得られませんでした。後でわかったのですが、辞めようと思っておられたからのようです。

服部　村山総理は、どういう表現だったんですか。

折田　その部分を私は村山総理と直接ではなく、秘書官を通じてやったのです。一月の最初だから天皇陛下のご都合ほか日程上の調整が可能か検討をし、一月の訪日を受け入れることは可能であると考えたのですが、了承を得られなかったのです。当時はどうしてかわかりませんでした。

服部　ＳＡＣＯは防衛庁の側では秋山防衛局長が先生と一緒に共同議長をされたわけですね。

折田　そうです。防衛庁側には守屋（武昌）審議官がいました。外務省側は初めは高野北米局審議官と彼を引き継いだ田中均審議官、それから梅本和義安全保障課長です。

第8章　普天間返還合意への道

——北米局長（2）

1996年2月総理大臣官邸玄関にて

1996年2月23日，サンタモニカ会談終了後の様子

橋本訪米

折田 一九九五年一二月の終わり頃に橋本通産相から、日米関係を詳しく説明してほしいと呼ばれて説明した覚えがあります。村山総理の退陣表明は翌年の一月五日でした。

服部 橋本大臣に呼ばれた時点で、なんとなく感じるものがあったのでしょうか。

折田 覚悟をされていると思いました。わざわざ安保の話も聞かれるのですから。ブリーフィングは一二月二七日です。

白鳥 外務省の局長が通産大臣のところに説明に行くことはあまりないと思いますが。

折田 北米局長だけで行くことはあまりなかったですね。通商交渉なんかで他の局長と一緒に話すことはあります。それは何回かありました。

白鳥 このときは単独で呼ばれたのですか。

折田 単独です。橋本内閣が発足したのは一月一一日です。橋本総理は一二日朝、クリントンと電話会談をされます。日米関係は非常に重要に考えている、ということを伝えられました。貿易問題でミッキー・カンターなんかと激しく交渉をやられていて、アメリカと闘ってるのは橋本だということになっていたから、アメリカの中には一部心配があったのです。

外務大臣に任命されたのは池田行彦氏です。一八日には池田外相が訪米します。私も同行しました。クリストファー(Warren M. Christopher)国務長官、ペリー国防長官、ゴア副大統領と会談をしました。アメリカ側からはすぐレイク(Anthony Lake)大統領補佐官が来日しました。

橋本総理はできるだけ早くクリントンと会って首脳会談を行いたいと我々に指示があり、ワシントンの日本大使館が一生懸命クリントンの予定を調べ、二月二三日、カリフォルニアに遊説のため訪問するとの日程が判明し、その夜だけ空いてるということがわかりました。そこで二三日にこちらがカリフォルニアに行くということを伝えたら向こうはすぐに受けてきて、そして首脳会談になりました。

クリントンは日本訪問の予定だったものをキャンセルし、次の日程を探っていたので、筋論から言うと、日本側から首脳会談を申し入れるのは変だということもありましたが、橋本総理は沖縄問題など日米関係の諸問題を積極的に処理をしたいということでした。これは総理のイニシアティブです。

服部　そして橋本総理が一九九六年二月に訪米し、サンタモニカでクリントンと会談します。ここで初めて普天間飛行場の返還が議論されます。橋本訪米に際して折田先生は、秋山防衛局長とともに、普天間返還要求について進言していましたか。

折田　サンタモニカ会談は二月二三日、金曜です。羽田から特別機で発ったのは日本時間二三日の午後九時半です。現地時間二三日午後二時にロサンゼルスに着いて、サンタモニカに行って会談し、一泊して現地時間二四日土曜日の午前一〇時半にロサンゼルスを発ち日本時間の二五日の午後三時半に羽田に戻ってきました。一泊一機中泊、現地滞在は二〇時間かな。国会の審議期間中であったので、金曜日の夜に出て、月曜日の予算委員会に間に合うように予定を立てたのです。

このとき普天間飛行場の返還が大きな問題になりました。橋本総理は、日米安保体制は日米関係の基本で、損なってはいけないという非常に強い考えを持っていましたから、そのことを自分は強調したいと言われるとともに、他方で沖縄の問題もなんとかしないといけないと考えておられました。沖縄からは、総理がクリントンと会うのであれば、返還を希望する基地として、具体的に普天間の名前を言ってほしいという声が大田(昌秀）知事をはじめとしてありました。総理からは「普天間と言ってくれという要求があるがどう思うか」と何度も聞かれました。

私はその前に普天間を訪問しました。田中（均）審議官などがやっていたＳＡＣＯの作業では普天間についても議論をしていました。普天間飛行場は本当に街の真ん中にあり、何か事故でもあったら大変なことになるわけで、沖縄の心配もよくわかりました。しかし、在日米軍の抑止力を維持することを考えるとアメリカ海兵隊にとって非常に重要な基地を、どこかに代替の基地があればともかく、ただ返せと言っても「そうしよう」というわけにはいかないのです。

総理に対しては、「普天間飛行場の問題は引き続きアメリカ側と事務レベルで議論はしますが、、総理の口から具体名を大統領に言われてしまうと、日本国内の期待感を非常に高めることになるでしょう。今は代替基地についてはまったく当てがない状況です。総理が言われたことが仮に実現しないとまた困ったことになるのではないでしょうか。基地の整理統合縮小について一般的なこととして言って頂きたいが、普天間という名前をおっしゃるのはよろしくないのではないでしょうか」と申し上げました。アメリカに行く特別機の中でも、総理は、また同じ質問をされました。「いろいろ考えているがやっぱり言わないほうがいいかな」と非常に悩んでいるようでした。

サンタモニカ会談

折田　そして首脳会談です。サンタモニカのホテルでやりました。我々一行が泊まるホテルにクリントンが来たのです。会談の時間は現地時間午後七時から一時間ぐらいです。

総理は、日米関係は大事だとまず言っています。自動車交渉では、ミッキー・カンターと随分やり合った、あの交渉をみていて、ヨーロッパやアジアの友人から日米関係に亀裂が入ったら大変だ、ちょっと気をつけてくれとまで言われた、そこで他の国も日米関係は大事だと思ってくれていると改めて思った、日米関係の土台というのは安保条約にある、自分はこの安保条約は堅く守る、その安保条約の必要性については、国民の理解を得るために努力する、アメリカのプレゼンスは日本だけでなく、アジア太平洋の安定と繁栄にとって重要だ、国民の理解を得る必要があるが、そのためにもSACOでやっている沖縄の基地の問題については、アメリカ側のできる限りの努力をお願いしたい、と話したのです。他にも経済の話もしました。

クリントンは、これから一緒に作業をやっていく上で、とても良いシグナルをもらった、日米関係ほど重要な関係はないというのは自分もそう思う、これはあなたに保証する、若くてエネルギッシュで、強い総理大臣が日本に誕生したことをとても喜んでいる、と述べました。クリントンは自分よりも年上の総理にそう言ったのです。そして、あなたが交渉をされたミッキー・カンターからあなたとのことはよく聞いている、などと言って、在日米軍の財政的支援など、安保条約のために日本がいろいろやってくれていることについては感謝したい、とのことでした。

さらに、アジアの安全保障を考えると、アジアから兵隊を退いてしまうのは間違いだ、と言っています。これはナイなどとの議論に繋がりますが、アメリカの国内でそのような主張があったわけですね。現在のレベルの兵力をアメリカは維持する必要があると思う、ということを言った上で、沖縄の話になって、沖縄の基地が大きな問題であることはわかっている、昨年の事件は、すべてのアメリカ人が遺憾に思っている、安保上のニーズは何か考えなければいけないが、沖縄の人々の気持ちを考慮して最善を尽くしたい、この問題については柔軟に考えていきたい、と言ったのです。

橋本総理は最初は怖い顔をしていましたが、エネルギッシュで強い総理の誕生を喜んでる、と言われたのが良かったのか、総理もリラックスしてきました。

服部　怖い顔をしてたというのは、緊張してたという意味ですか。

折田　そうだと思います。その緊張が緩んだときに、沖縄について率直にお話し頂けますか、とクリントンが水を向けたのです。総理はちょっとびくっとしたような表情をされた後、現在、日本を取り巻く国際環境に照らせば、普天間の返還は困難だと承知するが、沖縄県民の要求を伝えるとすれば、それは普天間であると言われました。言い方が微妙でしたが、そういう言い方で「普天間」という固有名詞を言ったのです。

服部　これは予定外の発言だったんですか。普天間という言葉には触れない方針だったのでしょうか。

折田　飛行機の中で普天間という名前に触れるのはどう思うかと言われたので、触れないほうがいいです、と私は申し上げたのですが、種々考えられて最後になって決意されて総理は言われたのだと思います。総理には相当な決意があったと思います。その他、住専(住宅金融専門会社)や金融システムの問題、それから朝鮮半島のＫＥＤＯの話もありましたが、普天間ということで言うと今みたいなことです。

総理は悩んだ末に、困難だと承知するが、沖縄県民の要求を伝えるとすれば普天間であると述べられました。直接返せとまでは要求していません。だから、実はその後アメリカ側で、橋本総理は普天間返還は難しいという認識を示したのだと言う人もいました。会談にはそのときにキャンベル(Kurt M. Campbell)国防次官補代理が同席していましたので、私はすぐキャンベルに、橋本総理が口に出したということは大変な決意の上で、これは返せということだ、だからアメリカはそう思って対応してくれなければ困る、返すのは難しいという話をしたわけではなく、難しいけど返してほしいという話をしたのです、と言いました。

服部　サンタモニカ会談の直後にですか。

折田　そうです。会談の席から皆が立ち去ろうとしていたときです。

会談が終わり、私はクリントンのホテル出発を見送りましたが、クリントンは今日は良い会談だったと言って、ニコニコしながら私に握手をして玄関口からクルマに乗り込みました。首脳会談で、沖縄について率直にお話し頂けますか、とクリントンから言ったこと、普天間の固有名詞が出たときに驚いた様子はなかったこと、通常知らないことが出てくると控えている同席者のほうに確認するような仕草をするのですがそれはなかったことから、私は、普天間が持ち出されるかもしれないということが大統領にまで上がっていたと判断しました。橋本総理が日米関係の基礎である安保問題についてしっかりした考えを持っているとアメリカ側が判断をし、沖縄の問題はなんとかしなければならないとアメリカのトップが考えていると感じました。

首脳会談の後、記者会見になりました。官房副長官が冒頭説明をされて、私が記者に対して会談内容を説明しました。記者会見の前に打ち合わせを行ったときに、総理に対し、総理が普天間という名前を出されたということは記者会見で言ってもよろしいですかと聞いたら、総理は、それは言ってくれ、ということでした。私は記者会見で普天間の名前が挙がったということを説明しました。それが大きく報道されたわけです。

服部　秋山防衛局長ないし防衛庁の立場としては、外務省と同じようにこちらから積極的に普天間という名前は出さないほうがいいというニュアンスでしたか。

折田　秋山防衛局長も、出すべきではないということを総理に言っていたと思います。だからサンタモニカ会談の後に秋山氏のところにすぐ連絡して、普天間の名前が出たことなどを伝えました。

服部　それらの進言を押し切るような形で、橋本総理が普天間という名前を出したわけでしょうか。

折田　そうです。

服部　しかし名前の出し方は非常に慎重であったということですね。

折田　そうです。表現そのものはね。だけど、出したか出さないかが重いのです。

服部　それで一気に動いていくわけですか。

折田　そうです。

普天間返還合意

服部　一九九六年四月一二日、橋本首相とモンデール駐日大使が東京で記者会見し、普天間返還を五年から七年以内に実施すると発表します。そこに至るいきさつをご教示下さい。

折田　首脳会談の前後もＳＡＣＯでの議論は続いていました。ＳＡＣＯの公式の場では普天間は難しいという議論しかなかったです。三月中旬ぐらいに、アメリカでキャンベルが在米日本大使館の藤崎一郎政務班長に対して、普天間の問題は避けて通れないというのが自分の判断であるので、米側としての結論は出てないけれども、普天間飛行場を返すとすればどのような条件を満たす必要があるのか議論したいという提案がありました。のびのびになっていたクリントンの訪日が四月一六日からにすると決まっていたので、それまでに議論をしておきたいということが背景にあったと思います。

橋本総理に直ちに連絡したら、それで話を進めてくれ、ということで、議論を進めたのです。田中審議官が米国でキャンベルと密かに議論をして、案を詰めたのです。彼はキャンベルと交渉をして、そしてそれを持ち帰って、総理大臣官邸に行って総理に直接その話をしています。そのときは私に報告をした上で、目立たないように、一人で官邸に行き総理に報告をし、指示を受けて交渉をしたのです。総理は、これは厳命だ、他の人には絶対言うな、外務大臣にも言うな、という指示でした。

最初は防衛庁も知らなかったと思います。外務省では、私は外務大臣の指揮の下で働いてるので池田外相には伝えました。実は総理に絶対に言うなと言われてますが、そういうことで聞いて下さい、と述べたところ、「うん、それは政治家ならわかる。俺は知らないことにしておくよ」って言ってくれました。林貞行次官にも伝えました。それで日米間で議論を続け、途中から今度は防衛庁の秋山防衛局長も総理のところでの議論に加わることになりました。

秘密裏に交渉を行い、最後は橋本総理がモンデール駐日大使と会談して、そこで決着をつけようと準備しました。田中審議官がキャンベルとの交渉で、総理、モンデール会談の下書きをつくり、四月八日の会議で米側に案を提出することにしようと決めて、そして現に提案がありました。提案された案は、もう我々から見るとわかってはいたのですが、それに基づいて、一〇日にもう一度橋本・モンデール会談を行い、そのときに合意して、総理がその後に訪日の予定となっていたペリー国防長官と一四日に橋本総理と会談する際に合意の発表をしようというシナリオを米側と協議し、つくっていきました。

そうしたら一二日に『日本経済新聞』の朝刊に記事が大きく出たのです。ワシントンの宮本(明彦)記者の記事です。我々は大変驚きました。橋本総理は、これは一切他人に言ってはいけない、田中審議官と私と最後のところで秋山防衛局長が入ったけれども、これだけだ、これが漏れたらおまえら、死刑だぞ、とかなんとか言われていたのです。米側も秘密を保つことに気を遣っていました。四月一二日にまた橋本・モンデール会談が予定されていたので、総理に説明のため官邸に行くことになったから、これは怒られるなと思っていたのですが、橋本総理は怒りませんでした。新聞に出てしまったのでもう待ってはいられないというので、ほんとはもう一回会談をし、ペリー長官との会談の後に発表の予定だったのですが、急遽一二日の夜に合意をして総理とモンデール大使が記者会見で発表することになりました。

合意は、五年から七年の間に、十分な代替基地が完成された後、普天間飛行場を返還するというものでした。普天間返還を通じて飛行場の重要な軍事上の機能及び能力というのは維持される、そのためには沖縄の他の米軍の施設及び区域におけるヘリポートの建設、嘉手納飛行場における追加的な施設整備、空中給油機KC－130の岩国移転が必要になる、それから緊急事態における施設の利用については日米間の共同研究が必要であるという内容です。四月一五日にSACOの中間報告にその内容を入れ、2＋2の会議に報告をしてから中間報告の一部として発表をしました。一六日にクリントンが到着し、両首脳間で一七日に日米安全保障共同宣言を発表しますが、その宣言の中でＳＡＣＯの中間報告に言及しています。

アメリカが、代替基地がまったく未定であるにもかかわらず、条件付きとはいえ普天間飛行場の返還を約束したのは大変な政治決断だったと思います。橋本総理をかなり信頼してたのだと思います。通産相のときに米側と喧嘩しましたが、総理就任後の訪米で、日米関係、安保条約が大事だと強調し、自らも積極的に対応する姿勢を見せておられたので、クリントンも信用できると判断したのではないかと思います。

あのときの日米間の交渉は普天間やその他の基地等のＳＡＣＯの交渉だけではなく、クリントン訪日に向けて日米安保条約に基づく日米同盟の重要性を日米安保共同宣言の形で日米両国民及び世界にきちんと示そうという交渉を同時にやっていたので、普天間の問題も動いたのだと思います。橋本・クリントンの信頼関係があったので、我々はやりやすかったです。

白鳥　普天間の問題は残念ながら解決してないわけなんですけれども、この時期は基地問題が解決に向かって本格的に動き出すのではないかという気運が高まったときだと思います。そのときの担当者の間での雰囲気ですとか、折田先生自身はどうお考えになっていたかご説明頂けますか。

折田　他の基地の返還交渉もしていましたが、普天間飛行場の返還については、五年から七年のうちとなっており、代替基地についてはすぐに見つけなければならず、そのための作業を始めなければならないと考えました。外務省、防衛庁、防衛施設庁の担当者は皆そう思ったと思います。防衛庁も防衛施設庁も、移設先としてはどういうところがあり得るのか相当綿密に調べ始めました。移設先をどこに見つけるかは、まずは、彼ら専門家の作業にお任せしました。そこでなるべく早くきちんとした代替基地案を検討し、日本側の案をアメリカ側に提示し、ＳＡＣＯの最終報告に含めることを目指したいと考えました。

クリントン来日と日米安保共同宣言

服部　既に述べて下さったように、クリントンは一九九五年一一月、大阪ＡＰＥＣに出席する予定でしたが、欠席になります。実際に来日したのは九六年四月で、一七日に橋本総理とクリントンが日米安保共同宣言を発します。

折田　クリントンは当初は、一九九五年一一月に訪日の予定になっていて、それにそのときに合わせて日米安保共同宣言を出そうという交渉は行っていましたが、日程が延期になったので共同宣言の交渉は引き続き行われ、大統領が来られたときに発表することとなりました。

普天間関係の交渉の話をしましたが、しっかりした内容の共同宣言を出そうと交渉しました。当時の国会の議論は沖縄問題一色でそれで基地はけしからんという逆風ではありましたが、総理自ら日米安保体制の重要性を再確認するべきだとの考えだったので、共同宣言交渉を進め、内容を充実させようとしたのです。

日米安保共同宣言はガイドライン(日米防衛協力のための指針)の見直しを取り上げています。一九七八年に作成されたガイドラインでは、平時における協力と五条事態、つまり日本が攻撃されるような場合についてはある程度の日米の協力体制が言及されていましたが、六条事態の部分についてほとんど言及がありませんでした。

それが前にお話ししたように、例えば、朝鮮半島で何か起きた際に日米間で具体的にどう協力していけばいいのかということの検討を進めなければならないという問題意識が強くありましたし、防衛計画の大綱について議論するとともに、日米の協力のあり方も具体的に議論すべきだということで、ガイドラインの見直しを安保共同宣言に入れました。アメリカから見ると日本はしっかりやろうとしていると評価したと思います。

共同宣言の中にはアメリカがこの地域に現在の一〇万人の兵力を維持すると数字で入っています。あの数字を入れることはいかがなものかという議論もありましたが、私自身は数字を入れるのはアメリカのコミットメントを明確にするという意味で非常に結構だと思いました。

白鳥　「いかがなものか」というのは具体的にどういうことでしょうか。外務省の中でもあったのですか。

折田　外務省で直接これはけしからんという話は聞いたことはないですが、だけど国会などでは、米軍の数は少しでも少ないほうがいいのだから、一〇万人なんていう数字を入れるのはいかがなものかとか、米軍の存在をあまり固定的に考えるのはどうかという議論がありました。しかし、アメリカ国内ではアジアからも米軍は退くべきだという議論もあった中でのことだから、クリントン政権としては現状を維持するという決定をし、その象徴として一〇万人という数字を入れたわけです。そこまでアメリカ側も覚悟したという意味で、非常に良かったんじゃないかなと思います。

服部　橋本総理は、その点をどのようにお考えでしたか。

折田　その点について総理から直接指示は受けたことはありませんが、経緯はもちろん説明してあったし、それをおかしいといったことはまったくなかったです。

総理はまずは朝鮮半島有事が念頭にあったのでしょう。何かあったときの対応を準備しておく必要があるというので、共同宣言発表後の橋本総理の指示は、五条事態にはなっていないけれども、日本の平和と安全に非常に重要な影響が起きるようなことがあった場合に、在外邦人保護をどうするか、大量の避難民が出たらどう対応するのか、日本の沿岸にある重要な施設をどう保護したらいいか、五条事態にはなっていない事態で米軍が動いたときに日本としてどういう支援ができるのかを検討しろといったことでした。

白鳥　この日米安保共同宣言に至る一連のプロセスは「日米安保再定義」とも言われますが。

折田　私たちは、再定義という用語は使用していません。安保共同宣言の趣旨は、日米安保条約に基づく日米の同盟関係が冷戦期間中、アジア太平洋地域の平和と安定の確保に役立ってきたが、今後ともこの地域の安定的な繁栄の基礎であり続けることを再確認するというものです。これについて国内では、安保条約第六条の「極東」を超えた地域に拡大して再定義したもので、安保条約の改正ではないかという議論がありました。しかし、アジア太平洋地域は安保条約の法的観念ではなく、また、条約上の極東の範囲を変更するものでもありません。安保条約に基づく日米同盟関係、在日米軍の存在がアジア太平洋地域の平和と安定を支えているということです。

白鳥　四月一七日の日米首脳会談では東アジア情勢や貿易摩擦に関して広く話し合われた一方で、既に2＋2で詳細を発表されていた沖縄問題については、あまり触れられなかったと仄聞することがあるんですが、実際のところはどうだったのでしょうか。

折田　日米首脳会談は大所高所から日米関係、それから国際情勢、日米関係も安保からすべてを議論する会談にしようというのが考え方でした。それまでの様々な問題は事前に片付けられるだけ片付けておいて、例えば普天間の問題は、一応その時点での答えが出たわけだから、それにそって引き続き協力していきましょうということでもう済みにしたわけです。経済問題もありましたが個別の問題の一つ一つに焦点を当てるのではなくて、総合的に取り上げるような形にしようということだったのです。

安保共同宣言には沖縄にも言及がありますが、ＳＡＣＯの作業を評価し、ＳＡＣＯの作業が成功裏に結実するようコミットするという形でのものです。安保共同宣言の重要な点は現在の国際情勢の中で日米安保条約に基づく日米同盟関係はどういう意味を持つのかということの再確認です。沖縄問題を話さなかったのではなく、沖縄とか個別の経済問題に集中し過ぎて全体を見失うことのないようにとの判断での会談だったのです。

白鳥　ここまで安保共同宣言に至るお話を中心にお伺いしたんですけれども、他に何か北米局長時代の懸案として覚えてらっしゃることなどがあれば。

折田　安保共同宣言、沖縄の問題、基地の問題への対応は随分ありましたが、その他にも多くのことを交渉していました。両首脳は日米安保共同宣言と一緒に、両国民に対するメッセージと称する、総括共同文書に署名します。そこには自由だとか民主主義だとか人権のような価値を日米間は共有しており、外交問題ではお互いに協力していこうとか、日米間では様々なレベルで交流があるが、そのようなものはさらに進めていこうと書いてあります。そうした部分は言ってみれば当たり前でもあるので、その部分の報道は地味なものでしたが、両首脳が確認して外に示したことは日米関係を評価するに当たって重要だと思います。そして「コモン・アジェンダ（共通課題）」にも合意しています。、人間開発とかテロ対策、環境問題、科学技術のようなグローバルな問題について日米間で協力してやっていこうというものです。

これら一連の文書は一九九六年に発表されましたが、前年の九五年は戦争が終わってちょうど五〇年だったので、アメリカの一部には過去の問題を過剰に取り上げそうな感じもありました。そうしたことは防がなければならない、今まで日米間では多くのことを成し遂げてきましたが、これをもとに将来に向けて協力を発展させていこうというメッセージを出すことはアメリカ国民に対しても、、日本国民に対しても必要であるとの考えがありました。

白鳥　それはどなたが担当されたんですか。

折田　それは河野北米一課長、西宮北米二課長が中心になって米側と議論がなされました。

白鳥　取り上げている問題が非常に広いですが、日米で何か揉めることはあったのでしょうか。

折田　この辺はほとんど揉めなかったです。

ガイドラインの見直し

折田　ガイドラインは、その後、日米協議を経て中間取りまとめをして、それがベースとなって新ガイドライン（新たな日本防衛協力のための指針）ができることになりました。

白鳥　先ほどお話し頂いた橋本総理からの指示は、安保共同宣言の後に改めてですか。

折田　安保共同宣言の後です。ガイドラインの見直しだけではなくて、もっと広い意味での指示ですが、それは新ガイドラインにも反映されています。私は中間取りまとめまでやりました。新ガイドライン、その後に周辺事態法といった法律に実っていきます。その最初の部分を担当したわけです。

白鳥　ガイドラインに関連する問題は、防衛庁、自衛隊にも関わってくるかとも思うんですが、どういった形で協力しましたか。

折田　防衛庁と外務省は一緒になってやりましたよ。それから内閣官房ですね。

白鳥　各省庁でそれぞれ進めた上で協議するというよりは、一体となってチームとしてやるようなイメージでしょうか。

折田　アメリカ側と交渉する際には一体となってチームを組んで交渉しました。交渉の取りまとめ役は外務省です。防衛庁や外務省内の多くの部局と議論した上でアメリカと交渉しました。

白鳥　国内調整で苦労したことはありましたか。国会との関係は大変だったと思うのですけれども。

折田　国内関係ではそれほどは苦労しなかったのですよ。日本の官庁の中にもかなり危機意識があって、それは共有されてたんじゃないかしら。

白鳥　危機意識というのは、やはり朝鮮半島での核危機からでしょうか。

折田　何かあったときに一体どうしたらいいのかということです。これは五条事態の話だけど、例えば道路交通法については、ある海岸にどこかの軍隊が攻めてきた場合に防衛のために出動した自衛隊の車は、信号が赤だったらそこでストップしなきゃいけないのかとか、そういうことを担当してるのは国内官庁です。それはむしろ積極的に外務省、防衛庁に協力してくれたと思います。

白鳥　後の有事法制に繋がるような問題ですね。

折田　そうです。

服部　台湾などとの関係で言いますと、ガイドライン見直しで、中国側の反発はかなり懸念されたのでしょうか。

折田　中国がどう出るかは心配の種ではありました。安保共同宣言での中国の書き方はかなり慎重に日米間で議論をして、そして中国には秩序づくりの中にも入ってもらう形で取り込むような表現になっています。敵対視するのではなくて、中国には建設的な役割を求めるという文章を入れたのです。

服部「両首脳は、この地域の安定と繁栄にとり、中国が肯定的かつ建設的な役割を果たすことが極めて重要であることを強調し、この関連で、両国は中国との協力を更に深めていくことに関心を有することを強調した」と日米安全保障共同宣言の第七項にありますね。

折田　肯定的な役割を期待するというポジティブな形で中国のことを書きましょうということにしました。

白鳥　中国側の見方として、台湾海峡危機後に日米安保共同宣言が出されており、中国に対して向けられたものだと紹介されることがあります。

折田　安保共同宣言はかなり前から交渉をしており、合意の時期が台湾危機の後にはなりましたが、特に中国を念頭に置いてつくったということはありません。むしろ念頭にあったの朝鮮半島のほうで、中国と対決的になったときにどうするかをもとにやったわけではないですね。

白鳥　この点を日米間で相談をしたのは、中国側の反発が予想されたからでしょうか。

折田　予想されるというよりも、誤解は避けたほうがいいでしょうということです。中国には、公表後に説明をしています。

ガイドライン見直しの中間発表は、九七年六月七日です。私が日本側の共同代表だったハワイでの防衛協力小委員会（SDC）の会議で合意し、発表しました。それから、ハワイから直ちに帰国し、両院の委員会の集中審議等での質疑応答、自民党国防部会や要人への説明等で朝から晩まで過ごし、通常国会が終了した翌一九日にアメリカのデンバーに向かい、日米首脳会談、主要国サミット、総理の国連訪問に同行し、それを終えてから、六月二五日に帰国し、七月一日に北米局長の任を終えました。

服部　八月一七日には梶山（静六）官房長官が周辺事態は台湾海峡を含むと発言して、中国から反発を招きましたね。

折田　周辺事態については、安保条約六条の「極東」とどういう関係なのかとか、様々な議論が行われました。そして我々の考え方は何が日本の平和と安全に関わるような事態なのかあらかじめ決めておけるような話ではない、だから台湾が入るかどうとかいうことではなくて、実際に具体的に何か事態が発生したときに判断すべきものだということでした。周辺事態に台湾が入るかとか、そういう議論に乗ってはいけないっていう考え方だったのです。

服部　当時の説明では、ガイドラインの見直しは地理的な概念ではないという表現でしたかね。

折田　そういう言い方をしています。

白鳥　周辺事態は地理的な概念ではないというところからスタートしたものの、国会の答弁を重ねる中である程度絞られてしまった印象もありますが……。

折田　絞るような発言もあったのでしょうが、それは打ち消してきたと思いますよ。

服部　公的にはあくまで特定の国を念頭に置いたものではないということでしょうか。

折田　そうです。

代替基地の模索

服部　折田先生は北米局長として、一九九六年九月、秋山防衛局長とともにサンフランシスコを訪れ、キャンベル国務次官補代理らと会談されているようです（折田正樹・草野厚「日本の安全とアジア太平洋地域の平和・安定をどう確保するか」『諸君！』一九九六年一〇月号、折田正樹・佐々木毅・五十嵐武士「最近の米国の内政と外交をめぐって」『国際問題』第四四三号、一九九七年）。

折田　随分日米間で交渉をやったんですが、一九九六年九月には確かにサンフランシスコへ行ってます。普天間飛行場の移設が決まって代替基地はどうするかについて早く答えを出す必要があるというときです。九六年の夏頃ですが、防衛庁及び実際に基地の問題を担当している防衛施設庁は、普天間飛行場は、嘉手納基地に統合するのが一番現実的ではないかということを示してきました。

外務省としては、それを聞いて、もしそういうことであれば、嘉手納に統合する場合には何をどうするのか具体的にアメリカ側に提案する必要があるので、九月にサンフランシスコへ行っています。詳細に防衛庁が詰めていて、キャンベルなどに話すとともに、ハワイにある米軍にも説明をするようにというので、ハワイにも行きました。説明は主として防衛庁と防衛施設庁の事務方がやりました。

その直後だったと思いますが、アメリカ側から洋上浮体施設案というのが出てきました。基地を陸に造るのではなくて洋上へ造る案でちょっとびっくりしました。その案が出たときに総理は非常に前向きに捉えて、これを追究しようとおっしゃったので、驚きでした。アメリカ側から日本に話があったのですが、防衛庁もびっくりしていました、そのようなことはそれまでまったく検討もしていなかったので、本当にできるのかなという意識はありましたが、総理自身は非常に積極的でした。移設先の候補の中に浮体施設も入れて検討を進めることにしたのが九月一九日のワシントンで行われた2＋2の会談です。嘉手納のヘリポート統合案、キャンプ・シュワブのヘリポート案、洋上浮体施設案を合わせた三つの案がありました。

服部　九月にキャンベルとお会いになったときには、嘉手納統合案を提示されたわけですね。

折田　そう、それを説明しています。

服部　キャンベルはその場ではなんと言いましたか。

折田　検討しようということで、別にネガティブでもありませんでした。しばらくしたら、アメリカ側から案が出てきたのです。

服部　それが洋上浮体施設案ですか。これはアメリカの対案として出てきたという形でしょうか。

折田　対案というよりも、これも検討したらどうかということでした。

SACO最終報告

服部　一九九六年一二月には、池田外務大臣、久間《きゅうま》(章生《ふみお》)防衛庁長官、ペリー国防長官、モンデール駐日大使の間で、普天間飛行場の返還などを含むSACO最終報告が合意されます。

折田　東京で開催の2＋2に最終報告がなされました。三つの代替案がありましたが、そのうち最善の選択が撤去可能な海上施設案だとし、沖縄の東海岸に一五〇〇メートルの基地とし、滑走路は一三〇〇メートルにするとかを案として出したのです。それから普天間だけではなくて、他の六つの施設を全面返還、それから五つの施設の一部返還も合意しました。返還面積は全部合計すると本土復帰以来の返還総面積を超えるというから、かなりたくさんの返還を合意したのです。他に県道一〇四号線越えの実弾射撃訓練の一部を除く取り止め、騒音の問題の処理とか、そういうのも全部ひっくるめて最終報告をまとめました。
普天間の代替基地については、海上施設を造るとするとどこに造るのかが問題になり、かなり過早に具体的な名前が出てしまって、地元が猛反発し、冷却期間を置きましょうとなってしまいました。
それから随分経緯を経て、結局、現在も辺野古のキャンプ・シュワブ沖という案があって、V字型案なんていうのも出たようですが、全部この交渉の積み上げの上にあるわけです。嘉手納統合案はいろいろと検討した結果、これはとても無理となっていました。案としては出したけれども、これは難しいなと考えるに至って、その案は消えていたのですね。
その後その案に落ち着くかもしれないとなったときに、民主党に政権交代になって、ひっくり返って今の状況になってしまいました。

白鳥　普天間の問題に象徴されると思うんですけれども、何かを変えようとしたときになかなか動かなくなってしまうという問題は今まで続いているわけですね。

折田　ほんとにそうです。

白鳥　沖縄の基地問題については一九九〇年代後半に論点が概ね出尽くしたと思うんですが。

折田　出尽くしたと思います。

白鳥　何が基地問題の解決を阻んでいるとお考えでしょうか。

折田　自分のところに新しい基地が来るのは、誰もが概ね反対です。一部の建設業者とか、それから駐留軍相手に仕事をする人とかが歓迎することがないわけではないのですが、そういう人はあまり声を大きくしないから、反対の声が強くなってしまうのではないかと思います。他方で、現地の市長さん町長さんたちから見ると、来てはほしくはないけれども、地域を活発化させるためにはどうしたらいいかというところで、新しく基地を造ってもらうのも一つの考え方だということもあります。非常に微妙なバランスの上に立ってるわけです。

最近のことについては、まったく関与していないので、私の感想ですが、政権交代の前にはある程度決まりつつあったのは、全面的に皆賛成ということではなく、「イエス」とは言わないけれども、これならなんとか我慢できるのではないかという感触はあったのではないかと思います。それを表から「いや、これは県外の選択肢があるんですよ」と言った途端に、その微妙なバランスが崩れたのではないのかと思います。

服部 鳩山由紀夫首相が代替案として県外を言い出したわけですけど、それまでに外務省などで県外を検討したことはあるんでしょうか。

折田 機能の一部を県外に移転させることの検討はしていますが、全面移設はとても無理だとなりました。評論家みたいな人が簡単に、「佐世保に持っていったらいいじゃないか」とか「九州はどうか」とか言うんですよ。沖縄の人たちはそれを聞いて、「そういうところがあるんなら、なんで自分たちが」となるわけです。それから奄美の島を……。

白鳥 徳之島ですね。お話を伺っていての印象ですが、アメリカとの交渉よりも国内が難しかった?

折田 国内の交渉は大変でした。

白鳥 アメリカとの間で大変だった点は何でしょうか。

折田 アメリカから見ると、沖縄の現状で慣れていて、それを動かすのはなかなか難しいということで、いろいろと抵抗がありました。だけど大きなところでは普天間の移設も含めて、アメリカが同意をしたということでしょう。

白鳥 基地問題のように世論の動向に左右されるような交渉を担う際に何か心掛けられたことであるとか、今これが必要だというように思うところはありますか。

折田 総合的に見ないといけないと思いました。だからこのときも単に基地の交渉だけをやっていたわけではなくて、沖縄にどういう支援ができるだろうかを考えなければならないと思いました。外務省では沖縄大使というのを新しくつくったりして、現地の意見を含めて取り入れるようにしました。政府全体としては、総理や官房長官が中心となって沖縄の振興についての審議会を設置しましたし、後の森(喜朗)総理のときは沖縄でサミットを開催し、沖縄に前向きな光が当たるように努めたと思います。普天間の問題だけに焦点を当てるのではなくて、もっと総合的に沖縄の振興策を考えなければならないということは、当時から皆が持っていた考え方ではないかと思います。

第9章　天皇訪欧とデンマーク
――駐デンマーク大使(兼　駐リトアニア大使)

1998年6月，フレデリックスボー城に天皇皇后両陛下をご案内

天皇訪欧

服部　折田先生は一九九七年八月、在デンマーク大使として赴任されます。在リトアニア大使との兼任でした。一九九八年五、六月には、天皇皇后両陛下が訪英の帰途、デンマークを訪問されます。

折田　イギリスでは全般的に言えば大変な歓迎ではあったのですが、旧兵士で反日感情を持っていた一部の人が天皇皇后両陛下の馬車行列に背中を向けて立ち並んだ後に、日の丸を焼いたりする事件がありました。その後にデンマークを国賓として訪問されました。

一九五三年のエリザベス女王の戴冠式に、天皇陛下は当時は皇太子であられ、昭和天皇のご名代として出席されました。サンフランシスコ平和条約が発効し、主権を回復した日本が国際的な晴れがましい場に堂々と出席した最初の大きな行事だったということで、日本からみて非常に大きなことだったのです。一九歳だった皇太子殿下は公式行事ではとても緊張されたそうです。そのイギリス訪問の帰路に非公式に二週間くらいデンマークに滞在されました。

デンマークの王室に温かく迎えられて皇太子殿下は寛いだ滞在を楽しまれたようです。現在のマルグレーテ(Margrete II)女王がまだかわいいお姫様でした。もう一人妹さんの王女もおられ、城を背景に皇太子殿下とご一緒に写っている写真が残っています。地方の城にも泊まられ、とても良い経験だったそうです。

そのときに当時のデンマーク国王と元貴族の計らいで、ヴィデルスボー城である晩ディナーがあり、その後ダンスとなったそうですが、皇太子殿下と同じ年頃の青年男女が招待されていて、皆一緒に楽しまれました。

天皇陛下はよく覚えておられて、ダンスなども踊られて深夜二時ぐらいまで過ごされたようです。

この経験も含め天皇陛下はデンマークに非常に親しみを持っておられて、デンマークのご滞在を楽しまれたようにお見受けしました。フレーデンスボー城というコペンハーゲン郊外の王室の城に泊まられ、我々夫婦もお供しました。

そのときにイギリスで起きたことについて、非常に心を痛められたという話を伺いました。

実はデンマークでも、レジスタンスのグループの人たちを慰霊するミネロンエンという墓地公園を両陛下が訪問する行事が計画されていました。デンマークは第二次世界大戦中にドイツに占領され、そのときに反抗するレジスタンスのグループがいたのです。この行事はデンマーク側は是非やってもらいたいと言っていたのですが、極々一部とはいえ、そこを訪問してもらうことには賛成しないという声もあったのです。しかし、両陛下はそこに行かれました。レジスタンスを経験していた人たちが並んでいましたが、両陛下は一人一人に声をかけられて、熱心に話を聞かれました。それが大きく報道されて、反対していた意見はもう全部吹っ飛んでしまった感じでした。デンマークでもそういう戦争に由来する問題というのは実は残っていたのです。

服部　レジスタンスグループの墓参りについてごく一部の方がいかがなものかと言っていたというのは、外務省内の意見ですか。

折田　いえ、デンマークの中です。

服部　最終的にはそのような方たちも、来てもらって良かったとなったのですね。

折田　両陛下が行かれたことによって、心のしこりが解消されたと言ってもいいでしょう。デンマークもナチスドイツにすぐに占領されて相当ひどい目に遭ってるんです。ユトランド半島に行くと当時の収容所が記念館として残っています。日本はデンマークを攻めたことはありませんが、日本とドイツは結びついていたということで反感が残ってたのだと思います。

服部　レジスタンスグループの墓参りに天皇皇后両陛下がいらしたことで、デンマークの対日感情が変わりましたか。

折田　もう歓迎一色になりました。

皇室外交の意義

折田　両陛下にはデンマークのご訪問前にご進講しましたし、デンマークから日本に帰ってきたとき、それからイギリスに赴任する際などにも皇居にお招きを受けました。二〇〇九年はご成婚五〇周年でしたが、最初のイギリス、デンマーク等ご訪問五五周年、九八年のご訪問一〇周年を記念するお茶会にお招きを受けました。いつも「デンマークではお世話になりました」と言われます。

服部　天皇陛下が若い頃にデンマークに滞在されていたという話は、九八年にお聞きしたお話ですか。

折田　両陛下がデンマークを訪問されるにあたって準備をしているときに、宮内庁側からそういう話があると聞きました。そして、ご訪問の前に皇居の両陛下のところに伺った際に、陛下が「あのときの写真」とおっしゃると、侍従が立って大きなアルバムを持ってきたのですよ。もう何回もご覧になっているのでしょうね、「これなんですよ」と見せて下さったのが白黒なんだけど、そのときに撮った写真です。

服部　それは一九九八年に天皇皇后両陛下が訪欧する前に、折田先生が東京に一時帰国されてたときですか。

折田　そうです。その写真を侍従にコピーしてもらって、そのときのダンスパーティに出た男女をデンマークでの天皇皇后主催のディナーにお招きしようと考えました。写真の中に一人だけ知ってる人がいました。女王のいとこのエリザベート王女(Princess Elisabeth)です。そこでその方のところへ行って、「この人たち今どうしてるか教えて下さい」と言ったら、彼女が一生懸命捜してくれたのです。私は一人一人訪ねました。フランス映画の『舞踏会の手帖』みたいな話です。

皇太子殿下が最後にダンスを踊った女性にも行き着きました。今やユトランド半島で一番の大地主です。その城を訪ねました。

貴族系の人たちを含め訪ねていって、両陛下が来られたら晩餐会にご出席頂きたいと言いました。皆さん出てこられました。デンマークのフレデリックスボーという城を借りて出席者が二〇〇人ぐらいの大ディナーを両陛下主催で催しましたが、丸テーブルをいっぱい置き、その一つはそのときの人たちのテーブルにして、それは割と両陛下の席に近いところに置いたのです。そしてディナーに入ってくる一人一人に挨拶するときに、「こちらはあのときの方ですよ」と申し上げると、とても懐かしくされていました。皇后陛下も何回も写真を見てるもんだから、「ああ、あの方ですね」とすぐわかってしまわれました。

白鳥　日本外交にとっての皇室の意義はどのようにお考えですか。

折田　多くの人々を自然な形で動員できるということは、大変な効果があると思います。あまり両陛下のご訪問を政治的、外交的に考えてはいけないのかもしれませんが、日本に対する親近感、好意的な感情を一般の人々にまで広げるという効果があると思いました。デンマークでも馬車に乗って街の中を動かれるときは大勢の人々が出てきて大歓迎でした。テレビにも出るし報道もされるし、それは大変な効果です。

それから先ほどのディナーですが、デンマークの要人を軒並み招待するわけです。これらの人々の対日理解を促進したと思います。着任して一年も経っていませんでしたが、普段は会えないような人を含め、トップの人たちが揃うわけだから、そういう人たちと交流ができたというのは、とても良かったです。

昔の貴族を引き継ぐような人々は現在は政治の舞台には出てこないので、外交官の職務上は会う機会はなかなかありませんが、こういう機会で知り合ったため、その後話が聞けました。デンマークなり北欧なりのものの考え方とか、バイキング文化を含む伝統とか慣習などが理解できるようになったと思いますし、日本を理解してもらえるようになったとも思います。両陛下のご訪問は館員、館員夫人総出で、また、近隣公館よりの出張者の協力を得て、準備しました。両陛下主催のディナーの際には会場の一角に満開の桜の花でいっぱいの大きな枝が飾られ、出席者が感嘆して、楽しみました。館員夫人が森の中のまだつぼみであった桜の枝を切り、冷蔵庫に保存し、調整をして当日満開になるよう大変な努力をした賜物だったのです。

デンマークの印象

白鳥　デンマークの印象をお聞かせ下さい。

折田　デンマークというと日本の中であまり関心が持たれていないのが残念だと思いますが、なかなかおもしろい国です。デンマーク人の要人と会うと、「デンマークというのは小さな国なんですよ」とまず言うことが多いのです。確かに、人口は五五八万人(二〇一二年現在)で、香港より少ないです。面積はグリーンランドを除くと、九州ぐらいなんです。経済規模はEU全体の五〇分の一。しかし、存在感とか、デンマーク人が自分の国に持つ自信というのは、すごいものがあると感じました。一人当たりのGDPでは世界の上位でアメリカや日本より上です。

デンマークは、中世は非常に大きくて、コペンハーゲンというのはデンマーク王国の真ん中にあったのです。ところがナポレオン戦争のときに、イギリスとフランスの間の中立を保とうとしたのですが、当時はデンマークは相当の艦隊を持っており、イギリスから見るとフランスにデンマーク艦隊を取られると、自分たちの戦略的な地位が損なわれるというので、デンマークにイギリスにつくように迫り、最終的にはコペンハーゲンを艦船から攻撃したのです。そのことがあって、デンマークにデンマーク人はミサイル攻撃を受けた世界で初めての国はデンマークだと言います。イギリスに腹を立てたデンマークは今度はフランス側についてしまい、そしてフランスは、最後は負けてしまいます。その結果、当時はデンマーク領であった現在のノルウェーの部分は切り離されてしまいます。その隣のスウェーデンとは一〇〇年以上も戦争をし、現在のスウェーデンの南の部分、スコーネを失ってしまいます。スコーネに行くと、自分たちは半分デンマーク人だぞと平気で言います。また、スコーネの旗は、デンマークとスウェーデンの国旗が合わさったような旗です。それから、プロシアにユトランド半島の相当な部分が奪われてしまいます。デンマークとドイツの国境はユトランドの南のほうから大分北のほうまで上がってしまいました。その地方へ行くとデンマーク語をしゃべる人たちがたくさんいます。歴史の中でかつてのデンマークと比較すると国がかなり小さくなってしまったのですが、デンマーク人は関心を内側に向け国内を大きく改革して力をつけたいという気持ちになったようです。

ユトランド半島は、現在は、一見豊かなところに見えます。牧場があったり森林があったりしますが、当時は多くが荒地で、砂丘など何も育たないところでした。そこを見事に開拓して現在を築きあげたのです。皆が協力して農業協同組合を組織しています。世界で初めてのことらしいです。

そのほか多くのことで世界に先駆けています。義務教育制度ができたのは一七三九年です。国王が地主に対して、雇っている人の子供も含めて、学校に通わせろと命令を発して、一八一四年には、義務教育を定める教育法をつくっています。一八四四年には生涯教育を目的とした国民高等学校をつくっており、一八九一年には公的負担による高齢者年金制度、一八〇五年には森林保護法を制定しています。デンマーク人はこれらは世界最初だと言っています。自分の国をどうしていくかということで相当力を注いだ国です。

初めてのことを先駆けて実施したので、うまくいかず失敗もあったようです。しかし、政府が失敗をしたとしても、国民から見ると、ああ、それは残念でした、では、次のことを考えましょうということになって、政府に対する非難はあまりなかったようです。何もしない政権は大きな非難を浴びます。最悪の政府は失敗を恐れて何もしない政権である、こういうことを言っています。

そして福祉制度、高齢者福祉は実に整備されています。私も随分高齢者福祉施設を訪問しました。訪問する人よりも、訪問される高齢者のほうが服装が良いという感じです。おじいさんもおばあさんもきちんとした服装で出てきます。

ここは日本と違うのですが、高齢者は国が責任を持って面倒を見るべきだとの考えです。子供や孫が訪ねてきたならば、元気な、しかも立派な格好をしているおじいさん、おばあさんに会うのが良いことだ、おじいさん、おばあさん側にはみすぼらしいところは見せたくないとの感覚があるようです。介護をしてくれる人たちに対してはみすぼらしい格好を見せても、自分の子供とか孫には絶対見せたくない、という感じです。

親をそういう施設に送るのは、日本だと、あの息子、娘は、親は放っぽりだして自分たちのことしか考えていないのではないかと言われてしまうことがありますが、デンマークはそういうことは一切ないようです。

それから同性婚 registered partnership ですが、最初に始めたのはデンマークですよ。それがオランダに及んだり、北欧の他の国やフランスなどに及んでおり、最近では、アメリカでも問題になっていますよね。デンマーク人に話を聞くと、何も同性で結婚することが良いことだとは思わないが、多くの人間の中に自分たちとは違う性格を持っている人がいたって不思議はなく、その人たちがそういうことをしたいのであれば、それは社会として認めてあげるのは当然ではないかという感じでした。私の感覚からは、ちょっと違和感を覚えますが、彼らから見ると当たり前でした。あるとき、ヨーロッパのある国の男性の大使が着任して女王陛下に信任状捧呈をした際に、同伴者が男性だったことがありました。

白鳥　その大使のパートナーが男性だったということですね。

折田　燕尾服を着た男性二人が女王のところに行くというのが写真に出たりしました。でもデンマークでは当たり前と受け止められました。実は、同じ人がバルト三国のある国の大使も兼任し、その国で信任状の捧呈をしたら、その国では問題になり、そういう大使を認めるというのは、自分の国の習慣に反するものだという意見が出たりしました。

デンマークの在勤中には、外交問題で日本とデンマークが対決する話はほとんどありませんでした。デンマークの豚がある菌に感染されたということがあって、日本が輸入を止めそれについてどうするかというような話はありました。国連の場などではいろいろ協力関係にあったし、それから日本の安保理常任理事国入りはすぐに支持してくれています。

PKOについては非常に熱心で、日本の参考例になるのではないでしょうか。さらにアフガニスタンとかイラクには国際社会の一員としての責任を果たすとして、軍隊を出しています。日本がこのような国と国際社会の問題について意見を交換し、協力することはとても重要だと思います。

デンマークはEUのメンバーですが、ユーロには参加していません。EUに入るときも簡単ではなく、マーストリヒト条約はいったんは国民投票で否決されたのですが、後にもう一度の国民投票でようやく可決されて入ったのです。ちょうど在勤中の二〇〇〇年にユーロに参加するかどうかも国民投票になったのですが、五三%対四七%で否決されました。議会、政治家のレベルでは七対三でユーロに参加するべきだということだったのですが、否決されたのです。当時よく「民主主義の赤字」というような議論がされました。議員のように上々になると一般国民たる下々のことがわからないのではないか、さらにEUの本部があるブリュッセルではデンマークの人々のことなどもっとわからないのではないかといったことです。欧州の統合についてはちょっと一歩退いたところがあります。今のユーロ危機もデンマークからすると、自分たちが心配していたことが起こっていると思っているのではないでしょうか。福祉のレベルは高い反面、税金も相当高いのですが、そのような社会は維持したいと考えています。EUのある程度までの統合は良いけれども、それ以上の統合になると自分たちの福祉のレベルはむしろ下がってしまうことを懸念しているように感じます。ヨーロッパは一つといっても、国によりかなり感じ方の違いがあると思いました。

白鳥 実際に暮らしてみて、暮らしやすい国でしたか。

折田 暮らしやすくおもしろいところです。フラット社会というのでしょうか、本屋で立ち読みをしていたら、隣に女王が来られ一緒に立ち読みをしたという話を聞いたりしました。政治家も、俺は政治家だと威張るようなことはまったくありません。いろんなところで会合があって、席次が決めてなく自由にお座り下さいっていうことがよくあります。たまたま座ってみても、隣の人が誰だかわからないけど、自己紹介をして聞いてみたら大臣だったことがあるのです。福祉制度も総理大臣であろうと庶民であろうとまったく同じ扱いであると皆さん言っていました。

あるとき、大人数が参加する社交夕食会で隣の席にある人が座り、ちょっと日焼けした顔が赤茶けた色をしていたのですが、その人は当時の野党の党首でした。その後、政権交代で首相になったラスムセン(Anders Fogh Rasmussen)です。現在はNATOの事務総長です。最初は、相手のことがわからず、デンマークの国柄について話をしているうちに、実は自分は野党の党首です、と言われたのです。学校の先生をやっておられた奥さんもご一緒でした。その出会いがきっかけとなって、親しくなって、公邸の食事にもお招きしました。

そして「顔色が他のデンマーク人と比べて赤茶けておられるけれど、ゴルフ焼けですか」と言ったら、エヘへなんて笑って、「いやあ、実はナポレオンの時代にユトランド半島にスペイン軍がひと冬過ごしたのですよ。その冬はとても寒かったせいで、その後、多くの赤ん坊が生まれたのですよ。自分はその末裔かもしれない」と言うのです。本当かどうかはわかりません。Danish humorって言うのですが、他の国と比べてもきついユーモアが、次々出てくる世界です。

天皇皇后両陛下のご訪問の際に知り合った旧貴族の城に呼ばれた際に、そこで夕食会を開いてくれ、彼の親しい知人を呼んであり、デンマークで有名な教授も参加するとのことでした。主催者が言うには、「今日は昔からの友人ばかりだから、寛いでほしい。自分は金持ちのバカ息子だったのだが、親のおかげで若いうちにアメリカに留学に出たため、英語など勉強して今はなんとか格好がついている。そこに醜い顔をした奴がいるだろう、あいつは自分たちの仲間で一番いじめられた奴なんだ。最近少しは良くはなったが、相変わらず醜いよね。でも学問では成果を出しているらしい」と、それをみんなの前で大声で言うのです。その醜い顔をしたと言われた人が、有名な教授でした。教授も含めて全員が大笑いでした。これも Danish humor のようです。最初はこのような発言が飛び出したらどう答えて良いのか困りましたが、だんだん慣れてきて随分楽しむことができるようになりました。

リトアニアの杉原千畝記念館

服部 在デンマーク大使のときには、在リトアニア大使も兼任されていましたね。

折田 リトアニアは非常に親日的な国でびっくりしました。なぜ親日的かというと、日露戦争でロシアをやっつけてくれたということがあるのです。日露戦争の前にリトアニアはロシアに併合されています。リトアニア語の使用を禁止され、全部ロシア語でやれっていうことだったわけです。リトアニアの言葉はロシア語とはまったく異なる言葉です。

日露戦争でロシアが負けたために、ロシア国内ではいろいろな改革の試みがなされ、その中に、地方で使っている言葉の使用を許すというのがありました。その前も秘密出版などの次元ではリトアニア語は使われていましたが、公に使うことができることになったのです。日露戦争にはリトアニア人も駆り出され、兵隊として日本兵と戦った人もいるのですが、日本のおかげでリトアニア語を許されたと考えてくれているのです。

さらに、一九九一年一月にリトアニア人がソ連軍に立ち向かったときにそれを日本のテレビ局が世界に放送したことについて評価していることがあります。ちょうどペルシャ湾岸で多国籍軍が攻撃を開始するのとほとんど同じときにリトアニアでは旧ソ連に対する大きな反対運動がありソ連軍が動いたのです。それに対してリトアニアの首都のヴィリニュスにある議会と放送施設を、何の武器も持たない市民が囲んで守ったのです。まさしく湾岸戦争勃発のときで、世界の注目は全部そっちに行っているときです。

この動きを主導したのが音楽家でもあるランズベルギス(Vytautas Landsbergis)という人で、その後何度かお目にかかったけど、その人が共和国最高会議議長に選ばれて、そして議会の中に立て籠もります。そしてリトアニア人に対してテレビを通して、「これからリトアニアにとって大変重要なことが起きます。自分には何が起こるかわかりません。しかし、これから起こることは非常に重要なことだから、これから起きるであろうことは皆さんの子供、孫、子孫にぜひ伝えて下さい」というような放送をしました。そうするとバッとテレビが消えてどうなったかわからなくなりました。ソ連の軍隊が動いて、結局のところ学生を含めて十数名のリトアニア人が犠牲になり、命を失います。ソ連軍はあるところで退きます。この事件がきっかけとなってリトアニアの独立回復運動は一層強くなります。そのランズベルギスは、リトアニアのトップに選ばれました。そしてその後ソ連が崩壊へ向かっているときにバルト三国で一番最初に独立を宣言をしたのです。そのときに闘った人の記念碑があるし、その放送をしたランズベルギスという人は今や英雄みたいになっています。

そして、世界中の関心が湾岸に向いてるときに、リトアニアの事件をテレビで放送したのは日本が初めてなんだそうです。その放送自体は見たことはありませんが、リトアニアに行くたびに言われるんですよ。「そのおかげでリトアニア人がこれだけ闘ってると世界中が知るところになったんだ。日本のおかげなんです」と、あちこちで言われました。日本は随分感謝されているのです。

日本に対しては親近感があって、どこに行っても歓迎されました。戦争の話題に関しては、アメリカ、香港やイギリスのときなど外交官として気分の良くない立場に置かれることも多かったけれど、リトアニアはそうではなくて、日露戦争などの展示会などでも、日本は偉いと言われたりしました。

服部　リトアニアと言いますと、杉原千畝《ちうね》さんがいらしたところですね。今でも現地ではよく知られているのでしょうか。

折田　よく知られていますよ。「スギハラの家」と言われる杉原千畝記念館の開館式に招待され出席しました。杉原副領事が働いていた領事館の建物が、ヴィリニュスから一〇〇キロくらい離れたカウナスにあります。一九二〇年にポーランドがヴィリニュスを併合したため、首都をカウナスに移しました。そして、一九四〇年の夏に、リトアニアはソ連の支配下に置かれ、そのソ連から、外国の公館は閉鎖せよとの通達があり、また、ナチスドイツ軍の侵攻が迫っているときでした。杉原は領事館を閉鎖しなければならなくなり、閉鎖されるまでの間に多くのビザをユダヤ人に発給し、閉鎖後もホテルで彼が汽車でカウナスを脱出するまでビザを出し続けたのです。

門の前に並んだよれよれ姿のユダヤ人は最初は一〇〇名、たちまち二〇〇名になったといわれています。その数カ月後にはドイツ軍が侵攻し、リトアニアは一九四四年までその支配下に置かれ、その間に約二〇万人いたユダヤ人のほとんどが虐殺されたとされています。欧州各国の中でのユダヤ人殺害率は最高だそうです。ビザをもらったユダヤ人はソ連経由で日本に渡り、神戸等関西に行き、その後アメリカなどに渡ったと言われています。杉原のビザで命が救われた数は六〇〇〇人とも言われています。

その領事館の建物は普通のアパートになっていて、何家族かが住んでいたのですが、記念館にすべきだと世界中のユダヤ人グループが基金をつくり、カウナス大学が引き受け、そこに住んでいた人は立ち退いてもらって杉原千畝記念館となりました。

開会式は二〇〇〇年五月一九日にありました。多くの賓客の中にリトアニアの国会議員もいましたが、議員の一人がやってきて、自分はジンゲリス（Markas Zingeris）と言うと名乗った上、「自分の母親は、当時ビザをもらおうと門の前で長時間並んだ一人であったが、少しの差でビザを受けられず、その後ナチに捕まり収容所にいれられた。なんとか生き残り自分が生まれた。杉原副領事が人道主義の観点からビザを出し多くの命を救ってくれたことに感謝したい」と言っていました。

領事館の垣根の小さな門の前で厳しいな表情でユダヤ人がビザを求めて長い列をつくっている写真が残っていますが、現在の門は昔の様子を再現して再建され、「希望の門」と名付けられています。それから杉原がビザを出すために最後まで使っていたタイプライターが、当時使っていた机の上に置いてあります。開館式は門のところで雨の中で行われましたが、私が祝辞の中で、今日は天も感動して涙を流しているなどと述べたところ、現地の新聞にその部分が大きく報道されました。

杉原副領事はビザを出したから、それを理由に外務省を解雇されたのだと伝説になっています。

服部　それは訓令違反という意味ですね。

折田　訓令違反のため杉原副領事が解雇されたという事実はどうもないようです。戦後、海外にいた外交官は日本に戻ってきましたが、終戦連絡事務局にそんなに多くの人数は要らず、多くの人に外務省を辞めてもらいました。彼はその中の一人だったようです。

それでもリトアニアの人たちも含め、解雇を覚悟でビザを出した立派な人であったと理解されています。ビザをカウナス出発の直前まで必死に出していたことは事実で、そのために命を失わずに脱出できた人々が大勢いることを考えれば、それが理由で解雇されたということの事実関係は確認されてないとしても、杉原千畝が大変立派なことをしたことは間違いのないことだと考えます。

第10章　イラク戦争と歴史和解
――駐英大使

2003年4月，小泉総理がロンドンを訪問

2003年7月，日英首脳会談後の夕食会(箱根)

9・11後

服部　折田先生は二〇〇一年九月から約三年、駐英大使を務められます。最大の懸案は、イラク戦争だったと思われます。二〇〇三年三月のイラク戦争では、日本とイギリスはともにアメリカの武力行使を支持しています。イギリスは参戦し、自衛隊もサマーワに駐屯しました。基本的にはアメリカを支持しつつも、アメリカの独断専行を牽制して、国連を重視するという意味で、日英は近い立場だったのでしょうか。ブレア政権とは、イラク戦争、対米政策、自衛隊などをめぐって、どう協議しましたか。

折田　駐英大使の任命は二〇〇一年九月一二日です。9・11テロの翌日です。アメリカ、イギリスがアフガニスタンで軍事作戦を開始したのが一〇月七日、私がロンドンに着任したのは一〇月一六日です。ロンドンはかなり緊張した状態でした。日本政府はロンドン在住の邦人に対して、できれば日本に退避するようにと言っていました。邦人たちも、次はロンドンかもしれないと結構心配していました。イギリス政府も首相以下が、テロがあるかないかではなくて、いつ起こるかということだから皆さん緊張して下さいと言ってました。

通常、在留邦人は大使館での行事にはすぐ来て頂けるのですが、そのときは「大使館でやるのはやめてほしい。一番怖いのは大使館ですから、会場は違うところにしてほしい」などと要請があったりしました。

日本では、すぐにテロ対策特別措置法ができましたが、できたのをみて、一九九〇年に廃案になった国連平和協力法案が下敷きになっていると思いました。あの経験があったから、大変な速度で法案が作成され、国会を通したわけですね。あの経験もあって今度は迅速に対応できたなと思いました。

次第に、焦点がアフガニスタンからイラクに移っていきました。

イラク戦争へ

折田　9・11のあった翌年の二〇〇二年夏頃にはアメリカが単独でもイラク侵攻を行うことを念頭に作戦を練っていると伝わってきました。イラクに大量破壊兵器が存在している可能性があり、これが国際テロリストの手に渡るのではないかが大きな懸念となっていたのです。イラクからの亡命者を聴取すると、自分のところでは廃棄したが、隣の部署がどうなってるかわからない、持っていても不思議はない、ということもあって、やはり持っているのではないかとなったようです。このときに日本もイギリスもアメリカが単独で行動するのではなく、国際テロの問題は「アメリカ対テロ」ではなく、「国際社会対テロ」の考え方に立つべきであって国連で議論すべきだと主張しました。アメリカの国内では意見が分かれていたようですが、結局ブッシュは国連安保理で議論すると決断します。安保理での議論の結果、二〇〇二年一一月に安保理決議一四四一ができます。イラクは湾岸戦争の休戦の効力発生の条件、すなわち、大量破壊兵器の廃棄、査察の全面的な受け入れを定めた安保理決議六八七を含む関連決議の重大な違反を続けてきている、安保理は虚偽の報告など決議を遵守せず、査察の協力をしないことは一層の重大な違反となり、深刻な帰結に直面することの警告を繰り返してきているとし、大量破壊兵器の完全廃棄、査察の全面的受け入れを求める内容です。

フセインは査察の来訪は認めたのですが、どうも一〇〇%はオープンにしていませんでした。査察団の報告も、自分たちが点検した限りでは大量破壊兵器の存在は確認されなかった、というものでした。アメリカにしてもイギリスにしても課報機関から見ると、フセインが全部廃棄したと言っているけれども、それは疑わしい、大量破壊兵器がある可能性は残っているという判断だったのです。私の承知する限り、フランスもロシアも完全に廃棄したとの証拠はなかった。国際的に諜報、情報当局間では、持ってるかもしれないと思われていたのではないですか。

そういう中で査察の結果報告も踏まえ今後どうするか安保理の議論がなされました。一四四一に続くいわゆる第二の決議をめぐる議論です。イラクがきちんと対応しない場合は武力行使の権限も認めるという案、もっと強化した査察をさらに継続する案が出され、二〇〇三年の一月から二月にかけて、安保理の中で決議の議論がなされました。日本は安保理メンバーではなかったのですが、安保理は議論をして結論を出すべきだという主張をしました。川口順子《よりこ》外相も熱心でした。例えば非常任理事国だった、アンゴラ、ギニア、カメルーン、チリ、メキシコのようなところに対しても特使を出すなどして安保理で結論を出すよう外交的な働きかけ、安保理が一致して対応することがイラクの態度変更を促すことになると訴えました。それからアメリカに対してもあまり性急なことをやるな、国連で通すことを考えろと日本は言い続けました。最初のアフガニスタンへの武力行使のときはアメリカやイギリスは自衛権行使として出ていったわけですが、イラクになると状況が違ってきます。アメリカに意見を言っていく必要があるというところでは日本とイギリスは同じだった。ブレア首相の言ってることと小泉(純一郎)総理の言ってることは似ていたと思います。

ロンドンでは、私は、首相官邸でブレアの側近だったマニング(David Manning)外交担当補佐官と、また外務省、国防省、諜報機関のトップの人たち、保守党、労働党の議員などと連絡を取り、意見交換しながら仕事をしました。マニングはその後、イギリスの駐米大使になりました。

日英間では、イギリスはイラクに対して米軍と協調して軍隊を出すことまで考えていたこと、イギリスは安保理常任理事国だという違いはありましたが、考え方は非常に似ていました。マニングと意見交換しているときに突然ブレアがやってきて、三人で話したこともありました。

最終的には、アメリカは二〇〇三年三月にイラクに対して、単独というか国連の新しい決議なしでの行動に移るわけですが、そのときに小泉総理はすぐに支持を表明します。アメリカはそれを非常に評価しますが、イギリスも評価しました。

服部　マニングと話し合っているときにブレアが突然やってきて加わったというのは、いつの話なのでしょうか。

折田　武力行使が始まったのが三月二〇日、議会で政府の対応について大議論があったのが一八日ですが、その前の一一日のことです。非常に緊迫したときだった。

服部　ブレアさんはどう発言されましたか。

折田　日本が第二の決議の実現に向けて小泉総理が直接電話をしたり、特使まで出して精力的に説得の努力をされていることは大変素晴らしいものである、それを高く評価する、というような言い方をしてました。

イギリスの国内はブレア首相にとって容易ではなかったのです。アフガニスタンの場合は概ね皆やむを得ないと考えていたのですが、イラクに武力行使をすることは本当に良いのかという議論には強いものがあり、閣内でも議会でもそうでしたし、マスコミ、国民レベルでもそうでした。

イラクに対して攻撃をするのは反対であるという大変なデモは、イギリスにとっては史上一、二の大変な大きさのデモと言われましたが、それが二回ありました。ハイドパークに結集するのですが、その前にダウニング街から、議会をずっと回っていくデモです。そういう中でイギリス政府も国連決議を通すべきだということを強く主張しました。欧州の中では当時安保理の非常任理事国だったドイツは選挙を控えていたからだと言われましたが、当時のシュレーダー(Gerhard Schröder)首相が早くからアメリカの軍事行動に反対の立場を明らかにしていました。それからフランスはイラクの政権と結構関係があったようですが、強化された査察を続けるべきだと主張したわけです。そしてアメリカ、イギリスが唱えた武力行使容認決議案を出すというようなことをやれば、それに拒否権を振るうということまで示唆したのです。意見は一致せず、アメリカとしてはこれ以上待てない、それは軍事作戦上の問題であるとともに、また、フセインが何か仕掛けるかもしれないことで戦闘に踏み切ると決めたようです。フセイン自身がというよりも、フセインがテロリストに武器を渡してやらせることも考えられることを、深刻にアメリカは捉えたわけです。そして、ブレアもアメリカと行動をともにすると覚悟を決めたようです。

イギリスでは三月一八日に議会下院で夜遅くまで議論がなされました。このときの議論はすごかったですね。答弁はブレアが一人で対応していました。並みいる議員を相手に、もうこれ以上待てないんだと縷々説明して、結局採決になって労働党内部の造反者の数がちょっと減りました。保守党はブレアの立場を支持し、政府の政策を肯定する下院決議が可決されたのです。四一二対一四九でした。その決議は、イラクが安保理決議を遵守する最後の機会を拒否し、外交努力にもかかわらずある国が第二安保理決議に拒否権を行使することを表明したことを遺憾とし、英国が大量破壊兵器の武装解除のために、いかなる手段をも行使すべきとの英国政府の決定を支持するという内容です。

これはブレアに後から聞いた話だけど、「自分は決議が通らなかったら首相を辞めるつもりだった」と言っていました。

服部 ブレア本人が言ってたわけですか。

折田 そうです。政治生命をかけて正面から議論したのです。世論調査では、第二決議なしでの戦闘行為反対が六〇%を超えていたものが、ブレアの決断後は戦闘行為賛成が五五%を超え、マスコミではブレアの決断力が評価され MARK 1 から MARK 2 に昇格したとするものもありました。ただし、クック（Robin Cook）下院院内総務や閣外大臣が辞任することはありました。

結局戦闘が開始されます。フセインの側はまさかアメリカ、イギリスがイラクに対して、湾岸戦争みたいに出てくるとは読めなかったようです。後にフセインが捕まり、尋問されるのですが、ほんとは大量破壊兵器は廃棄していたのですが、わざと曖昧にしていたのだと述べたようです。持ってるかもしれないと思わせることで、自分のイラク国内における力、それから周りの国に対する力を維持したかったようです。

仮にフセインが、安保理決議に従って、どこでも全面的に査察を認めていれば、こういう事態にならなかったかもしれません。

小泉外交への評価

折田 小泉総理は、米英の行動に支持を表明します。実際の戦闘は早く終わって、その後は国連の決議に基づいて多国籍軍がイラクに駐留し、日本も自衛隊をサマーワに派遣します。そのときに、日英間の国防、防衛当局間で話し合いを行い、自衛隊は現地の英軍の協力を得ています。アフガニスタン関係で日本の自衛隊艦船が英国の艦船に燃料を補給していたこともあって、日本に対しては協力をすべきだというのがブレアの考えだったから、非常にスムーズに行きました。ブレアはイギリスは欧州で日本の第一のパートナーであり続けることを確保しなければならないとも言っていました。

二〇〇三年の四月末に小泉総理が英国を訪問し、七月にはブレアが日本にやってきています。箱根で小泉総理と首脳会談をやったのです。私もその箱根に同行しました。両首脳の意思疎通は良かったように思います。ブレアも小泉総理と波長が合うと言っていました。

服部 芦ノ湖のホテルでしたね。

折田 そうです。バイキングの船みたいなのが浮かんでいる近くです。

服部 総合的に見てブレアの外交についてどうお感じになりましたか。

折田 私は活発に良くやっていたと思います。非常に指導力を発揮していたし、アメリカとの関係では小泉総理の力もあったけど、ブッシュの決断のところで、国連でまず話をしようとしたところは、ブレアの力があったのではないかと思います。

ブレアとブッシュはよく並んで記者会見に出ていましたが、あれを見るとほんとおもしろかったですね。ブッシュがぼそぼそと、ときどき英語の発音と文法を間違えながら発言すると、その後にブレアが明確な英語で論理的に説明する。ブッシュはそれをじっと聞いていました。

ブレアはヨーロッパの中でもかなり存在感がありました。イギリスの中では親ヨーロッパです。イギリス保守党は大陸ヨーロッパと少し距離を置けという姿勢ですが、ブレアは積極的に大陸ヨーロッパと一緒にやっていくべきだと唱えていました。それからシラク(Jacques Chirac)とはイラク問題では最後には喧嘩のような議論もしますが、首相就任直後にはブレアはパリの議会でフランス語で演説したりもして、フランスとの関係を良くしようと努めていました。EUの待機軍構想のような話ではシラクと一緒に積極的に対応していました。

服部　この間に折田先生は帰国して、小泉総理や川口外相に直接報告されましたか。

折田　大使会議のような機会には小泉総理とも会ったし、それから小泉総理、川口外相はイギリスにもやってこられたので、そういうときにも説明しています。ブレアが訪日の際には私はもちろん戻ったから、そういうときにも説明しています。

服部　先ほどの箱根のときですね。箱根で小泉総理とブレア首相はどういう会話を交わされましたか。

折田　イラクの戦闘は一応終結しており、その後どのようにするかの段階でしたので、国連を活用して協力しようということで、特に意見が対立するようなことはなかったですね。

服部　小泉総理は、どちらかというと聞き役だったわけですか。

折田　彼は両面あるんです。静かに聞くだけのこともありますが、信じたことをワーッと言い出すときもある。ブレアとの会談では特にワーッと言い出すことはなかったですね。

服部　結果的に大量破壊兵器というのはなかったわけですけども……。

折田　なかったです。

服部　その辺りを含めまして、小泉外交をどう評価されますか。

折田　あの時点でアメリカを支持したことは正しい判断だったと思います。大量破壊兵器がなかったということは後でわかった話ですが、残っていたらどうなるのかを考える必要がありました。また、フセイン側が逃げ切った場合、すなわち全面査察に積極的に応じることをしないままに推移し、国際社会の関心が薄れていくようなことになった場合、国際社会を甘くみて大量破壊兵器の開発を再開したかもしれません。なかったということから考えれば、やったのはけしからんという議論はできるのかもしれませんが、それは後付けの議論です。

あのときに置かれた状況を考えると、何があってもおかしくないという感じが一番強かったのがアメリカです。それから、それを感じたイギリスも、相当国内で反発があったにもかかわらずやった。ブレアとしては苦渋の選択だったと思います。そして勇気のある決断だと思います。

イラクをめぐっては情報の捏造問題というのがありました。「セックスアップ（誇張）」と称するんだけど、首相官邸の人物がイラクに関する情報をいろいろと魅力的にして、そして文書にまとめたのではないかという疑惑です。それに関する情報を外部に漏らしたと疑われた国防省関連の人が、自殺してしまってイギリスの国内では大騒ぎになりました。ブレアはちょうど訪日のためアメリカ経由でやってきたときに飛行機の中で自殺のことを初めて知ったのです。だから日本にやってきたときのイギリスのマスコミの関心事はそれに集中していました。捏造問題をあなたはどう考えるかという、それ一点でした。

小泉総理は記者会見でもブレアをサポートして、話題がそこに集中しないように、それからイギリスがきちんとした仕事をしているんだという話をして、助け船を出したんです。それはとても印象的でした。

服部　そうするとある意味で、小泉総理は外交面で傑出していたという印象ですか。

折田　このときの対応は立派だったと思います。

服部　確か国会の議論だったと思うんですけれども、大量破壊兵器がどこにあるのかと聞かれて、小泉総理はそんなこと自分が知るはずないと述べて物議を醸したこともありましたね。

折田　言葉尻を捉えられたことはたくさんありますよ。

服部　小泉さんが外交面で傑出していたという評価は、外務省内でも一般的なんでしょうか。

折田　様々な局面がありますが、イラクとの関係では、まずアメリカに歯止めをかけようとしたというところも立派だったし、それにもかかわらず日米関係は決して悪くはならなかった。そして、最後はアメリカの決定を支持したところが日米関係を強化したと思います。それから、かなり決断を要したのは自衛隊を派遣したことです。自衛隊をインド洋とイラクのサマーワに派遣する決断をされました。この決断というのはリーダーとしても大変立派だったと思いますよ。

戦闘が一応終結したときに、日本としてイラクにできる役割があるのではないかということになり、具体的に何があるのかを調査しなければならないということになりました。そこで、ロンドンの大使館員を出したわけです。それが奥克彦参事官です。その後大使の称号が与えられます。それにヨルダン大使館の井ノ上正盛書記官も加わって、イラクの現場で協議をしていたのですが、二〇〇三年一一月にクルマで移動中に突然襲撃されて命を落としてしまいます。大きなショックを受けました。本人にとって非常に気の毒だし、大変なことだと思いました。残された奥さんとかお子様はロンドンにおられましたが、本当にかわいそうで胸が詰まる思いでした。奥大使はロンドンで広報文化を担当していましたが、友人が多く、また、ラグビーの選手でもあったので、ロンドンで行ったメモリアルには多くのイギリス人が参加し、彼を偲ぶラグビーの試合も開かれました。彼が留学したオックスフォード大学でも彼を偲ぶシンポジウムが開かれました。

ジャパン二〇〇一祭・愛知万博

折田　ジャパン二〇〇一祭というプログラムがありました。赴任したときにはもう始まっていましたが、二〇〇一年に始まった日本文化を紹介する一連のプログラムです。前任の林(貞行)大使のときですが、計画の始めは日本の皇太子殿下と、英国のチャールズ皇太子(Charles, Prince of Wales)にも参加してもらって、ハイドパークでオープニングの式典をしたのですが、流鏑馬《やぶさめ》の行事もしたりして、二〇万人以上の人が集まったそうです。

その後一年間、日本の紹介をしました。9・11テロがあって、あるときは日本から訪問予定の交響楽団がイギリスも危ないかもしれないとして訪問を取り止めたことがありました。そのときはイギリスにおられた日本人で音楽を勉強している人々が代わりをやってくれて、大きなホールでしたが、大喝采を受けたことがありました。行事はロンドンだけではなく、全国津々浦々でやろうということで、それこそスコットランド、ウェールズ、北アイルランドでも行事をやりました。

一年間で約二〇〇〇の企画、参加した人の数の合計は三〇〇万人くらいでした。私も各所へ行き講演をしたり、オープニングの式典に出席しました。この文化行事は日本の国内実行委員会・熊谷直彦委員長、イギリスの国内運営委員会・ブレイクナム(Michael Blakenham)委員長の指導の下多くの方々を動員しました。館員も総出ですが、大使館員だけでは対応できないのでイギリス人に働きかけ、それから在留の日本人にも働きかけて、そういう人たちと協力して多くのプログラムを実施しました。そのときに印象が強かったのはイギリスの若者の協力です。卒業したての英国の学生に一年か二年間、日本に来てもらって、日本の学校で英語を教えるＪＥＴプログラムがあって、当時は一年に五〇〇―六〇〇人のイギリス人が日本に来ていました。東京とは離れた地方の田舎にも行っています。そして日本人と交流をするのですが、経験者がイギリス全国に多くおり、そういう人たちが全面的に協力してくれました。思わぬところで文化行事や交流ができたのは感激でした。こういう部分の交流はとても大事だと思いました。まさしく草の根交流です。

白鳥　その他に何か大使としてお時間を割かれたことはありますか。

折田　愛知万博の問題がありました。愛知万博にイギリスが参加してくれるかどうかは、日本側にとって大きな関心事でした。そもそも万博の考えを発案したのはイギリスだったので、特に愛知の人たちはイギリスが来てくれないと困るということでした。当時イギリスから見ると、ちょうどイラク問題の議論の真っ最中で、もし武力行使のような事態になった場合の予算を準備しなければならない段階でした。

万博関連費用は外務省の予算からということになると、イラクの問題で何があるかわからず、それに備えるために万博のようなことに費用を回すことは困難なので、残念ながら今回は参加できませんと、二〇〇三年一月にストロー(Jack Straw)外相が川口外相に電話で言ってきました。

日本からは、世界情勢の中でイラクの問題がどうなるかとはまったく関係なく、愛知万博にイギリスに参加するようにしてほしいと私のところにも各方面から随分圧力がかかりました。なんとかイギリス国内を説得してくれというのです。政府関係者とか議員とは、毎日戦争になるかどうか、万が一の場合はどうするかという話をしながら、実は万博があるのでよろしくと話をすることにはなかなか辛いものがありました。

万博については、多くの議員にかなり働きかけるとともに、イギリス外務省とか首相官邸には、「イギリス政府の資金が緊迫した状態にあるのは理解するが、もし、民間で参加してくれそうな企業が出てきた場合には、政府は邪魔するのではなく応援してほしい。我々は民間に直接働きかけますが良いですね」と言ったのです。先方は「どうぞ」と言ってくれたので、日本の商工会議所、日本倶楽部、企業にも頼んで、イギリスの経団連をはじめ主要企業を回って働きかけました。そうしたら参加の用意のある会社が何社か出てきました。

二〇〇三年七月にブレアが日本にやってきたときにスピーチの中で、今度イギリスも愛知万博に参加することにしました、と宣言をしてくれました。それでイギリスも参加することになりました。

歴史和解

服部　村山談話以降、歴史和解を進めようという動きがあったと思います（折田正樹「戦争の傷跡をいやす心の和解への日英間努力」『霞関会会報』第七一二号、二〇〇五年）。歴史和解は重視されていましたか。

折田　歴史の和解というのは私にとって大きな課題だと思っています。これは今でもそうです。在香港総領事の時代にも過去の歴史問題がありました。香港では、日本が真珠湾を攻撃した直後のクリスマスは、「ブラッククリスマス」というのです。日本軍がやってきて、英軍やその他関係者を収容所に抑留しました。そこで抑留者は厳しい扱いを受けたのです。そのイギリス軍には志願兵のような形で急遽軍隊に入り、ほとんど訓練も受けていない人が大勢いたのです。日本軍が入ってきたときにはひとたまりもなかった。日本軍は香港を支配するのですが、そのときに軍票を出します。その軍票は戦後紙切れになってしまい、財産を失った人もいたのです。そういうことで反日的な動きは香港でもありました。それで一二月になるとデモがあり、総領事館にもやってきました。なんとかしなければと思って、私は反日派の代表ともよく話をしました。

服部　反日派の代表というのは、どういう方になるんですか。

折田　立法評議会に直接選挙で選ばれた議員の一人です。そういう人と話が通ずるようになり、意見交換を大分しましたが、その後反日的なことを言わなくなりました。難しいと思われる相手とも意思疎通をすることは大事だと思いました。

服部　「ブラッククリスマス」の何周年かのときですね。

折田　そうです。イギリスに駐在していた時代には、イギリスの大衆紙などには一二月ぐらいになると戦争中に日本兵の残虐行為があったというような、人の感情を煽る写真入りの記事がよく出ていました。歴史の問題は残っていると感じていました。一九九八年にデンマークに天皇皇后両陛下をお迎えした際にも直前のイギリス訪問の際にあった事件の話を聞いていたことは、デンマーク時代の話の中で述べたとおりです。

白鳥　歴史和解を意識するようになったのは、在香港総領事時代の経験が大きいのでしょうか。

折田　大きいです。

白鳥　それ以前はいかがでしたか。

折田　本省勤務の最初にフィリピンを担当したときにフィリピン議会が通商航海条約を批准しなかったり、日本の経済協力についても抵抗がありました。日本にひどい目に遭ったという後遺症があって、戦争に由来するしこりが人々の心に残っていると思いました。

日本人は他国の意識について理解が浅すぎると感じています。日本で戦争というとすぐ日本が被害を受けた原爆や大空襲の話になります。戦争の際の請求権の問題は法的に解決されていたり、日本としての反省の言葉は総理等から述べられており、謝り続ける必要はないし、お金を出せばいいというわけではありませんが、少なくとも事実関係は十分知り、この国との関係はそういうことがあり、依然として心に傷を持っている人がいるということを踏まえて将来のことを考えるようになってほしいと今でも思っています。

オランダとも歴史の問題があります。オランダ人の戦争犠牲者が毎年日本に来ています。いわゆる村山談話に関連して、外務省は、平和交流計画と称して日本に対して反感を持っている人たちで日本との心の和解を図りたいという人々を毎年一度日本に招待し、今の日本を見てもらおうというプログラムをやっています。やってこられた十数人のオランダ人をここ中央大学に連れてきて教室で学生と交流をさせています。戦争犠牲者、あるいはその息子、娘たちで、年を取っている人はもう八〇―九〇歳近い人たちです。学生に対して、どういう被害を受けたのか、そして今の日本についてどう思うか、という話をまずしてもらって、学生からも質問して討論をしています。その後、懇親会をやって、一対一で話をする機会をつくるという試みです。中央大学に迎える計画は昨二〇一一年一一月にも実施しました。四回目です。小さな試みかもしれませんが、一つ一つ積み重ねていけば、なにがしかの効果はあるのではないかと思っています。そういうふうに日本に対してしこりがある人というのは、アジアのみならず、イギリスやオランダにもいるのです。日本とオランダの間でこのような問題があることを知っている学生はほとんどいませんでした。

白鳥　インドネシアでしょうか。

折田　かつてのオランダ領東インド、今のインドネシアで起きたことです。一九四二年春に日本軍が侵攻し、四五年まで占領下に置きますが、その間に起きたことです、収容所に入れられ強制労働をさせられたり、ビルマや日本に連行されて強制労働をさせられた人もいます。慰安婦だった人もいます。一昨年は慰安婦になった人の娘がやってきました。交流会のあとオランダ人の話を聞くと、今の日本の若い人たちと話をすることにより日本に対する心のしこりを解きほぐしてくれたと評価しています。

これはオランダの人が言っていた話ですが、その人がイタリアを旅行したらインテリ風の日本の若いグループがいて、その人たちと仲良くなって一緒に食事したところ、日本の若者は欧州統合の歴史や現状、オランダが果たした役割、日本とヨーロッパの関係についてはとてもよく知っていて感心したのだそうですが、日本とオランダが戦ったということは一人も知らなかったそうです。それで衝撃を受けたと言っていました。

反日グループとの対話

折田　イギリスにも戦争中に日本から被害を受けた人たちはたくさんいます。もう年配で、田舎に引っ込んでいる方が多く、普段は行事をやっても出てくることもあまりありません。しかし、例えば日本の若者がどこかに行ったときの何気ない発言が大きく相手を傷つけることがあります。そうしたことは絶対しないでほしいと思って、日英間で請求権の問題は法的な問題としては片付いているとしても、心の傷が残っている人がいることを意識するようにと在留邦人にも話しました。それからそのような人々にも積極的に会うようにしました。

服部 駐英大使になる少し前、橋本総理のとき、一九九八年一月でしょうか。大衆紙の『サン』に謝罪メッセージを出されたと思うんですけど、そのことについて何かお聞きになっていますか。

折田 出したというのは知っています。そのときはデンマークにいました。天皇陛下がイギリスを訪問されるときだったから、変なことにならないようにというお考えがあってのことだと思います。橋本総理の非常に大きな関心事でもあったようです。デンマークの話の中で言いましたが、天皇皇后両陛下が英国を訪問された際に、軍服を着て行列に背を向けて並び、その後、日の丸を焼いた事件がありましたが、その一群の人の中心になっていたのがカプラン(Jack Kaplan)という人です。彼は捕虜としてビルマまで連行され、多くの厳しい仕事に従事させられ、その際の酷い経験が原因で反日グループの中心となっていました。「アガペ」という民間団体と協力をして大使館としても本人と接触を試み、現在の日本、日本人を知ってもらうことにより和解ができたらと考えました。当初、訪日などはとんでもないと言っていたのが、ついに二〇〇二年に招待を受け日本を訪問することになったのです。日本では、広島、長崎を訪問してもらい、また、当時ビルマで日本兵だった人たちにも会ってもらいました。帰国後、私のところに手紙をくれて、その中で、訪日して本当に良かった、過去の日本と今の日本は違う、自分は酷い目に遭ったが、広島、長崎を見ると日本人も酷い目に遭ったことがわかった、原爆のことを考えると投下したのは米国かもしれないが、投下の決定には英国も加わっており、英国にも責任がある、自分の余命は短いかもしれないが、日英関係のために努力したいということを伝えてきました。それだけでなく、スコットランドの新聞に同様の趣旨を投稿し、それが大きく報じられたことがあります。彼とは心の和解を成し遂げたと言えるのではないでしょうか。
その後、彼は二〇〇四年に亡くなられました。葬式には公務があって出席できなかったので、妻と館員に葬式に出席してもらいました。反日グループの人たちが多く出席していたのですが、日本が葬儀に人を送ってくれたといって大変に評価されました。カプラン氏の奥様、娘夫妻とはずっと手紙のやり取りをしていました。二〇一一年九月には娘夫妻が訪日し、一緒に食事をしました。つい最近ですが、一二年の一〇月にカプラン夫人がお亡くなりになったとの連絡を娘夫妻から頂き、お悔やみの連絡をしました。
このカプラン氏の件については、大使の任務が終わった際に、橋本元総理に説明したところ、とても喜ばれ、天皇陛下にもご説明したいと言っておられました。橋本総理は、天皇陛下の英国ご訪問をとても気にかけていて、自分は総理を辞めようとも思ったくらいだと言われていました。私自身、天皇皇后両陛下にもご説明する機会がありましたが、そこまでやって下さったんですかと大変お喜びになられました。
天皇陛下がつくられた歌をまとめた本があります。その中に戦争のことが入っていて、イギリス訪問について「戦ひの痛みを越えて親しみの心育てし人々を思ふ」という一句を載せておられます。天皇陛下は、戦争に起因して今でも日本に対して悪感情を持つ人のことについて非常に心配をされて、またそれを解消するために努力する人がいることについて感謝されていると思います。
白鳥　外務省には、歴史の問題を取り上げることを快く思わない方もいるのでしょうか。
折田　異議が唱えられたということはまったくなかったです。日英間の政治レベルの話し合いでは一切出てこなかったですけれども、私はそれで済むのかと思ったわけです。こうした和解の促進はまさしく大使館の果たすべき役割じゃないかと思います。
白鳥　大使館の外交活動としてはやるけれども、首脳会談の場では一切話題にならないわけですか。
折田　一切ならなかったです。なお、オランダの場合は、外相会談でオランダの外務大臣が和解のための交流計画について評価と感謝を述べたと聞いています。

服部　イギリスでの和解の交流を進める上で、日本側の民間人ともたぶん接触されたと思うんです。例えば恵子・ホームズさんですとか……。

折田　先ほど述べた民間団体は恵子・ホームズさんが率いる「アガペ」のことで、熱心に活動しておられましたよ。恵子・ホームズさんが被害者を日本に招待するというときに、言ってみればそれに乗ったわけです。

服部　むしろ民間が先駆けてやろうとした事業を、外務省が後押しされたということですか。

折田　そうです。

服部　その他にどなたか印象に残っている方や団体はありますか。

折田　日本人学校に子供を送っているお母様たちです。例えば大使館で戦争犠牲者たちを呼んでパーティをやるときに、そのような方々にも加わってもらいました。それで、いろんな話を聞いてあげて下さいと頼みました。こうした方々は戦争被害者から一生懸命話を聞くわけです。そうすると話をするほうでは胸のつかえがとれるということがあるようです。話すっていうのは良いことなんですね。

コベントリーの広島・長崎展

折田　また、八月の終戦記念日のような機会にカンタベリーに行きました。カンタベリーの辺りは被害者が結構いる場所で、大聖堂での和解の行事に出席し反日的な人々と交流をしました。それから戦時中にドイツの空爆を受け、大きな被害に遭ったのですが、新設された近代的な大聖堂の横に記念として破壊された大聖堂をそのまま保存しているコベントリーにも行きました。コベントリーはドイツにやられたところなので、反独、さらに反日の感情が残っているところです。その大聖堂のホワイト(Andrew White)司祭のご努力があって、和解の行事がなされ、そこまで行って、現地の人と話したり、大勢の前でスピーチをしたりもしました。
コベントリーでは、非常に嬉しかったのですが、二〇〇三年一〇月に広島・長崎原爆展を開催してくれたのです。当時、日本では、広島・長崎展を外国でやるべきだと唱えられていました。まずは、アメリカでやろうという話だったのですが、アメリカの一部の人は賛成してくれましたが、非常に強い反対があって結局ワシントンではできなかったときに、コベントリーは引き受けてくれたのです。

服部　写真などの展示会ですか。

折田　広島・長崎の悲惨な状況の写真や捻じ曲がったスプーンみたいなものなどを持ってきて展示したのです。コベントリーの中心の大聖堂の近くにある市の施設でやりました。展示会のオープニングの際に市は「平和月間」の最初の日だとしてすぐ近くにある大広場で式典をやりました。中学生の一群も含め多くの人が参加している中で檀上に呼び上げられて座っていたのですが、イギリスの中学生が二人呼び上げられて、広島で被爆して原爆症で亡くなった佐々木禎子さんと千羽鶴の話を読み上げたのにはびっくりしました。そして整列していた中学生が多くの風船に一〇〇〇個の折鶴をつけて一斉に飛ばしたのには感動しました。

服部　それはイギリス在住の日本の方も協力されたわけですか。

折田　折鶴はイギリスの中学生が一生懸命折ったんですよ。

服部　そのときの反響はいかがでしたか。

折田　現地の新聞には大きく出ましたよ。

服部　好意的な扱いでしたか。

折田　好意的でした。私も用意していたスピーチをやめて、「今日はイギリス滞在中の最も感動した日だ」と言って、「過去にはいろいろあったけれども、広島・長崎展にあるように、日本も相当被害を被っている。これから先はみんなで前向きに協力して平和な世界をつくるよう努力すべきだ。平和が重要だということは風船に乗った千羽鶴がコベントリー発で世界に発信したと思う」というような趣旨を述べました。

英国についての印象

白鳥　日本と英国との関係はどのように見ていますか。また、英国はどのようなところに特徴があると思いますか。

折田　私が在勤していたときは、一般的にいって、日英関係は非常に良かったと思います。アフガニスタンに関しては日本が率先してアフガニスタン支援の国際会議を開催したこと、日本の自衛隊艦船がイギリスにも燃料を補給したこと、イラク戦争でとった日本の立場、復興のために自衛隊をイラクに派遣したこと、これらをイギリス政府は高く評価しました。イラク派遣の自衛隊にはイギリスは全面的にサポートしてくれました。それからイラク戦争に至るまで、アメリカに働きかけるところは日本とイギリスは相通ずるものがあったと思います。また、多くの日本企業のイギリスへの進出も歓迎されていました。

地政学的にみると、イギリスは日本と似たところがあると思います。大陸とどういう関係を結ぶか、同盟関係にあるアメリカとどう向き合うかは共通点があります。大陸の国といってもヨーロッパは同じ程度の力の国々が併存しているところは異なりますが、イギリスは、ＥＵの一員といっても、ユーロには参加しておらず大陸諸国からは一歩退いた対応をしています。それからアメリカとの関係は、「特別な関係」にあるといっても、国際問題について常に意見が一致しているわけではありません。だから日本とイギリスが相互に学ぶところ、組んで協力できるところはたくさんあるような気がします。多極化、多面化する世界の中で、英国のような国に対する配慮を日本はもっとしなければならないと思います。

国際政治の面ではイギリスは国連安保理の常任理事国です。経済規模、ＧＤＰで見れば世界の第七位ですが、金融力には、かなり大きなものがあります。このイギリスは、これまで世界に先駆けた多くの経験をしてきています。そもそも資本主義、共産主義という考えが出てきたのはイギリスだし、それから民主主義にも長い歴史があります。そういう国が世界にあるということは、きちんと考える必要があると思います。

政治のやり方は、首相が選出されると、よほど問題のない限りは、次の選挙までは首相の地位が維持されることが当たり前になっています。日本はイギリスと、議会制民主主義ということではあまり大きな違いはありませんが、日本は首相が頻繁に変わりますね。だけどイギリスの場合はずっと続くわけです。基本的に同じシステムでありながら、首相の任期が長いのです。今のキャメロン(David Cameron)首相も世論調査をみると、相当支持率が低く評判が悪いですね。そして財政引き締めなどかなり厳しいことを続けています。それでも首相を辞めろっていう話にはならないです。こういうところも、日本の政治のあり方として見習うべきことがあるという気がします。

それから、私はワシントンで勤務し、北米局長もやってアメリカとも交渉したからよくわかるのですが、米英っていうけど、アメリカというのはイギリスとまったく違うところがあります。イギリスは考え方が教条主義的ではないですよ。非常にプラグマティックです。民主主義だって、過去の積み上げの上にあるという考え方ですし、成文憲法はなく、過去の法制度が積み上がったものが憲法であるという考え方です。

物事に対して非常にフレキシブルに対応します。何か制度ができると、それで完璧だと思わないところがあります。人間がやったことだから、どこかおかしいところがあっても仕方がない、おかしいところがわかればそのときに直せばいいという意識を政治家やインテリが共有していると思います。これはアメリカと全然違うところです。アメリカが一国行動主義的に動くようなことをやると、そんなことでいいのかという反応がイギリスではすぐ起きます。日本がそのような発想の国と協力していくのは非常にいいと思います。

条約局にいたからよくわかるのですが、条約締結事務においては想定問答集というものをつくるんですよ。

辞書みたいなやつです。イギリスでいろいろ聞いたのです。「あなたたちが法律を通すとき、条約を締結するときどういう準備をするんですか」と。すると「準備はします」と言って見せてくれたのが、薄っぺらな二、三枚の文章です。「こういう案文があるけど、もしこういう事態になったらどうするんですか、そういうことは考えてないんですか」なんて言うと、「一応は考えてるけど、そういうことになったら、そのときに考えればいいじゃないの。今からそういうことまで考えて資料をつくり法律を通さなきゃいけないっていう感じではないですよ」と言うのです。日本とは違うと思いました。

日本から多くの政治家とか学者が、イギリスの政治制度についてイギリスの政治家や有識者の話を聞きたいとやってきました。日本の小選挙区制、マニフェスト、党首討論などはイギリスの制度に倣っています。だからいろんなことでイギリスの制度はどうなっているかというのを聞きに来るわけです。私も、そのような場に何度も付き合いました。向こうは自分のところの制度はいくらでもご説明しますと話してくれました。日本から来た人は「日本のこういう制度をどう思いますか、どうしたらいいと思いますか」というところまで聞くのです。そうすると向こうの多くの人は、「いや、それはちょっと私にはわかりません。イギリスはこうなってるんだけど、たまたまこうなってるわけであって、それが日本にそのまま当てはまるのかどうかというのはちょっと自分にはわかりません」という答えをするのです。

白鳥　象徴的ですね。アメリカのほうはそういうときにこうするべきだというふうに……。

折田　まさしくそうです。ワシントンに在勤していたときには、「なんで日本はアメリカの大統領制みたいにしないのか」とアメリカ人は平気で言っていました。別に押し付けがましく言っているとは思ってないのですが、自分たちのやり方が絶対優れていると思っているのでしょう。イギリスはそうではありません。

イギリスをフランスやドイツと比べても違いがあります。フランスもドイツも最初に理想型ありきのところがあると思います。民主主義とはこういうものですという偉い哲学者が考えたような理念があって、それに基づき制度をつくっていることがあるように思います。イギリスはそういうことよりも慣行が積み重なり、現在はたまたまこうなったということがあります。

今でも上院すなわち貴族院があり、これをどうするかはずっと議論が行われています。議論の中には、選挙で選ばれてもいない人があんなところに座っていて良いのかという議論がある一方で、民意というのはそのときどきで大きく動くことがあるが、長期的に考えて本当に正しいのかどうかをチェックする機関が必要で、それを上院が果たしていることを言う人が多かったです。だから「民主主義ということでいうと、ちょっと違うかもしれないけど、でもこれは良い制度なんだ」と、こういうところはイギリス的だと思いました。

地域ごとの違いも、非常にイギリス的です。スコットランド、ウェールズ、北アイルランドもイングランドとは違う政治制度にありますが、そのほか変わった制度があります。イギリス海峡のフランスに近いところにサーク島という小さな島があります。たまたま友だちが別荘を持っていて、そこに招かれたのですが、その島では中世から四五〇年間地主階級が支配する封建制度を維持してきていました。それが最近二〇〇八年になって初めて選挙が行われることとなり、島民が選んだ議会ができました。このように、イギリスはあれこれ制度が共存しているんですよ。そういうところがとてもおもしろいですね。だから非常に柔軟で、いろんな話が通ずる国ではないかと思います。

スコットランドへ行くと、私はロンドンにあるスコットランド長老派の教会で結婚したものだから、「おまえはスコットランド人と一緒だ」とか言われて、「ここだけの話だけど、スコットランドはそのうち独立する」って言うんですよ。「そのときに最初の大使としておまえが来るといいなあ」なんて言われてね。「なぜ今は静かにしているの?」と聞いたら、「よく見てごらん。トニー・ブレアっていうのがいるだろう。また、ゴードン・ブラウン(Gordon Brown)がいるだろ。あれは実はスコットランド系なんだよ。だから今は静かにイングランドを支配してるんだ」(笑)。そういうユーモアもとってもおもしろいですね。

それから二〇〇二年のサッカーのワールドカップを日本が韓国と共催したときに、ベッカムなどの有名選手が主力となっているイングランドのチームが予選を勝ち抜き日本へと行きました。その頃たまたま議会に招かれて日英関係の話を英日議連の議員にスピーチしたことがあります。その中で、「今度イングランドチームが日本に行くことになってとっても嬉しい。私はイングランドチームを応援したいと思う。ただし、日本と戦ったときだけは別ですよ」と言いました。そしたらみんな拍手してくれたのですが、知ってる人たちなのですが、ある一群が全然手を叩かないのです。スピーチが終わった後その一群の議員のところに行ったら、「日本チームは絶対応援するが、イングランドチームは絶対応援しない。イングランドと戦うチームを応援する」と言うのです。一群はスコットランドとウェールズの議員たちでした(笑)。今度のロンドン・オリンピックでは全体で一つにまとめて英国チームをつくったようですが、あれはイギリスからすると大変なことだったようです。

白鳥　そうですね。五十何年ぶりということですけど。

折田　お互いにもう仇敵同士だったから(笑)。

第11章　常任理事国入りを目指して

——国連改革担当大使

国連本部ビル（2007年撮影，毎日新聞社提供）

G4決議案

服部　折田先生は二〇〇五年三月から一年間、国連改革担当大使六人のうちの一人として、ヨーロッパを担当されました(折田正樹「国連安保理改革と日本」横田洋三・宮野洋一編著『グローバルガバナンスと国連の将来』中央大学出版部、二〇〇八年、九五—一二二頁)。日本は二〇〇五年春頃から常任理事国入りを模索し、インド、ドイツ、ブラジルとともにG4決議案への支持を各国に求めました。アナン(Kofi A. Annan)国連事務総長がG4決議案を提起する経緯についてお聞かせ下さい。

折田　外務省退官後、二〇〇五年三月に外務省参与として国連改革担当大使に任命されました。

国連ではもう一九九三年ぐらいから議論があって、作業部会が総会にできていました。九七年には当時のラザリ(Razali Ismail)総会議長が安保理改革の提案をしています。現在一五カ国からなる安保理を拡大し、常任理事国を五、非常任理事国を四増やし、合計で二四カ国とする案でしたけど、議論は進みませんでした。

当時のアナン国連事務総長が国連改革の問題に、特に力を入れ始めたのは、イラク戦争のときに国連は機能を果たせなかったという思いがあったからです。単独行動をとったアメリカはけしからんという話があると同時に、国連は何をしていたのかという議論がありました。

アナン事務総長は現在の国際的な脅威にどう応えるのかについて、ハイレベル諮問委員会をつくりました。緒方貞子氏などがメンバーです。二〇〇五年の九月に国連六〇周年記念の総会を首脳レベルのサミットとして開催しようとなっていて、その機会に、論点を整理して結論を出すべきだということで安保理改革を含む、国連改革の議論が国連中心で始まったのです。

二〇〇四年の国連総会における各国代表の一般演説を見てみると、当時の加盟国一九一カ国のうち一六六カ国が安保理改革の必要性を述べています。常任理事国にこういう国を加えたらいいと発言した代表が結構いて、国名が挙げられた中で、一番多かったのは日本で五三カ国、以下、ドイツは三九カ国、インドは二八カ国、ブラジル二二カ国、インドネシアは四カ国でした。

国連総会の議論も踏まえて二〇〇四年一一月にハイレベル諮問委員会は報告書を出します。報告書では、国際的脅威として、国内紛争、大量破壊兵器の拡散テロなどを並べており、それぞれどう対応したらいいかまとめていて、国連を改革する必要があるとし、その重要な一つとして安保理改革が入っています。安保理の構成の問題を検討すべきだとして、案を提示しています。この報告書を受けて各国間で議論が行われるとともに、今度はアナン事務総長が二〇〇五年三月にハイレベル諮問委員会の案を基礎として国連の報告書をまとめます。その中でモデルA案とモデルB案を提案しています。モデルAは、常任理事国を六、非常任理事国を三増やして安保理の構成国を合計で二四とする案で、モデルBは、常任理事国は現状のままにしながら、再選可能な任期四年の非常任理事国を八、二年任期の非常任理事国を一増やして合計で二四とする案です。

この報告書は、九月のサミット開催を念頭に、国連安保理改革は大変重要な問題で、コンセンサスを得ることが望ましいけれども、コンセンサスが得られないことが決断の妨げになってはいけないと述べています。こうして安保理改革が国連として結論を出すべき非常に重要な課題となったのです。

日本は安保理改革については一九九三年ぐらいから国連の場などでドイツとずっと協議していましたが、ドイツと諮った上で二カ国だけではなくて、ブラジルとインドも入れて四カ国で話し合いましょうということで、G4ができました。

アフリカの扱いをどうするかという話がありました。アフリカは五三カ国と非常に多いから、得票では非常に重要になります。アフリカは日本への支持が非常に多いところです。しかし、アフリカの中ではアフリカの常任理事国候補はどの国にするかで意見がまとまらず、G4としてどの国と相談すれば良いのかわからなかったのです。そこで、アフリカについてはあとで相談するということで、アフリカ抜きの形でG4ができたのです。

G4決議案は、アナン事務総長の報告書のモデルAを基礎に作成されたもので、安保理の非常任理事国の数をさらに一増やし四とし、安保理構成国を全体で二五にしようとするものです。新常任理事国の内訳はアフリカ諸国、アジア諸国からはそれぞれ二、ラテンアメリカ・カリブ諸国、西欧その他の諸国からはそれぞれ一としています。新非常任理事国の内訳はアフリカ諸国、アジア諸国、ラテンアメリカ・カリブ諸国、東欧諸国からそれぞれ一です。G4決議案は理事国の数と手続きを定める総会決議採択後新たな常任理事国は立候補する国の中から、秘密投票で加盟国の三分の二以上の多数により選出するとしてあり、G4決議案には具体的に日本、ドイツ等が常任理事国になるとは書いてありません。

問題になったことの一つは、新しい常任理事国に拒否権を認めるかどうかという話です。日本もドイツも、新しく常任理事国になった場合に理事国の間で法的に差があるというのはおかしい、現常任理事国と同じ責任と義務を有するべきだとの考えでしたが、他方、拒否権を有する国の数が増えると安保理で決定することが困難になるとも考えられるので、新常任理事国の拒否権拡大の問題については新たな決定がなされるまでの間は拒否権は行使しないとの趣旨を決議案に入れることとしました。

各国の反応

折田　私の担当は西欧、中欧だったのでそれに属する各国を回りました。イギリス、フランスなどはG4決議案を支持してくれましたが、安保理改革問題ではヨーロッパは意見が割れていました。重要な外交問題はEUの場で意見調整がなされることが多いのですが、本件の場合はEUとしての取りまとめがなされておらず、日本は各国と個別に議論をしたのです。多くの国は安保理改革は不可欠で安保理の構成は変更する必要があるとの点で一致しているのですが、イタリア、スペインなどはドイツが入ることに抵抗があり、G4決議案に反対し、非常任理事国のみを増やすべきだとしていました。ドイツが入ってしまうと自分たちは二流国家として扱われることとなってしまうと危惧しているのです。それから中東欧の小さな国には、EUとして安保理に入るべきだという議論もありました。EU議席については、イギリス、フランスは自分たちの立場を損なうと危惧していました。さらに世界の大勢を見極めたいという国もありました。

私は、各国を特使として訪問し、外務大臣や次官、政治家などと会談をしました。日本の立場を説明しましたが、G4決議案を支持するとまでは言わなくとも日本が安保理に入ることを問題だといった国はありませんでしたし、安保理でのアジアの発言力を高めなければならないことに反対する国もありませんでした。そして、ドイツに関することとかEU議席などについては率直に話してくれました。

多くの国が問題としたのはアフリカです。アフリカ連合(AU)による共同決議案は非常任理事国の拡大はG4決議案よりも一多くて五増とし全体で二六とするもので、新常任理事国は拒否権を持ち、非常任理事国で増やす分はアフリカからの一増との内容でした。

私が回ったときには、アフリカ案にはみんな反対で、アフリカから二つも新しく常任理事国が入って、しかも拒否権を持つことになったら、国連の機能が麻痺するということでした。北欧の国から見ると自分たちは随分国連の場で貢献しているのに、普段はほとんど国際貢献していない国のほうに拒否権が与えられるのは問題だという意見でした。アフリカ諸国間ではどの国がアフリカからの常任理事国になるのか、などでは最後までまとまらず、G4決議案とアフリカ案を調整して一つの案をつくろうといった協力はできませんでした。そういう中でG4決議案を強行するというのはなかなか難しく無理押しをするのを避けようということでG4決議案は取り下げることになりました。

服部　アメリカは日本の常任理事国入りには賛成としながらも、G4決議案には反対の姿勢を示します。アメリカ側の態度について、日本はどう対応しましたか。

折田　アメリカは日本の常任理事国入りは支持するということでした。だけどドイツについては支持を述べませんでした。それはこの直前のイラク戦争に関してシュレーダー政権に対して大変な不信感があって、そういうドイツを入れることに賛成とは言えず態度を決めかねたのです。国連改革は、アメリカ外交にとってそんなに喫緊で重要なことではないようにみえました。国連改革の議論が世界的になされている時期にもかかわらず私の目には、アメリカ国内の政治的な争いもあって、本腰を入れているようにはみえませんでした。

白鳥　ボルトン(John Bolton)が国連大使になる頃ですね。

折田　米国の国連大使人事をめぐって共和党と民主党の間で揉め、新大使の任命が首脳レベルサミット開催の直前になってしまいました。また、米国内ではイラクへの人道支援に関する国連事務局の汚職問題に焦点が当てられ、国連の事務局体制の改善や透明性の向上のためにどうすべきか、などをまず取り上げるべきだとの議論もあり、安保理改革について十分な対応をしているようではなく、非常に残念な状況でした。ただ日本の常任理事国入り支持はずっと言い続けています。

中国の反発

服部　中国は国連改革に慎重論を唱え、日本については歴史問題ではっきりした認識を持たなければならないとしたようです(折田正樹「国連安保理改革と日本」九九頁)。

折田　中国には警戒感があったのでしょう。中国は担当していなかったのですが、私の知る限り、中国が日本の常任理事国入りは絶対反対とまでは公式には言っていないのではないかと思います。

中国は各国に働きかけをかなり強烈にやっていました。要するに今は安保理改革の時期ではなく、国際社会に十分に国際社会のコンセンサスができていない中で強行すべきではない、という働きかけであったのではないかと思います。確かに各国の間で立場はかなり割れていたから、それは他の国からすると確かにそうだなと思う部分があったのではないでしょうか。

服部　中国は各国に働きかけるときに、日本が歴史問題で反省していないというようなことに論及しましたか。

折田　具体的にどういう内容であったかは知りません。直接言っていたのは、「今はその時期でない」ということですよね。日本に対しては歴史を反省しろという話はしていましたよね。他の国にそれを言ったかどうかまでは知らないです。

服部　小泉総理の靖国参拝で、中国が日本との首脳会談を拒否するような状態になっていたと思います。その問題は国連改革に何か影響を及ぼしましたか。

折田　影響を与えたと言えるでしょう。

白鳥　小泉総理は一九九〇年代には常任理事国入りを目指すべきではないという立場でした。

折田　そう、昔はかなり強く言っておられましたね。

白鳥　小泉総理が積極的に各国に働きかけているようにはみえませんでしたが。

折田　私からもそうはみえなかった。私はヨーロッパの担当だけだったからかもしれませんが。

白鳥　安保理改革について小泉総理とお話をするような機会はありましたか。

折田　これについてはありません。

分裂したヨーロッパ

服部　先ほどお話し下さったように、ＥＵ諸国内では意見が割れ、各国が個別に対応していたようです（折田正樹「国連安保理改革と日本」一〇二頁）。折田先生はヨーロッパ担当として、何に重点を置かれましたか。ヨーロッパに限らず、日本の常任理事国入りを各国に説得する際、どのような論理を用いたのでしょうか。

折田　ヨーロッパの様々な国を回りました。例えば小さい国ではリヒテンシュタインにも行きました。それからリトアニアにも行っています。また、リトアニアはちょうど愛知万博で大統領がやってきました。大統領とは昔からの付き合いがあったので、東京のホテルで直接話をしました。アダムクス（Valdas Adamkus）といいます。それからデンマークにも行きましたし、いろいろな会談をやりました。

単に日本を常任理事国に入れてくれというだけの話ではなくて、日本の外交方針とか、それから世界の国際政治にとって国連は重要で、重要な国連を改革する必要があるのだという話をし、現在の国際問題は複雑化・多様化しており、単に武力だけという話でもないし、紛争予防も考えなければならない。それから紛争後の平和構築をやらなければならない。従来考えられていた国連の役割よりも、期待されている分野は増えて、多様化している。そして安保理を今の時代に合わせたものにする必要がある。その一つとして、国連に平和構築委員会や人権理事会を設けるべきではないかとも述べました。

そもそも安保理ができたのは一九四五年の話で、それから比べると加盟国の数、加盟国の体制、世界の動きは大きく変化しており、国連の場は各国にとって自分の意見が正当に反映されている場にしなければならない。だから地域的な配慮、四五年当時にはまだ国連加盟国ではなかった、アジアやアフリカの多くの国々に対する配慮も必要だと言いました。G4決議案は枠組みであって、直ちに日本とかドイツの常任理事国入りを支持するということはない、それは選挙で選ぶと説明しました。

服部　先ほどのお話にもありましたように、イタリアあるいはスペインなどはG4決議案に反対していたかと思うんですけれども、それらの国にもいらっしゃったのですか。

折田　私はそこには行かなかったです。国連の場で代表部員が一生懸命やってくれていたし、情報も伝わってきて、もう意見がわかっていましたから。彼らは日本について特に異存があるわけではなく他方ドイツには困るので、ああいう形で決議が出すのだと言っていました。それと韓国なんかが結びついて、案を出すわけです。常任理事国ではなく非常任理事国を一〇増やすという案です。

アフリカについてみると、国の数はあんなに多いのに常任理事国はゼロですね。地域のバランスは考えなければなりません。細かいことは別として、大きな部分ではいろんな案は結構似ているところがあるのです。非常任理事国だけ増やすという案も細工の仕様はあると思いますし、アフリカ案もアフリカからの非常任理事国の数が一個多いとか拒否権の問題などはあるけれど、安保理の構成を改革することは必要だという点では似通っています。

国連改革の未来

服部　国連改革は、結果的には失敗に終わります。外務省としての総括や展望をお聞かせ下さい。

折田　外務省としての具体的な総括は知りません。私は、これは長いプロセスの一つであって、一喜一憂するような話ではないと思います。失敗に終わったから諦めてもう後は知らないということではないのです。安保理改革というのは必要だし、それから安保理、常任理事国の構成等の改革は必要だということを日本として主張し続ける必要があります。
国連改革は必要だとの部分では国際社会の大きなコンセンサスがあるのですが、各国の個別の利害関係が絡まっている複雑な連立方程式です。個別の利害が絡む問題を解決し、避けるためのいろいろな案を考えて、少しでも合意点をみつけるよう努力を継続することが必要なのです。国際社会の構造はそう簡単に変わらないからといって簡単に諦めないで努力を続ける必要があると思います。

白鳥　常任理事国入りすれば情報が入りやすいといったことはわかるにしても、日本が安保理の常任理事国に入った後に何をするのかとか、どういう展望を描いているのかがあまり見えないという声が一部にはあると思います。折田先生は日本にどういう役割があるとお考えでしょうか。

折田　私は抽象的な一般論を言うとしても、各種の問題はそのときそのときに応じて適切な態度を取っていくとしか言いようがないと思います。あんまりイデオロギー的に日本はこうだとやるべきではないでしょうね。国際社会、世界がどう変わるかわからないし、異なった文化や体制を有する国々とも協力し少しでも広いコンセンサスをつくりながら対応する必要があります。例えば北朝鮮の核開発問題をどうするかとか、片付けなければならない問題はたくさんあります。そのたびごとに方針を打ち出すのは当然ですが、常任理事国になったらこういう世界をつくります、そしてこのようなことをするというのは、ちょっと筋違いのような気がします。アメリカ、ロシア、中国、イギリス、フランスがそういうことを言っているかといったら、そんなことは全然ないわけです。国際的な問題を解決し、平和で安定的な国際秩序を形成していくことに日本は積極的な役割を果たしたいということでいいと思います。

白鳥　現在の常任理事国とはまた違った役割が新常任理事国にもあるということですか。

折田　イラク戦争のこと一つ考えたって、日本は入ってなかったけど、国際社会の中で理事国と同じぐらいの役割を果したと思います。日本は何もやっていないと卑下することも、まったくないと思う。

服部　常任理事国入りは目指すけれども、具体的な目標を必ずしも事前に掲げないというのは、他のＧ４、つまり、ドイツ、ブラジル、インドも基本的には同じなんでしょうか。

折田　基本的に同じではないですか。ドイツだってより公平にとか一般的なことは言うけど、世界をどうしようとイデオロギー的に主張しようなんていうのは聞いたことがないですね。ブラジルも、新興国の意見、ラテンアメリカの意見を反映させるべきだと主張するけど、世界秩序をどうしようかっていうことは言ってない。

服部　それは意見を言いすぎると、かえって反発があるからということなんでしょうか。

折田　世界の国が納得する考えがあれば言っていいのでしょうけれどもね。それが簡単に言えるかというとそう簡単ではないと思います……。

服部　どうしても抽象的な言葉になってしまうわけですね。

折田　また、何が起こるかわからない世の中ですからね。

終章　外交官生活四〇年

外交官時代の手帳

海部総理周辺の模様が克明に記されている（1991 年 8 月）

服部　最後に四〇年間の外交官生活を振り返っての感想を聞かせて下さい。

折田　四〇年間の外交官生活を振り返ってみて、不十分な部分もあったかもしれないけれども、日本という国のためにできる限りのことをしてきたつもりです。厳しいときも随分ありましたが、非常に良い多くの経験をさせてもらったと思っています。

外交官をやっていると感ずることには、日本が国際社会の中で自分をどう思っているかということがあります。戦後日本経済は復興で規模が非常に大きなものになりましたが、それだけではなく、生活の質もかなり高いものになったと感じます。それは日本の国民の大変な努力の賜物だと思います。しかし、日本のこの経済発展は、国際社会の中で成し遂げられたということを日本人は銘記しなければならないと思います。国際社会あっての日本だと思います。食料にしてもエネルギーにしても、外国に頼っている分というのはものすごくたくさんある。それから日本の企業も日本だけで活動しているわけではなくて、世界中を飛び回り、外国から輸入し、外国に輸出し、外国で活動してきているわけで、世界あっての日本であり、世界の様々なところと非常に深い相互依存関係にあることを十分に認識する必要があると思います。

最近、日本の経済は長らく停滞し、経済規模では、中国に抜かれてしまったものだから、日本国内では日本は小さな国になってしまったというようなネガティブな意識を持つ人が多いように思いますが、日本の経済というのは、依然として大きく、質も高いのだということは忘れてはならないと思います。日本はきちんと自分の安全を確保しながら、日本の理念と理想を維持発展させ、発信しながら、さらに豊かな日本社会をつくっていかなければならず、そのためには、国際社会ときちんとした関係をつくりながらやっていく必要があると思います。その意味で外交の果たす役割というのは非常に大きいと思います。

日本の国益は確保していかなければなりませんが、国際社会の中で、大きさに応じた役割は果たしていくべきだと意識する必要があると思います。ともすると日本は小さな国だから、弱い国だからとして、どこかに甘えがあるのかもしれない。そういう甘えは除いて、冷静客観的な判断を持つ必要があるのではないかと思います。

国際社会は今や大きく移り変わっていると思います。冷戦は終結し、アメリカの一極支配なんていわれた時代があったけれども、今や多極化といったり、あるいは無極化といったりするような時代になってきました。そして中国をはじめ新興国の経済面、軍事面における存在感は、今後ますます大きくなっていくでしょう。そういう国際社会の中で解決していかなければならない問題とか、今後どのような方向に進めるのが良いのか考えていくにあたって、新たな国際的なルールをつくっていく必要があったり、これまでの大雑把なルールをより精密化していくことが必要だと思います。

世界の動きを考えると、今まではアメリカとか西欧が主導していた部分が多かったと思いますが、それでは済まない世の中になってきていると思います。そういう場合に、日本が果たすべき役割というのは結構大きいのではないでしょうか。日本の経験からいうと、幕末に開国をしたときや、戦後の復興の時期には、主として西欧、アメリカのことを考えたものだけれど、今ではもうあちこちのことを考えなければならない時代になっています。日本は欧米の文化を採り入れて吸収しましたが、問題点もいろいろあるという点についての経験は、新興国のような国々にとって重要です。新しいルールづくりも単に欧米がこう言っているからというだけでは済まない時代で、ほんとにそれで良いのかということを考え、日本が主張できるようにしていかなければならないのではないかと思います。

日本では例えば、国際貢献をしますとか、これは国際公約ですといった言い方で報道されるようなことが多いですよね。それ自体、ああ、そうかと思うかもしれないけど、国際貢献という言葉の意味合いは、国際社会というのは自分の外にある世界に対してもし可能であれば応援しましょうという感じで受け止められることがあるのではないかと思います。それから国際公約ということになると、ほんとは自分がやらなければならないことであっても国際社会の圧力があるからやるのだと受け止められる要素があると思います。そういう発想はもう捨てなければならないのではないでしょうか。

国際貢献の話は、秘書官のときに海部総理とも話をしたことがありましたが、総理も国際貢献という言い方はどうかなと言っておられたこともありました。私の考えからすると、国際的な責任があり、役割を果たすということであって、言われるならやりましょう、できるならやってあげましょうというものではない。役割を果たすのが自分の責任だということを自ら考えるという意識が、もっとあっていいのではないかと思います。

日本は非常に完成された社会だと思います。私は住んだ国が六カ国、訪問した国はもう七〇カ国以上ありますから、ほんとに身に染みて感じますが、日本に帰ってくると安心しますよね。まず治安がとても良く、非常に秩序が保たれている国です。

非常に端的な例でいえば、今働いている中央大学多摩キャンパスから夜、多摩センター駅経由で新宿に向けて電車に乗ると、八割ぐらいの人が正体なく寝ている感じですよ。ロンドンでもニューヨークでもパリでも考えられない。それから高級レストランなんかで日本人は割と平気で隣の席にハンドバッグを置いたりするでしょう。外国ではそれで盗られてしまうことはたくさんあります。日本ではまず考えられません。それから財布を落として戻ってくる国は日本が唯一だと思います。津波に流された現金入りの金庫が警察に届けられたというようなことは世界が驚嘆しています。

そのような良い面はありますが、日本人には、一種自己満足に陥っていて、外のこと、外国のこと、世界のことに思いが及ばないことがあると思います。日本人は一つ制度をつくると、それをとことんまで詰め、マニュアル化するところは極めて得意です。そして一つの社会に閉じ籠もるというのか、そこに属している人間の意思疎通は極めて良く、言葉を交わさなくとも通ずるのですが、他方、自分が属している社会を超えるところにはなかなか思いが行き届かないところがあるのではないかと思います。

こうした内向きな発想は、外交についても当てはまるような気がします。国際的な関係で、国内の制度を変える場合に、外圧、外圧っていうことが多いのですが、日本の国内にも問題があるにもかかわらず、利権がからんでいる人は、これをやめてこうしようと積極的に説くのではなく、外圧があるからやむを得なくてやるので我慢しろと、こういう言い方で説得していることがあります。ほんとは日本のためにやらなきゃいけないのに、外圧のせいにしているのです。このような発想では、国際社会に通用するような規則づくりのような場で、日本が各国に説得力のある、発信をすることは難しいと思います。このような内向きの発想は、乗り越えていかなければならないと思います。

また、これからの世界の中での日本の将来を考えると、アメリカは非常に大きな国であり続けるのでしょうが、世界の中での相対的な力ということになると、小さくなっていくでしょう。それからヨーロッパにしてもそうでしょう。何か起きたときには、アメリカの考え方というだけではなく、世界の様々な国はどう考えているかもっと考える必要があると思います。多様な文化の理解を深めることはとても重要になってきます。世界には日本人とはまったく違った発想をしている国々があり、そういう国々とも協力しながらやっていく必要があるし、そういうところを考え合わせて、これからの国際社会のルールをつくっていくということは、とても重要です。また、アフリカやバルト諸国のような、ふだん話題にもならないような国が日本をどう考えているかということにも、思いを致す必要があると思います。

服部・白鳥　長時間どうもありがとうございました。

あとがき

冷戦の終結から二〇年以上が過ぎ、ポスト冷戦は一つの時代になろうとしている。現代日本の外交や安全保障を考察するとき、これまでの経緯を確認する作業は不可欠であろう。中でも重要な位置を占めるのが、湾岸戦争、普天間返還交渉を含む日米安保の「再確認」、そしてイラク戦争である。

著者の折田正樹氏は、宇野宗佑、海部俊樹両内閣の総理大臣秘書官、外務省条約局長、北米局長、駐英大使などを歴任し、これらに深く携わってきた。編者の一人が同じ中央大学に勤務していたこともあり、オーラル・ヒストリーを申し入れたところ、快く応じて下さった。聞き取りは、すべて折田氏の研究室において行われ、二〇一一年五月から二〇一二年七月まで七回に及んだ。毎回二、三時間を費やし、四時間を超えることもあった。折田氏のゼミ生で、中央大学大学院法学研究科の鈴木麻友氏も四回ほど参加して下さった。

インタビューで語られた内容は、大別して三つの時代に区分できる。

第一に、冷戦下の日本外交である。折田氏は第一次石油危機に際して中東に出張し、エネルギー政策、資源外交の一翼を担った。条約課長として対米武器技術供与を進めるなど、一九八〇年代から枢要な地位を占め始める。在米大使館参事官としては、レーガン・ゴルバチョフ会談をフォローしながら、冷戦終結に向けた動きを考察している。

第二に、冷戦終結期にあたる宇野、海部両内閣の総理秘書官時代である。天安門事件時には宇野総理秘書官として、首相官邸や外務省の動きを把握しており、アルシュ・サミット、ヒューストン・サミットという国際政治の舞台裏についても再現されている。同行した海部首相の中国訪問は、天安門事件後、西側首脳初の訪中であった。湾岸戦争についても、海部首相とブッシュ大統領の頻繁な電話会談の模様などを通じて、対日重視というアメリカの姿勢が臨場感をもって語られる。東欧革命をフォローし、再統一を前にしたドイツでは海部・コール首相会談を下支えした。エリツィンやゴルバチョフの訪日時には、海部首相との会談を調整した。

第三に、冷戦後である。条約局長、北米局長となった折田氏は、まず経済摩擦で傷ついた日米関係の修復に取り組んだ。ナイ国防次官補とは日米安保について議論したほか、沖縄における少女暴行事件へ対処し、沖縄に関する特別行動委員会（ＳＡＣＯ）では共同議長を務めた。一九九六年二月には橋本龍太郎首相の訪米に随行し、普天間返還の交渉を支えた。橋本・クリントンの日米安保共同宣言、ガイドライン見直しでも中心的な役割を担っている。

駐デンマーク大使としては、天皇、皇后が訪英の帰途にデンマークを公式訪問しており、旧交を温めた経緯が述べられる。大使を兼任したリトアニアの親日感情や杉原千畝記念館の逸話も興味深い。駐英大使としては、イラク戦争をめぐってブレア首相と話し合い、小泉純一郎首相との会談にも立ち合っている。アメリカを支持しながらも、国連軽視にならないようにした点で、日英は共通していた。自衛隊の活動においても、イギリスとの関係は重要であった。イギリスの旧軍人を日本に招待するなど、歴史和解を進めたことも逸しがたい。

キャリアの最後に取り組んだのが、国連改革であった。国連改革担当大使としてヨーロッパを担当し、Ｇ４決議案の採択に向けて奔走したものの、ＥＵ諸国では英仏とイタリア、スペインなどで意見が割れていた。国連や日本の将来を展望して本書は閉じられる。

このように折田氏の外交官生活は、天安門事件、湾岸戦争、ゴルバチョフ訪日、ドイツ再統一、イラク戦争など、国際政治上の画期となる出来事とともにあった。普天間返還交渉を含めて、冷戦後の安全保障政策を包括的に論じた著作は多くない。関連する書籍としては船橋洋一氏の『同盟漂流』（岩波現代文庫、二〇〇六年、上下巻）、内閣官房副長官を務めた石原信雄氏のオーラル・ヒストリー『首相官邸の決断』（中公文庫、二〇〇二年）、秋山昌廣元防衛事務次官の『日米の戦略対話が始まった』(亜紀書房、二〇〇二年)などが思い浮かぶものの、外務省側からの本格的証言としては最初といってよいだろう。

折田氏は念入りに準備を重ねてインタビューに臨まれた。長年にわたって記された手帳を常に参照しているため、日時、人名、役職などの精度は高い。とりわけ印象的だったのは、湾岸戦争に際して、海部首相とブッシュ大統領の電話が何曜日の何時にかけられ、どのような内容であったかが克明に思い起こされたことである。

そこから浮かび上がる像は、「ブッシュフォン」と揶揄された当時の報道と異なり、両者の緊密な関係を示すものとなっている。「電話はかなり頻繁だったし、ブッシュフォンとよく言われたのですが、海部フォンでもありました」というのである。ソ連国家元首として初となるゴルバチョフからの電話も鮮明に回想される。国力が頂点に差し掛かっていた日本は、新秩序の形成に不可欠な存在と見なされていた。

橋本龍太郎首相がクリントン大統領との初会談で訪米する際、政府専用機の機内で普天間返還について切り出すかどうか何度も悩み、サンタモニカ会談では意外な形で普天間を口にする経緯も意義深い。

末筆ながら、岩波書店の馬場公彦氏、中山永基氏に深謝申し上げたい。両氏には、栗山尚一/中島琢磨・服部龍二・江藤名保子編『外交証言録 沖縄返還・日中国交正常化・日米「密約」』(岩波書店、二〇一〇年)、中島敏次郎/井上正也・中島琢磨・服部龍二編『外交証言録 日米安保・沖縄返還・天安門事件』(岩波書店、二〇一二年)以来お世話になっている。

本書が広く読み継がれることを祈りたい。

二〇一三年一月二八日

服部龍二
白鳥潤一郎

折田正樹略歴

一九四二年　七月　東京都生まれ
一九六一年　三月　東京都立日比谷高校卒業
一九六四年　九月　国家公務員上級試験合格、外務公務員採用上級試験合格
一九六五年　三月　東京大学法学部卒業
一九六五年　四月　外務省入省、外務省研修所入所
　　　　　　七月　在連合王国大使館外交官補、在外上級研修員
一九六五年一〇月　英国オックスフォード大学留学(セント・キャサリンズ・コレッジ)
一九六七年　七月　在連合王国大使館三等書記官
一九六九年　七月　アジア局南東アジア第二課
一九七一年一〇月　条約局条約課
一九七五年　八月　在ソヴィエト連邦大使館一等書記官
一九七七年　八月　経済協力開発機構(OECD)日本政府代表部一等書記官
一九七九年　七月　大蔵事務官、大蔵省主計局科学技術・文化係主査
一九八一年　七月　条約局条約課長
一九八四年　七月　在アメリカ合衆国大使館参事官
一九八七年　三月　大臣官房在外公館課長
一九八九年　二月　中近東アフリカ局参事官
一九八九年　六月　内閣総理大臣秘書官(宇野宗佑総理)
一九八九年　八月　内閣総理大臣秘書官(海部俊樹総理)
一九九二年　三月　在香港総領事
一九九四年　八月　条約局長
一九九五年　八月　北米局長
一九九七年　七月　在デンマーク王国特命全権大使(兼在リトアニア共和国特命全権大使)
二〇〇一年　六月　査察担当特命全権大使
二〇〇一年　九月　在連合王国特命全権大使
二〇〇四年一一月　外務省退官
二〇〇五年　三月　外務省参与　国連改革担当大使(欧州担当)
二〇〇五年　四月　社団法人　国際情勢研究会会長(二〇一二年三月まで)
二〇〇七年　四月　中央大学法学部教授(法科大学院兼任)
二〇一二年　四月　財団法人　世界政経調査会国際情勢研究所所長

勲　章
オランダ王国オラニエ・ナッソウ勲章指揮官章(一九九一年一〇月)
デンマーク王国ダンネブロー勲章大リーザー章(一九九八年六月)

■岩波オンデマンドブックス■

外交証言録 湾岸戦争・普天間問題・イラク戦争

2013年2月26日 第1刷発行
2016年12月13日 オンデマンド版発行

著 者 折田《おりた》 正樹《まさき》

編 者 服部《はっとり》 龍二《りゅうじ》 白鳥《しらとり》 潤一郎《じゅんいちろう》

発行者 岡本 厚

発行所 株式会社 岩波書店
〒101-8002 東京都千代田区一ツ橋2-5-5
電話案内 03-5210-4000
http://www.iwanami.co.jp/

印刷/製本・法令印刷

ISBN 978-4-00-730541-2 Printed in Japan